"十二五"国家重点图书出版规划项目

新视野教师教育丛书·专业养成系列

2013年度教育部人文社会科学研究规划基金项目成果(项目编号：13YJA880026)

美国教师实习制度历史演进研究

洪 明 著

图书在版编目(CIP)数据

美国教师实习制度历史演进研究/洪明著.—北京：北京大学出版社，2023.7
（新视野教师教育丛书.专业养成系列）
ISBN 978-7-301-34112-4

Ⅰ.①美… Ⅱ.①洪… Ⅲ.①教育实习–教育制度–研究–美国 Ⅳ.①G571.22

中国国家版本馆CIP数据核字（2023）第111271号

书　　　名	美国教师实习制度历史演进研究 MEIGUO JIAOSHI SHIXI ZHIDU LISHI YANJIN YANJIU
著作责任者	洪　明　著
责任编辑	温丹丹　李　晨
标准书号	ISBN 978-7-301-34112-4
出版发行	北京大学出版社
地　　　址	北京市海淀区成府路205号　100871
网　　　址	http://www.pup.cn　新浪微博：@北京大学出版社
电子邮箱	zpup@pup.cn
电　　　话	邮购部 010-62752015　发行部 010-62750672　编辑部 010-62704142
印　刷　者	北京鑫海金澳胶印有限公司
经　销　者	新华书店
	787毫米×1092毫米　16开本　14.75印张　271千字 2023年7月第1版　2023年7月第1次印刷
定　　　价	68.00元

未经许可，不得以任何方式复制或抄袭本书之部分或全部内容。
版权所有，侵权必究
举报电话：010-62752024　电子信箱：fd@pup.pku.edu.cn
图书如有印装质量问题，请与出版部联系，电话：010-62756370

目 录

导言 …………………………………………………………………………………… (1)

第一章 师范学校建立前的教师实习(19世纪20年代以前) ………………… (5)
 一、师范学校建立前欧洲的教师实习 ……………………………………… (5)
 二、师范学校建立后欧洲的教师实习 ……………………………………… (12)
 三、殖民地时期至师范学校建立前美国的教师实习 …………………… (17)

第二章 美国师范学校时代的教师实习(19世纪20年代—20世纪20年代) ……… (25)
 一、早期师范学校的实习活动 ……………………………………………… (25)
 二、师范学校发展过程中有关实习的认证、评估与指导 ………………… (39)
 三、19世纪后半叶至20世纪初美国师范学校实习典型案例 …………… (45)

第三章 美国师范学院时期的教师实习(20世纪20年代—20世纪50年代中期) …… (59)
 一、师范学院的兴起与发展 ………………………………………………… (60)
 二、AATC有关教师实习的标准和规定 …………………………………… (62)
 三、AACTE有关教师实习的标准和规定 ………………………………… (66)
 四、其他专业组织对教师实习的要求 ……………………………………… (69)
 五、教师资格证书对教师实习的影响 ……………………………………… (71)
 六、师范院校教师实习的特点 ……………………………………………… (73)

第四章 美国大学教育学院早期的教师实习
(20世纪50年代中期—20世纪70年代) ……………………………… (79)
 一、大学培养教师的早期历史 ……………………………………………… (80)
 二、NCTEPS的三次全美教师教育研讨会与教师实习 ………………… (85)
 三、大学教育学院的教师教育变革与教师实习 …………………………… (89)
 四、20世纪50—70年代NCATE的实习标准 …………………………… (98)

五、能力本位教师教育运动与教师实习 …………………………………（102）

第五章　美国教学专业化和解制取向并存时期的教师实习(20世纪80年代至今) ……（109）

　　一、20世纪80年代以来美国教师教育的改革背景 ………………………（109）
　　二、教育专业团体有关教师实习的主张、建议与实践 ……………………（114）
　　三、教师认证机构及专业组织有关实习的标准与规定 ……………………（124）
　　四、选择性教师培养路径与教师实习 ………………………………………（157）
　　五、教师实习的主要类型和模式 ……………………………………………（183）
　　六、入职指导教师及其培训方式 ……………………………………………（197）
　　七、20世纪80年代以来教师实习改革典型案例 …………………………（205）

结语 ………………………………………………………………………………（221）

参考文献 …………………………………………………………………………（223）

　　一、中文文献 …………………………………………………………………（223）
　　二、英文文献 …………………………………………………………………（226）

导　　言

一、实习概念界定

　　实习是现代专业教育的重要组成部分,几乎所有的专业教育都设有实习环节,实习环节的设置可以培养并提升专业人员的职业技能。医学教育、法学教育、工程学教育等均如此。所有这些专业培养中的实习都可被称为教育实习,即专业教育中的实习。为与其他专业教育中的实习区分开来,本书将教师培养中的实习称为"教师实习"(有时也根据语境的需要称为"教育实习""教学实习",或直接称为"实习")。

　　"实习"一词在英文中有很多不同的表达方式,除大家熟知的 student teaching 外,还有 teaching practice、school experience、field experience、practicum、practice teaching、apprentice teaching、apprentice work、apprenticeship teaching、cadet teaching、early field experience、internship、supervised teaching 等。

　　这些表达方式有的是完全同义的,有的则有不同程度的差别,有的还打上了不同时期的历史烙印。例如,student teaching 与 practicum 的区别在于:前者是指学生在任教之前进行的实习,后者则是指已经获得了某种教师资格证书的学生在转到另一个学科领域从事教学时必须具备的现场教学经验。又如,field experience 不仅包含了实习,而且也包含见习。

　　本书中的实习在概念的使用上包括广义和狭义两个范畴,具体则依据其在历史发展中的实际嬗变,实事求是地加以描述、概括,展示这一概念的历史演进过程。

二、教师实习制度概念界定

　　本书所讲的"教师实习制度"是指为培养教师而建立的实践教育制度,广义上包括参观、见习、课堂教学、课堂管理、教育调研等一系列教学实践活动;狭义上仅指为正式从教而进行的课堂教学和课堂管理活动。

本书采用"教师实习制度"而不是"师范生教育实习制度"来指称研究对象,主要是考虑"师范生"这样的称呼只适合教师由专门的教师教育机构培养的语境,而美国教师教育大学化在20世纪50年代就已经全面展开了。美国的教师培养模式灵活多样,"师范生"这一概念无法涵盖将要成为教师的各类群体。

教师实习与教师教育具有密切的关系。在现阶段,我国及其他许多国家的教师实习通常是教师培养后期集中实施的实践教学,旨在让学生在教师的指导下获得现场教学经验,提高实际教学能力,以便在任职时就能胜任教学工作。

此外,随着美国教师教育改革的不断深入,传统的教师培养模式也正处于变革之中,教师实习和新手教师的培训在一定程度上出现了融合的趋势。在新的教师生成制度中,有时并不存在传统意义上的实习环节,但新手教师在从教之前或从教过程之中要接受指导教师的指导,教师实习在某种意义上也以新手教师接受指导的方式表现出来。虽然这已经超出了传统意义上教师实习的范畴,但为了反映美国教师教育的这一变革,本书也对新手教师培训的相关内容进行了阐述。

三、本书的理论和实际应用价值

1. 开拓教师教育历史研究的新领域

我国有关美国教师教育历史的研究主要集中于整体研究和若干领域的问题研究,而对美国教师实习制度历史演进的系统研究在我国还是空白。现有的有关美国教师实习制度的研究主要集中在对当前制度的描述和分析,缺少对美国教师实习制度的全程的、历时性的系统研究。本书从教育史的视角研究美国教师实习制度的发展历程,对开拓我国教师教育的研究领域具有重要的意义。

2. 丰富我国教师教育的理论和实践研究

作为教师职前教育中的一门综合性实践课程,教师实习是教师教育机构培养合格师资的重要环节。本书将通过对美国教师实习制度的历时性研究,考察教师实习制度的本质、特性、作用等一系列问题,探讨教师实习与其他教师教育课程的关系,对教师实习制度所涉及的一些基本理论问题进行分析,这对丰富我国教师教育的理论与实践研究具有重要的价值。

3．为我国教师实习制度的改革与完善提供借鉴

教师实习制度是伴随教师教育产生的,我国教师教育在近些年的改革中出现了与西方国家趋同的现象,而包括美国在内的西方国家的教师教育所历经的改革并不都是成功的。本书将充分展示美国教师实习制度的发展历程,结合其教育和文化背景,分析美国教师实习制度成功的经验和失败的教训,使我国对美国教师实习制度的学习与借鉴建立在深入了解其历史和文化的基础之上,避免出现盲目模仿的现象。

4．解决我国当前教师实习制度改革所面临的问题

目前,世界各国在教师培养中都极为重视教师实习。近年来,我国在教育部的推动下也开始大大延长了教师实习的时间,这反映了国家对教师实习的重视。然而,单纯地延长实习时间并不能有效保障教师培养的质量,只有真正处理好实习与课程学习之间的关系,通过有效的制度设计发挥出实习对教育培养的重要作用,才能保障实习的效果。目前,我国已将教师实习制度作为教师教育改革的关键点,因此,对美国教师实习制度进行历史演进研究能够为我国教师实习制度的设计和实施提供全面、立体和动态的视角。

四、国内外研究的现状和趋势

教师实习已经成为教师培养的内在组成部分,二者之间的联系十分紧密。总的来看,目前研究教师教育历史的著述并不少见,而专门研究教师实习历史的著述却比较少见。

1．国内研究情况

目前,国内关于美国教师实习制度发展历史的系统研究十分少见,在我国几个主要中文数据库中很少有关于这一主题的期刊论文和硕博士论文。通过对中国知网数据库的搜索,我们可以发现,自20世纪80年代以来,我国有关美国教师实习的研究成果大多集中在实习模式、实习特点、实习评价、实习项目、实践性课程设置、大学与中小学合作教学、专业发展学校和某一大学教师实习项目的典型案例介绍等方面,对美国教师实习制度的历史进行研究的成果十分少见。在专著方面,目前国内专门系统介绍美国教师实习的专著也非常少。尽管有部分教育著作论及美国教师实习,但大都是蜻蜓点水、泛泛而谈,尤其是对教师实习制度历史发展过程的描述大多是一笔带过,很少有学者对其进行深入而全面的系统研究。总之,我国有关美国教师实习制度的系统研究还十分薄弱,亟待国内学者加大研究力度。

2. 国外研究情况

国外有关美国教师实习制度的研究相对丰富,成果形式也多种多样。相关的研究成果既有学术论文,也有专著,还有调研报告和硕博士论文;既有专家学者的个人研究成果,也有学术机构和团体的集体研究成果。其涉及的内容包括实习政策、实习模式、实习内容、实习指导教师选择、实习指导策略、实习学校、实习评价、合作教学、专业发展学校等方面。有的是对美国教师实习的专门论述,有的散见于一些有关美国教师教育整体研究的著作中。这些研究成果为笔者的研究提供了重要的参考,也为本书的写作提供了丰富的史料,但总体来说,即便是国外学者的研究,从历史发展的角度对美国教师实习制度进行深层次剖析的研究成果仍然比较少,这也为笔者的研究提供了进一步探索的空间。

第一章
师范学校建立前的教师实习

（19世纪20年代以前）

教师实习是现代专业教育的重要内容，也是教师教育的内在组成部分。正如学校教育是从人类生产和生活中逐步分化出来的一样，专业教育也经历了类似的过程。在培养教师的专门学校出现之前，教师的产生是在生产和生活中自然形成的。从美洲大陆被发现到美国建立师范学校之前的这数百年的时间里，美国教师是无须经过正式培养的。作为移民国家，殖民地时期的美国大量继承了其移民来源国的文化，教育制度也与其移民来源国的教育制度一脉相承。总的来看，美国殖民地时期教师的实习状况与欧洲较为相似。因此，本章在揭示美国从殖民地时期到师范学校成立前的教师实习状况之前，先介绍一下欧洲教师实习的历史进程。

一、师范学校建立前欧洲的教师实习

在人类历史上，教师总是与知识或思想的传递联系在一起。官吏和僧侣阶层曾是人类社会最早的教师。自学校产生后，学校教师逐渐成为教师群体的主体。学校从产生至今已有五六千年的历史了，而教师教育的历史不过300多年。也就是说，在人类历史上，学校教师在绝大部分时间里都是没有接受过专门训练的。与欧洲中世纪以来医学、法学、神学领域的专业人员通常都需要接受大学专业教育才能任职不同，欧洲基础教育领域对教师的专业要求比较低,教师通常不需要接受专门的训练,或者只接受宗教和学科知识方面的训练。直到17世纪,随着师范学校的建立,这一状况才逐步得以改变。教师专业教育的姗姗来迟,主要源于以下几个方面的原因。

一是长期以来社会对教师的需求量十分有限。虽然学校在人类历史上发端很早,但其长期以来被社会统治阶层所垄断。社会上的大多数人受经济条件和社会地位的制约,无法接受学校教育。经济的发展水平和社会的等级制度决定并固化了这种少数人接受教育的模式。因此,在欧洲资本主义政治制度建立之前,学校的规模通常较小,对教师的需求量也不大。直到普及义务教育运动的出现和现代国民学校或公立学校的建立,社会对教师的需求才陡然增加,教师问题才得到整个社会的关注,并日益成为公共教育政策的重要组成部分。

二是教学工作长期被误认为是与语言表达相关的简单的知识授受工作。长期以来,人们认为教师所从事的工作无非是知识的传递或传授,这种知识的授受工作在本质上是较为简单的,传授者只要懂得所要传授的知识并善于语言表达,就可胜任教学工作。人们认为教师的语言能力是可以在日常生活中形成的,至于教师所需的学科知识,可在大学各相关专门学院或其他场所获得。正因为这种有关教师职业地位和角色的想法,人们在相当长的一段历史时期内对教师需要专门培养这一问题缺少足够的重视。

三是教师培训长期以来是宗教活动的一部分,这也在一定程度上阻碍了教师专业化的实现。在西方国家,教育长期为教会所把持,教师主要由牧师担任,人们对宗教训练的重视远甚于对教师培养的重视。将宗教标准作为对教师的要求在西方盛行了很长时间,这也在很大程度上阻碍了教师专业教育的产生。

以上几个方面的原因直接导致了教师专业教育在西方出现较晚。医学、法学和神学领域的专门培养工作早在中世纪大学产生之际便出现了,而教师专业教育直到17世纪才真正出现。值得指出的是,尽管教师教育出现较晚,但教师教育的萌芽——实践教学或实习活动,其产生却早于正规教师专业教育。在欧洲,教师实习的萌芽主要包括两种实践教学形式——学徒制和教学展示课,两者都产生于中世纪。而导生制、教学实践班或教学法研讨班、教师培训学校等则是欧洲中世纪之后至首所师范学校产生之前教师培养的主要方式。

(一)中世纪的学徒制——教师实习的萌芽

学徒制的出现可以追溯到遥远的古代。在人类历史上,生产力水平的提高推动了手工业和农业的分工，手工业逐渐从农业中分离了出来。手工业者出于扩大生产规模、传承自身技艺等需要，时常招募学徒来辅助自己生产劳作。当时，社会上层人士的子女通常依靠学校接受正规教育，社会中下层人士的子女有时则不得不为了获得一技之长而去做学徒。于是，师傅、学徒的概念便产生了。早期的师傅带徒弟仅仅是通过私人关系组织起来的。学徒制走向公共化和制度化则是从中世纪开始的。①

从10世纪开始，西欧不少地方出现了新兴城市和行会组织。中世纪的学徒制正是随着行会的兴起而发展起来的。学徒制是师傅向徒弟传授技艺的一种教育方式。对学徒制最早的文字记载可追溯到1276年德国奥格斯堡的城市法中。这种学徒制在13—14世纪达到兴盛，大约在15世纪开始走向衰落。②

在中世纪，人们要学习一项手艺，通常要师从该行业的师傅，在其门下做学徒。在人类历史上，职业教育最早也是以学徒制的方式进行的。就对教师进行实践训练而言，系统的、有组织的培训可追溯到欧洲中世纪后期的行会制度。在商人和手工业者建立起保护自己行业的行会的同时，教师也建立了类似的组织。

在这种制度下，一个人要成为教师，需要花费较长的时间跟随师傅做学徒，即担任师傅的助手，学徒在学习期间没有收入或只有少量报酬。经过一段时间（通常是7年）的学习之后，学徒才能在师傅的监督和指导下独立进行授课。③ 由于中世纪的教师通常由教士担任，因此教师的培养基本上也与宗教教育的过程相同。这一时期，也有人开设了一些私立学校，这些私立学校的教师通常也是在有经验的教师指导下完成一段时间的学徒制式的学习后再担任教师的。

在德国，部分城市出现了教书先生行会。这些教书先生行会通常制定了章程，以当时流行的手工作坊中师傅带徒弟的方式培养教师。章程规定：初等学校的教师应像手艺人一样在行会中学习教学技巧。具体的教学技巧包括教学的方法、惩罚儿童的方法、答疑解惑的方法等。学习者学习期限一般在6年以上。期满后，学习者必须经过考试，合格者可以先在教书先生行会附设的学校从事教学工作，之后再转入别的初等学校。④

---

① 关晶.西方学徒制的历史演变及思考[J].华东师范大学学报（教育科学版），2010，28(1)：81—90.

② JOHNSON J A. A brief history of student teaching[D]. Grand Forks：University of North Dakota，1965：15.

③ 同②：181.

④ 李先军，杨汉麟.近代西方师范教育制度的确立与发展[J].集美大学学报（教育科学版），2008(4)：8—13.

学徒制在理论方面的基本依据是认为学习来自观察与模仿。观察与模仿是技能学习的重要途径,这也是被现代心理学所证明的。尽管心理学在中世纪还没有成为正式的学科,但学徒制已体现了这一学习机制。从某种意义上说,学徒制与当代教育盛行的"做中学"的理念有很大的关联,但它还不是后来人们所说的实习的概念。不过,从"做中学"这一角度来看,学徒制是教师实习制度的前身。

(二)中世纪的教学展示课——教师实习萌芽的另一种形式

自11世纪的中世纪大学产生以来,大学的专业教育主要围绕神学、法学和医学进行。在这一时期,大学是为中等教育机构提供师资的主要机构。当时的人们普遍认为,只要充分掌握了所需传授的知识,就可以胜任知识的传授工作。至于如何传授这些知识,当时的人们没有意识到这个问题,或者认为教学是不需要专门进行学习的。教学不需要经过专门学习这种观念之所以在当时盛行不衰,正如前文已经说明的,至少体现了两种人们普遍认同的观点:一是教学就是知识传授;二是传授知识的工作只需具备足够的知识储备即可。这两种观点的存在和盛行与人们还没有"发现儿童"、没有发现教育规律和原则有关。也就是说,要打破上述局面,需要等待一个新时代的到来——一个重视儿童及其教育科学的时代。

在中世纪,在社会主流还没有意识到教师专业教育的价值和意义时,除了通过学徒制培养教师外,最早尝试为当时的私立中学培养教师的机构是英国的"神殿"(God's House),后更名为基督学院(Christ's College)。

1437年,英国伦敦教区牧师威廉·拜恩汉姆(William Byngham)创建了"神殿",并于1446年得到了英国国王亨利六世的许可。该学院曾将培养学校的语法教师作为自己的重要目标。与现在通过设置教师教育学科或理论课程来培养教师的方式不同,该学院主要通过实践教学的方式来培养语法教师。该学院将课程以课程表的形式展示出来,为学生了解学校授课信息提供便利,为学生听课、观摩教学、分享教学实践经验创造机会。在该学院的课堂中,教学具有展示的性质,这为学生观摩如何教学提供了机会。虽然这种学习还不算是教师实习,但它与现代教师培养中要求学生之间相互观摩教学的做法十分相似。从某种意义上说,该学院的学生相互观摩的教学展示课就是西方教师实习的先驱。[①]

---

① LUCKEY G W A. The professional training of secondary teachers in the United States[M]. New York: The Macmillan Co., 1903: 19.

教学展示课注重新教师模仿有经验教师的教学，这可以视为对学徒制的一种延伸。这种在具体教学情境中开展的教学展示课自师范学校创建之初便被引入，这就是早期的师范学校几乎无一不是与实习学校联系在一起的重要原因。

捷克著名教育家约翰·阿摩司·夸美纽斯（Johann Amos Comenius）虽然未在自己的教学实践中系统地开设面向新教师的教学展示课，但他在人类历史上首次系统提出了"把一切知识教给一切人"的教学原则。这一教学原则不仅使欧洲中世纪后期的教学变得更为高效和有据可依，而且也为教师的培养提供了具体的内容和途径。夸美纽斯极为重视教师教育的重要性，强调教师工作的崇高价值，"太阳底下没有比教师更优越的职业"这句名言就是他提出的。正是基于对教师地位和作用的充分肯定，夸美纽斯对欧洲当时的教师地位和工作状况提出了批评。他指出："我们非常缺乏有方法的、能主持公立学校教学工作并能产生我们所期望的结果的教师。"他认为，正是因为缺乏能够理解和掌握他提出的教学原则和方法的教师，才导致其煞费苦心编写的教科书不能得到有效使用。因此，夸美纽斯对教师的培养十分重视，他不但提议将教师的培养作为大学的主要任务之一，还萌生了直接创办师范教育的念头，以便更有针对性地培养合格的教师，特别是小学教师。例如，在《大教学论》中，他就提议设立"学校之学校"（school of schools）或"教学法学院"（didactic college）来专门从事师资培训工作。① 虽然夸美纽斯对于上述学校和学院没有进行细致的论述，但这一提议在当时是具有划时代意义的。实际上，后世教师教育制度的形成与发展正是沿着这一方向发展前行的。

17世纪，夸美纽斯已经对教学原则和方法进行了充分的论述，但这些原则和方法在这一时期还没有被充分运用到教学实践中，更不用说在教师培养中的运用了。

（三）天主教的导生制与实践教学活动

经过文艺复兴运动洗礼的欧洲在16世纪又掀起了一场宗教改革运动。为反对天主教的专权和横征暴敛，新教教派——路德教、加尔文教和英国国教纷纷揭竿而起。由于宗教改革涉及信仰问题，为传播理念、争取信徒，各教派对教育工作给予了极大的关注。

对教育的重视必然带来对教师的重视。路德教创始人马丁·路德（Martin Luther）就对教师的培养十分重视，他曾在1524年给政府官员的一封信中写道："由于各地教师奇

---

① 李先军，杨汉麟. 近代西方师范教育制度的确立与发展[J]. 集美大学学报（教育科学版），2008(4)：8—13.

缺,我们不应再坐等他们的出现,而是要克服困难去教育和培养他们。"①当时教师培养工作在实施上遇到了很大的困难,工作的开展步履维艰。马丁·路德对教师培养工作的重视不仅显示了新教教派在教师教育问题上的态度和主张,而且也激发并强化了其宗教对立面——天主教的竞争意识。天主教也开始重视本教派的教师培养,以便与蓬勃兴起的新教教派分庭抗礼。当然,与新教教派关注初等教育不同,天主教将教育工作的重点放在了中等教育上。

在激烈的争夺宗教信徒的斗争中,天主教为维护自己的宗教权威和宗教领地,也大刀阔斧地进行了对自身的改革。15世纪初期,天主教就已经在欧洲建立了共同生活兄弟会(the Brothers of the Common Life)。共同生活兄弟会最初的主要职能就是广招信徒,抄写宗教手稿,后来也从事教育工作。16世纪30年代后期,共同生活兄弟会吸纳的信徒不断增多,为加强对信徒的宗教教育,共同生活兄弟会在自己开办的学校实施导生制,将班级分为若干个小组,每个小组由10位学生组成,每组都设有组长,由高年级的学生担任导生,给低年级的学生授课。②

天主教对抗新教教派的方式之一,就是建立各种下属机构,以开展各种反击活动。除共同生活兄弟会外,天主教牧师罗耀拉(Loyola)还创建了耶稣会,以对抗新教教派。为传播教义、争取教徒,耶稣会对教育予以极大的关注,并且将自己的教育重心放在中学和大学上,大力发展中学和大学。1773年,其开办的学校多达800余所,教职员工超过2万人。③耶稣会打造的教育系统为后世的教育发展留下了宝贵的财富。

在教师教育领域,耶稣会也做出了不小的贡献。由于耶稣会创办的学校教育教学质量较高,因此,耶稣会对教师质量的要求较高。从耶稣会创办的学校毕业的学生一般可直接到学校任教,但某些学校会对新教师提出特定的要求,新教师在成为教师之前需要进行教学实践。

据一位曾在1587年访问过巴黎某所耶稣会学校的官员记载,该学校为学习哲学课的学生在最后一学年开设了教学实践班,经过教学实践班的学习,学生可在来年担任哲学课的教师。1599年,耶稣会要求各教区长对教师候选人的才智和教学方法予以特别的关

---

① LUCKEY G W A. The professional training of secondary teachers in the United States[M]. New York: The Macmillan Co. ,1903:4.

② JOHNSON J A. A brief history of student teaching[D]. Grand Forks: University of North Dakota, 1965:4—6.

③ CORDASCO F. A brief history of education[M]. Totowa,NJ: Littlefield,Adams, 1963:57.

注,要求开设教学法研讨班或学术班,由经验丰富的教师管理和指导。以学习哲学课的学生为例,在课程即将结束之际,学生与指导教师要进行大约每周 3 小时的交流,不仅要学习如何增长才智,而且要践行教学艺术。①

在耶稣会学校,教师和学生的身份有时也会相互转换。在正式课堂上的教师,在教学法研讨班则是学员。耶稣会学校虽然还不存在现代意义上的教师实习,但对教学实践较为重视,其教学方式类似于方法论课程中的学生模拟教学。

(四) 德国和法国 17 世纪中后期的教师培训机构

除耶稣会创办的学校外,通过实践教学让学生成为教师的做法在 17 世纪的欧洲其他国家也曾出现过。

早在 1650 年,一位名为欧内斯特(Ernest)的德国公爵就提出将教师实习作为招聘教师的条件之一。但由于种种原因,他的教育蓝图并没有马上被付诸实施。其后,他的孙子也继承了祖辈的教育理念,为教育改革而奔走呼号。在他们的影响下,腓特烈二世(Frederick Ⅱ)开设了不少学术研讨班,学术研讨班的学生必须在教师的指导下进行教学展示,其他学生成为这种模拟教学的授课对象,教师对学生教学展示的优缺点进行点评。这一做法在 17 世纪欧洲部分国家较为盛行。② 例如,法国天主教牧师查尔斯·戴米尔(Charles Démia)于 1672 年在里昂创办了教师培训班,为教授阅读和教义问答课的教师提供培训,以更好地实现其教育贫穷孩子的目标。不过,他创办的教师培训班同时也把神职人员的培养作为其目标之一。③

17 世纪 80 年代,法国天主教神父拉萨尔(De La Salle)在兰斯创办了世界上第一所教师培训机构,主要为农村地区培训教师。不久,拉萨尔又在巴黎建立了第二所教师培训机构,内设了一所初等实验学校,专用于学生开展实践教学。④ 也就是说,该学校除了进行通识教育和宗教教育外,还要对学生进行教学实践的训练。

---

① MCGUCKEN W J. The Jesuits and education: the society's teaching principles and practice, especially in secondary education in the United States[M]. New York: Bruce Publishing Co., 1932: 94—150.

② ALEXANDER T. The training of elementary school teachers in Germany[M]. New York: Teachers College, Columbia University, 1929: 5—6.

③ JOHNSON J A. A brief history of student teaching[D]. Grand Forks: University of North Dakota, 1965: 7.

④ BATTERSBY W J. De La Salle: a pioneer of modern education[M]. London: Longmans, 1949: 107.

二、师范学校建立后欧洲的教师实习

(一)德国早期师范院校中的教师实习

自拉萨尔在法国创建了世界上第一所教师培训机构之后,路德教牧师奥古斯特·弗兰克(August Francke)也于1696年创建了德国最早的教师培训机构。1707年,他又创建了培养中学教师的培训机构。

弗兰克之所以创建教师培训机构,是出于他对当时学校教学效率低下的深切感受。自1695年创建了面向贫穷儿童的初等学校后,他就深切地感受到师资质量问题所带来的困扰,创建教师培训机构主要就是为了解决小学教育的师资质量问题。他曾写道:"在我看来,越来越多的事实表明,常规教学模式是多么的糟糕,培训儿童的方法是多么的无效,这些激起了我最诚挚的期望,我应当为改进教学方法和教育年轻一代做出自己的贡献。"[1]

弗兰克从小学毕业生中选出有知识、有能力和有从教意愿的学生,将他们送入培训学校接受两年的学习。学习期间,学生在教师的指导下在不同学校进行教学,以获得有关教法的实践知识。[2]

与中世纪其他国家的大学一样,18世纪德国的大学也主要进行神学、法学和医学的教育。德国的大学对教师的培养始于18世纪中期之后,其发展与德国泛爱主义教育运动紧密相关。1765年,哈勒大学(University of Halle)开始进行教师培养,但这种培养原本并不包括教学法方面的课程。德国泛爱主义教育运动的兴起则改变了这一局面,一大批以人类互爱精神和人文主义世界观为立校基础的泛爱学校纷纷问世。这些学校在教学上采用夸美纽斯、卢梭的直观原则和对话、游戏、参观等方式,使以往注重死记硬背的教学方式发生了革命性的变化,引起社会的广泛关注。

从1779年开始,在德国教育学家巴西多(J. B. Basedow)的追随者特拉普(E. C.

---

[1] ADAMSON J M. Pioneers of modern education,1600—1700 [M]. Cambridge:Cambridge University Press,1905:238—239.

[2] JOHNSON J A. A brief history of student teaching[D]. Grand Forks:University of North Dakota,1965:15.

Trapp)的帮助下,哈勒大学建立了教学部,设置了研讨班,并附设了实习学校。① 到1833年,德国所有的大学都建立了研讨班,通过研讨班向未来的教师传授教育教学方法,提升其教学实践能力。同时,这些研讨班也与中小学建立了密切的联系,学生可把自己所学到的知识用于教学实践。②

德国最早的公立教师培训机构是创办于1788年的吉姆奈西尔培训学校(Gymnasial Seminary)。此前,教师培训机构多为私人或教会开设。在这所公立教师培训机构中,实习生充当任课教师的助手,关照特定的学生群体或后进学生,在教师的指导下进行教学实习。实习生每周上10小时的课,每半年换一次任教学科。③ 此外,实习生还要帮助教师批改学生的作业,每月参加一次全体教师会议,接受教师和学生的批评,进行有关教学法的讨论。该校指定了1位主任和3名教师从事实习生的教学指导工作。④

1819年,德国要求每个地区都建立公立师范学校,并在师范学校中附设供教学实习的附属学校。其中,波茨坦师范学校具有较高的声望,是当时德国最好的师范学校之一。19世纪德国典型公立师范学校的情况如下:"学习年限固定为2年。第一年,学生学习今后所要传授的知识,且要观摩指导教师在附属学校所上的课程并充当助手;第二年,这些未来的教师更加注重实践,一整年的时间都用来进行教学实践。"⑤

1826年,德国还曾规定,职前教师获取教学资格必须通过2门考试,同时还要参加为期3年的实习。与此同时,德国还在法令中宣布了实习教师研习班的设立。此后,法国也于1887年公布了一项法令,规定师范学校的学制为3年,学生需要在第三年实习2个月。

(二) 英国的导生制

英国的导生制产生于18世纪,由英国牧师安德鲁·贝尔(Andrew Bell)和英国教师约瑟夫·兰开斯特(Joseph Lancaster)创建。导生制在英国的产生并不是偶然的。一方面,英国作为欧洲最早进行工业革命的国家,机械化大生产对劳动者的知识和素养提出了更

---

① CORDASCO F. A brief history of education[M]. Totowa,NJ: Littlefield,Adams,1963: 86.
② JOHNSON J A. A brief history of student teaching[D]. Grand Forks: University of North Dakota, 1965: 16.
③ LUCKEY G W A. The professional training of secondary teachers in the United States[M]. New York: The Macmillan Co.,1903: 37—38.
④ 同②: 18.
⑤ BARNAED H C. A history of English education: from 1760[M]. London: University of London Press,1947: 185.

高的要求；另一方面，英国的基督教知识促进会和国外福音宣传会创办了大量具有慈善性质的学校。1795年，英国各类慈善学校和私立学校已达1000余所，学校的增多对师资提出了巨大的需求。这些都为导生制的产生提供了适宜的土壤。

基督教知识促进会在导生制的推行方面发挥了积极的作用。为提高乡村学校的办学质量，该组织鼓励新教师与老教师共同工作，从而使新教师能够通过观察与模仿学会如何教学，但由于当时的慈善学校宗教色彩过浓，"拯救灵魂"的职能远甚于"解放心智"，因此，正统的宗教信仰和道德上的忠诚被视为判断新教师能否胜任教师工作的主要因素。学徒制所强调的观察与模仿在当时得到了重视，但导生制的推行缺乏系统的、制度化的有力措施。

导生制的出现为英国提供了一种当时前所未有的教师生成路径。在实施导生制的学校中，导生既是教师也是学生，导生承担了许多本应由教师承担的职责。学校的礼堂或大厅通常就是教室，里面安放着一排排长课桌，每排可坐10余名学生，每排有1名学生被安排为导生。教师通常先将当天的教学内容以讲授的方式教给导生。其他学生则按排坐好，或者复习前一节课的内容，或者自学。导生从教师那里学完当天的知识后，便领回自己所负责的学生，让学生坐成一圈或一排，将刚学完的内容教给自己负责的学生。

导生制可使一位教师在导生的帮助下，同时承担数百名学生的教学与管理任务。不少导生毕业后就从事了教师工作。从教学经验的获得来看，导生成为教师就是在这种师傅带徒弟的实践中实现的，他们在担任导生期间所得到的训练也是一种教学经验的积累。其后，部分实行导生制的学校还附设了教师培训机构，为导生提供更为正式的师资培训。①

在导生制推广期间，英国成立了负责教师培训的组织，推行了教师资格证书制度，并规定在取得教师资格证书前，教师候选人必须通过期末考试并从事一段时间的实习。尽管完成全部培训课程需要1～6个月，而实习时间却不超过1周，这大概是英国对教师实习的最早规定了。②

（三）英国教师培训学院中的实践教学

英国最早的教师培训学院是兰开斯特为训练导生而于1798年创建的伯勒路德学校

---

① JOHNSON J A. A brief history of student teaching[D]. Grand Forks：University of North Dakota，1965：19.
② 王红.中、英教育实习制度比较研究[D].长春：东北师范大学，2004：30.

(Borough Road School)。19世纪30年代,英国政府对教育进行资助,其中一部分资金就投向了教师培训学院。这些资金一是用来建学院的校舍,二是用于学生的选拔与资助,三是用于支付指导教师和管理人员的报酬。

从19世纪40年代开始,英国的教师培训学院进一步增多,有些还开设了实习学校供学生进行实习。这些教师培训学院通常会安排学生每周花若干小时到实习学校参观或教学,但由于教师培训学院的数量和规模均较小,修业年限也较短,且生源严重不足,因此其发展较为缓慢。

19世纪末20世纪初,英国的大学也开始参与到教师培训中来,建立了可以走读的教师培训学院。这类学院除设有心理学、教育学等课程外,还在假期安排了教师实习。这类学院虽然没有建立自己的实习学校,但通常都会固定地使用一所初等学校开展实习,并形成自己的传统。

1910年,英国仅有83所教师培训学院;但1960年,英国有150多所教师培训学院,这些学院均提供三年制的课程,全部设有教师实习。[①] 不过,在19世纪末之前,英国教师生成的最重要的方式既不是导生制,也不是教师培训学院,而是教生制。

(四)英国的教生制

英国于1846年从荷兰引进了教生制(pupil-teacher system),由协议委员会负责制订计划。实行该制度的初等学校在学校中选拔年满13岁且在学业、道德和身体方面符合要求的学生,学校的校长用带徒弟的方式将其培养为教师。学生一般要当5年的教生,做校长的助手,在教学实践中学习教学方法。教生也跟导生一样,经常给其他同学上课,但在课前或课后则要接受校长的教导,每周5天,每天至少90分钟。这一期间,教生可获得一定的报酬。同时,教生每年都要接受一次皇家督学团的考评。18岁时,教生可参加一场综合性考试,合格者将可升入三年制师范学院学习,并可获得3年的奖学金。教生也可以不参加综合性考试而选择在初等学校就业,但教生若此时就业则属于"未获证书教师",薪水相对较少。总的来看,教生制的出现解决了当时教师培训学院师资不足的问题。

教生制在19世纪末之前一直是在英国占统治地位的教师生成方式。这种边学边做的教师生成方式强调的是对课堂教学技能的掌握,强化了"教学即技艺"的理念,一方面可满足

---

① JOHNSON J A. A brief history of student teaching[D]. Grand Forks: University of North Dakota, 1965: 22.

当时英国初等学校对师资的需求,另一方面也延缓了英国师范学校兴起和发展的速度。

由于教生制保留了导生制成本较低的特点,比较正规,教师培训质量也有所提高,因此受到人们的欢迎。在该制度的影响下,英国枢密院教育委员会主席凯-沙特尔沃思(James Kay-Shuttleworth)在1846年以教育委员会的名义制订了见习教师培养计划,向全英国推广实施。1870年后,一些学校委员会还建立了见习教师中心。直到20世纪初,教生制一直是英国培训小学教师的主要形式之一。[①]

1846—1861年,英国通过这一制度培养的教师已经达到13871人。[②] 教生制从19世纪70年代开始也发生了一些变化。1878—1896年,教生的选拔年龄从13岁提高到16岁,学习时间从5年缩短到2年。[③] 教生每天可以得到指导教师1~1.5个小时的指导,这些指导通常是分散进行的,指导教师依据其所指导的教生的数量获得数额不等的津贴。[④]

教生制一直实行到1902年,随着政府开始为中等教育提供资助,越来越多的学生希望在17岁或18岁接受中等教育后再成为教师,教生制便开始走向衰落。在中学,这些学生通常用一半的时间到小学任教,另一半的时间用于接受中等教育。这一变化直接导致了后来师范学校的产生。

无论是导生制还是教生制,实习或实践训练成为教师培养的重要组成部分。导生制的出现主要是为了解决当时师资不足的问题,实行导生制的学校虽然对导生进行了必要的训练,但就它的系统性和专门性来说,远比教生制要弱。教生制不仅要求学生接受2~5年的培训,而且对每天需要接受多长时间的指导教师的指导都做了明确的规定,学生也能够在教学岗位上带薪实习。

教生制与美国的驻校实习或临床实践型教师实习有异曲同工之妙。教生制肯定了教学实践对教师培养的重要意义。英国的教育学者认为,教师的培养并不能仅仅通过系统知识的传授和讲解来达成,而是通过观察真实的教学情景中的一切活动并亲自进行教学

---

① 李先军,杨汉麟. 近代西方师范教育制度的确立与发展[J]. 集美大学学报(教育科学版),2008(4):8—13.
② BARNARD H C. A history of English education: from 1760[M]. London: University of London Press,1947:185.
③ JOHNSON J A. A brief history of student teaching[D]. Grand Forks: University of North Dakota,1965:20.
④ CUBBERLEY E P. Readings in the history of education: a collection of sources and readings to illustrate the development of educational practice, theory, and organization[M]. Boston: Houghton Mifflin Co.,1920:384.

得来的。

三、殖民地时期至师范学校建立前美国的教师实习

从培养内容来看,当前世界各国主流的教师培养方案通常都由通识教育、学科教育、专业教育、实习这几部分构成,实习是教师培养的重要环节之一。现代教师教育制度从其源头来看是从学徒制发展而来的,学徒制不仅是当前学徒制教师培养模式的前身,而且也是现代教师教育制度的前身。也就是说,从源头来看,现代教师教育制度实际上来源于后来成为其内在组成部分的实习或实践教学。除学徒制外,与欧洲社会一样,构成美国现代教师实习制度前身的还有导生制。

(一) 美国教师生成的基本状况

在殖民地早期,由于定居于美洲的时间不同,族群和宗教信仰不同,人们的教育状况在这一时期表现出极大的区域间的不平衡。各地在办学形式、教学内容及教学质量等方面存在很大差异。在新英格兰地区,学校大多由清教徒控制,学校发挥的作用类似于清教徒教堂的职能;在北部地区,加尔文派教徒众多,学校也由教派管理并控制;在中部地区,由于多种教派并存,因此出现了不同教派学校共存的局面;在南部地区,社会上层人士盛行聘请教师对子女进行家庭教育,社会下层民众则通常没有机会接受教育。[①]

总体来说,这一时期的美国出现了各种不同类别的私立中小学,既有教派举办的,也有非教派举办的。典型的非教派举办的学校包括主妇学校(dame school)、小学校(petty school)等。美国殖民地时期的初等教育主要以教授读写和计算、传授宗教知识为职能,不与中等教育衔接。这一时期开设的文法学校属于中等教育层次,其主要职能就是为学生上大学做准备。在殖民地末期,美国还出现了新型的私立中等学校——文实学校,注重对学生进行职业训练。

由于各学校类别和层级不同,殖民地时期美国教师的生成与上述学校对师资的要求直接相关。这一时期,教师的生成大致有三条不同的路径。其一,在教派开办的学校,教师主要由神职人员担任,由牧师兼任学校教师在这一时期是极为平常的事。其二,在非教

---

① 洪明.美国教师质量保障体系历史演进研究[M].北京:北京师范大学出版社,2010:1—6.

派举办的学校,略有学识、掌握基本的读写算技能的人便可成为教师。例如,当时的主妇学校的教师就是由粗通文字且有闲暇时间的家庭主妇担任的,她们仅具有最初级的读写水平。其三,受过良好教育的大学毕业生通常也会在文法学校任职,不过,他们担任教师一职主要是为了做兼职或在未找到正式工作前暂时从事一段时间的教学工作。也就是说,他们将教师职业作为一种临时职业来对待。①

美国在殖民地时期曾颁布过不少教育法。这一时期,各地立法的有关教师资格证书的要求中都没有对教学实践提出要求。② 殖民地时期,教师的地位极低,使用白人契约奴当教师的现象并不少见。1735年,费城的一份周报曾刊登过这样一则广告:"一位已经做了4年奴役的男性,极为适合当牧师或在学校教书,能读、会写、懂算术,无不良债务。"③这表明殖民地时期的美国是极不重视教师培养的,也不关心教师的教学实践经验。

美国早期建立的文法中学和大学均无教师培养职能。1635年,波士顿建立了拉丁文法学校,属于中等教育层次,其职能主要是为学生上大学做准备,这种学校是直接模仿当时欧洲的中学创建的。这些学校的教师来源复杂,教师们都没有接受过类似于学徒制那样的教师培训。④

美国最早创办的大学是1636年的哈佛学院,主要培养神职人员。其他成立较早的大学包括威廉玛丽学院(1693年)、耶鲁学院(1701年)、布朗大学(1764年)、达特茅斯学院(1769年)。这些大学在早期都注重学生对神学和经典著作的学习,宗教色彩浓厚。这些大学都没有对教师培养提出要求,只要掌握所要传授的知识便可以当教师是这一时期十分流行的观念。⑤

19世纪前,法学、医学等专业相继出现,而教学未能像法学、医学那样成为被人们普遍接受的专业,小学教育更是如此。当时的人们认为,教师不是一个需要经过专门培训的职业;对中学教师来说,最重要的是学识,因此大学毕业就可以担任中学教师,无须进行教育理论的学习和教学方面的训练;而对于小学教师,人们甚至不重视教师的学识,更不用说教育理论和教学法课程的学习了。

---

① CREMIN L A. American education: the colonial experience,1607—1783[M]. New York: Harper & Row,1970: 91—93.
② JOHNSON J A. A brief history of student teaching[D]. Grand Forks: University of North Dakota,1965: 33.
③ CUBBERLEY E P. The history of education[M]. New York: Houghton Mifflin Co.,1920: 452.
④ 同②: 31.
⑤ 同②.

在19世纪20年代美国师范学校出现前夕,除学徒制外,为解决当时教师严重不足的问题,并让教师得到起码的教育,政府曾采用了两种不同于殖民地时期的做法:一是实行导生制,二是通过中等教育来培养教师。

(二) 美国的学徒制

早在殖民地时期,来到北美的各国移民,尤其是各宗教团体纷纷将欧洲教育传统带入美国。例如,在1697年,天主教就已经在北美建立了至少13座教堂。牧师从事宣讲和布道工作,他们本身就是教师,他们在传播宗教的过程中培养助手帮助自己,培养的过程如同欧洲的学徒制。[①]

在殖民地早期,除牧师等少数人员需要接受专门的训练外,法律工作者、医生、教师和其他从业者大多不需要接受专门的训练,他们只需要通过学徒制的学习方式进行学习。在这一时期,"教学不被看成一个专业,而是被看成任何一个有点学识的人都能从事的一门艺术"[②]。

在1722年的纽约,通过类似于欧洲的学徒制的学习方式进行学习,在有经验的教师的指导下成为教师是教师生成的重要路径。可以说,这时的学徒制是教师培养的主要方式。尽管它与现代的教师实习还不完全一样,但它是现代教师实习的前身,与现代教师实习具有亲缘关系。[③]

19世纪,在工业化进程发展较快的国家,国民学校的普及和发展使各所学校对师资产生了巨大需求。在师范学校尚未建立或其培养的教师无法满足学校需求的情况下,欧美国家的很多学校普遍采用学徒制,教师从学生中选出若干名学生充当教学助手或学徒,让这些学生跟随自己,通过观察、模仿和练习学会如何教学。教师在实践中教授学生教什么、如何教。在这一时期,欧美国家的国民教育或公立教育制度的发展都经历了从初等教育逐步发展到中等教育的过程,而教学助手或学徒一般是从初等学校产生的,他们通常被称为"实习老师"(pupil teacher),后来也被称为实习生(student teacher)。[④]

---

① JOHNSON J A. A brief history of student teaching[D]. Grand Forks:University of North Dakota,1965:31.

② ROAMES R L. Accreditation in teacher education:a history of the development of standards utilized by the National Council for accreditation of teacher education[D]. Akron:University of Akron,1987:4.

③ 同①:35.

④ DUNKIN M J. The international encyclopedia of teaching and teacher education[M]. Oxford:Pergamon Press,1987:681—682.

就教师培养而言,学徒制是存在诸多问题的。其中最大的问题是:学生的教学行为源自对指导教师的单纯模仿,而指导教师的教学未必是最佳的教学方式,这种培养方式并不能保证学生的教学质量。由于学生是通过模仿而学习如何教学的,学生本人也很难对教学进行深入的理解和反思。换句话说,这种培养方式压制了学生学习的主动性和创造性,学生的教学水平也很难再取得进步。[1]

在美国,通过学徒制培养教师的合理性是由以下理念支撑起来的:首先,人们认为通过学徒制的方式培训教师,不仅有效、便捷,而且也符合常识。在美国,教学在当时常被理解为一种简单而低级的工作。当时流行这样一句谚语:"能做的人,都去做了。做不了的,就去教别人做。"其次,人们认为教学在本质上都是由教师个体在具体教学情境中实施的,所需要的知识与技能难以从普遍的教育教学原则中获得,只能通过教学实践获取。再次,人们认为教学行为只能"获得"(catch),无法"教得"(teach),学习教学的最好方式就是观察他人如何教,并在此基础上尝试着去教。最后,人们认为教学与诗歌和美术创作一样,属于艺术范畴,教师不是教出来的,教师的教学水平是由天赋决定的。因此,培养教师就是要将学生这方面的天赋和潜能发挥出来。[2]

从传统意义上来看,教师通常被认为是知识的传授者,进行实习的学生是为成为教师而做准备的学习者。学生在实习中所关注的问题是如何正确地板书,如何正确地发音,如何抑扬顿挫地说话,等等。这些都是可以通过师傅带徒弟的方式来完成的。[3]

(三)美国的导生制

在师范学校产生前,导生制作为教师生成的另一种途径在 19 世纪最初的 30 年中在美国的部分城市盛行过。19 世纪初,美国从英国引进了导生制。1805 年,纽约建立了第一所导生制学校。这一时期,美国许多大城市都引进了这种教学组织方式。1820 年,导生制学校已经发展到了 20 所。1818 年,在美国费城创建的导生制学校中,兰开斯特还担任过主任一职,他还亲赴纽约和布鲁克林推广这一教学组织方式,对推动导生制在美国的

---

[1] DUNKIN M J. The international encyclopedia of teaching and teacher education[M]. Oxford: Pergamon Press,1987:681—682.
[2] PETERS R S. Teaching practice in teacher training[J]. Trends in Education,1968:3—9.
[3] 同[1].

发展做出了直接的贡献。总的来看，美国的导生制就是英国导生制的直接翻版。①

实施导生制的学校通常使用能够容纳很多长课桌的大教室，每排课桌安排十几名学生，由教师指定其中年龄较大或天资聪颖的学生担任导生。教师先将学习内容传授给这些导生，导生掌握后再把自己刚学到的知识传授给其他学生。每个导生都负责自己这一排学生的学习，检查作业和考试也由导生负责。有了作为助教的导生辅助教师开展教学，一位教师在一个教室里往往能教几百名学生。这种教学组织方式在当时的阅读、宗教教义问答、写作和算术教学方面都得到了广泛运用。除纽约的导生制学校外，兰开斯特还在费城创办了一所为当地公立小学培养教师的模范学校，专门对导生进行训练。

导生制在当时也引起了巨大的争论。支持者认为导生制不仅是一种很好的教学组织方式，而且成本低；反对者则认为导生制的教学质量不佳，是一种低效的教学组织方式。这些争论激发了人们对什么样的教师才是好教师及如何造就好教师的思考。在这一方面，美国教育家霍勒斯·曼（Horace Mann）的思考具有一定的深度，且对后来美国师范学校的建立产生了重要影响。霍勒斯·曼写道："我们必须看到一个缺乏经验的孩子磕磕巴巴、杂乱无章的教学与富有成就的教师的教学之间的区别……在面对贝尔所说的'今天给我24名学生，明天我将还给你24名教师'这样的言论时，有人表示不屑，我们则要提升自己对这种新传入的教学组织方式和'开展教育'这一用语的理解。有关导生制在教师培养方面的优势的争论，促使我认真思考这样的问题——教师应当具有怎样的技能？他们应当如何获得这样的技能？"②

导生制在19世纪初期的美国盛行一时，并从小学发展到部分中学。在解决美国基础教育快速发展而师资力量不足的问题上，导生制发挥了积极的作用。它也成为19世纪前30年西方国家最普遍、最成功的教学组织方式。

导生制以其低成本的特点吸引了教育的供需双方，它使儿童大规模入学成为可能，一定程度上满足了人们对教育普及的需求，对美国公立学校的产生和发展发挥了积极的作用。这种特殊的教学组织方式是一种教师生成路径，也是在师生比例严重失衡状况下的一种速成的教师培训方式。在追溯美国师范学校的历史时，就有学者将导生制作为其源

---

① GORDY J P. Rise and growth of the normal-school idea in the United States[M]. Washington, D. C.：United States Government Printing Office, 1891：25.

② 同①.

头之一。① 导生制的实施能够暂时解决师资不足情况下的教学问题,虽然其教学质量和教学效果无法得到保证,但导生们先行接受教师的指导,再将自己掌握的知识教授给其他学生的过程,已经隐含了在实践中培养教师的因素。因此,导生制也是现代教师实习制度的源头之一。

（四）文实中学的教师培训班

文实中学(academy)在19世纪中期以前是美国中等教育的主要类型,文实中学的发展促进了美国中等教育从欧洲的古典传统中学向关注社会发展的现代中学的转变。在美国,通过文实中学培养小学教师并不只是在师范学校产生前才有的现象。师范学校建立后,文实中学一直保持着培养教师的职能,并在公立学校兴起与发展的大背景下得到强化。只是后来随着公立中学的兴起,这一职能被转移到了公立中学上。

1751年,本杰明·富兰克林(Benjamin Franklin)创建了美国历史上的第一所文实中学。文实中学的学生毕业后可以进入大学,也可以直接就业。富兰克林创建的文实中学开设了师范部,家庭贫困的学生可以在毕业后担任小学教师,教儿童读写、计算和语法。这大概是美国在中学开展教师培训的最早尝试。

1785年,长老会神职人员麦科克尔(Samuel Eusebius McCorkle)在加利福尼亚州创建了巴那塞斯天国中学(Zion Parnassus Academy),虽然该校开办时间不长,1791年就关闭了,但其也是较早在中学进行教师培训的先例。巴那塞斯天国中学设有教师教育系,专门负责小学教师的培养。就读于该系的大多数学生来自家境贫寒而又笃信教义的家庭。这些学生可免费就读,毕业后到该教派开办的教会学校担任教师,这些教师同时也是神职人员。由于巴那塞斯天国中学是教会学校,其宗教色彩十分浓厚,教师的职前培养基本上也就是对牧师的训练,这些训练通常是神职人员训练的一部分。在其开办的5年时间里,该中学共培养了45名教师,同时也培养了一批律师、法官和行政官员。该中学在注重培养实用人才的同时也不忘兼顾升学的目标,且同样取得了不错的成绩。1798年,7位北加利福尼亚大学的首届毕业生中,来自巴那塞斯天国中学的就占了6位。此外,19世纪初期,宾夕法尼亚州的一些私立中学和学院也开始为学生开设专门的教师培训课程。

---

① MCCARREL F. An abstract of the development of the training school[J]. Peabody Journal of Education,1934,11(5):212—215.

在中学设置教师教育课程是美国在师范学校产生之前保证教师质量的一种重要方式。当美国公立小学兴起，对教师的需求量急剧增加，建立师范学校也只是少部分州尝试解决师资数量和质量问题的措施之一。不少州一开始并没有考虑建立师范学校，而是采用以公共资金来支持中学培养教师的传统做法。这种做法在中等教育比较发达的大城市较为普遍，如纽约州议会于1834年通过决议，把全州分成8个区，每个区选择1所文实中学开办师范系，由州政府拨款，从而为各小学提供合格教师。纽约州在创立了自己的师范学校后，仍为文实中学培训教师提供资助。1844年拨款曾一度终止，但到1849年又重新恢复。那些得到政府拨款的文实中学在性质上可以被看成是半私立的中学。此外，宾夕法尼亚州、印第安纳州和威斯康星州等也出现了类似的情况。

这一时期，中等学校的数量和规模还十分有限，而愿意接受中等教育的人数却有所增加，但当时社会对职业后备力量的需求种类更加多样化，并且教师职业在当时并不具有很强的吸引力，这就导致不少文实中学的教师培训计划总是次于其他发展目标。

美国南北战争后，随着公立中学的快速发展，私立的或半私立的中学逐渐被公立中学取代，文实中学也开始慢慢消失，教师的培养任务也开始向公立中学转移，许多公立中学也同样开设了师范系，以培养小学教师。教师培养的管理工作则开始更多地由州来承担。[1] 当然，通过师范学校培养教师最终成了不可抗拒的发展趋势。随着师范学校的不断增多，以及师范学校向师范学院的升级，由公立中学承担教师培养任务的做法逐渐淡出美国历史舞台。

---

[1] ANGUS D L. Professionalism and the public good: a brief history of teacher certification[R]. Washington, D.C.: Thomas B. Fordham Foundation, 2001: 5.

第二章
美国师范学校时代的教师实习

（19世纪20年代—20世纪20年代）

19世纪初期，美国开始了公立学校的创建。随着公立学校的不断增多，美国产生了对师资的巨大需求，原有的导生制、学徒制和教师培训班的教师生成方式已经无法满足公立学校的需要，专门培养小学教师的师范学校应运而生。自美国第一所师范学校建立开始，师范学校快速发展。到19世纪后期，建立师范学校成为一种运动，每个州都至少建立了一所师范学校。建立师范学校的目的就是培养教师，因为当时很多学校都急需教师。到了20世纪初期，美国几乎30万以上人口的地区都建立了师范学校。随着普及中等教育运动的出现和对初等教育师资水平要求的不断提高，师范学校也不断升级、转型。20世纪20年代，师范学校逐渐被师范学院取代。教师实习从美国师范学校创办初期就是教师培养活动的重要组成部分。

一、早期师范学校的实习活动

从词源上看，美国师范学校所使用的"normal school"一词来自法语中的"écoles normale"。采用这一名称，旨在显示师范学校以教学原则为传授内容，并在实践中例证教学艺术。[1] 师范学校的任务就是让学生在一定的时间内通过学习、观察与实践学会教学。

---

① HALL S. Lectures on school-keeping[M]. Boston：Richardson, Lord and Holbrook, 1829：30—40.

（一）师范学校的兴起与发展

美国师范学校的名称虽然来自法国，但在教育原则和方法上深受德国的影响。在 19 世纪 20 年代后期和 19 世纪 30 年代，不少出访过德国的美国学者都为德国的教育所折服，大力赞扬德国的教师教育制度，主张美国应当以德国的教师教育制度为楷模。同时，这一时期也正是美国公立学校大发展的起始阶段，各所公立学校迫切需要大量的教师。发展公立学校是美国的创举，这使美国与注重精英教育和实行双轨制的欧洲国家迅速区分开来。同时，这也对美国教师的生成方式提出新的要求，呼唤着师范学校的出现。

美国第一所私立师范学校由佛蒙特州公理会牧师霍尔（Samuel R. Hall）于 1823 年创办。这所师范学校在开办的十余年里共培养了近百名教师，后虽因经费拮据而被迫关闭，但它的示范作用和影响力不可小觑，这所师范学校对美国西北部地区师范学校的创建产生了巨大的推动作用。

对美国教师进行专业训练的要求是随着公立学校的建立而被提出的。公立学校的发展使其对教师的需求急剧增加，城镇学监不断向城镇当局抱怨教师不足和教师质量过低的问题，建议当局设立专门机构对教师进行训练和培养。这一呼声在美国 19 世纪 30 年代后期和 19 世纪 40 年代变得尤为强烈。

继霍尔创办第一所私立师范学校 16 年之后，马萨诸塞州于 1839 年建立了美国第一所公立师范学校。首批就读的学生只有 12 人，学制为 1 年，直到 1860 年才延长为 2 年。

美国南北战争后，随着由政府建立师范学校的观点日益流行，新英格兰地区和中西部地区师范学校的发展十分迅速。据统计，1870 年，美国师范学校达到 39 所，设立师范学校的州达到 18 个；1875 年，设立师范学校的州达到 25 个，招收的学生总数达 2.3 万人。[①]

到 19 世纪末，美国的大部分州已建立了公立师范学校。1890 年，公立师范学校达到 130 所；1897 年达到 167 所，入学人数为 46245 人。[②] 1910 年，州立师范学校达到 180 所，

[①] LUCAS C J. Teacher education in America: reform agendas for the twenty-first century[M]. New York: St. Martin's Press, 1997: 28.

[②] 单中惠. 美国公立学校运动新论[J]. 教育评论, 2000(3): 58—59.

在全部的46个州中,设立师范学校的州达到42个,只有4个州未建立师范学校。这180所师范学校都没有开设学士学位课程,由此可见,这一时期师范学校的教学与学术无关,社会对师范学校的认可度也比较低。

美国19世纪后期到20世纪早期州立师范学校的发展情况如表2-1所示。

表2-1 美国19世纪后期到20世纪早期州立师范学校的发展情况

时间	设立师范学校的州的数量/个	州立师范学校的数量/所	学生人数/人
1870年	18	39	—
1875年	25	—	23000
1890年	—	130	—
1897年	—	167	46245
1910年	42	180	—

资料来源:此表根据Lucas Christopher J. 的 *Teacher Education in America: Reform Agendas for the Twenty-First Century* 一书中所提供的相关信息整理编制。

同时,这一时期的美国还存在着一大批私立师范学校。据统计,1898年美国有165所私立师范学校。当然,师范毕业生的增多相对于巨大的教师需求量来说还是十分有限的。19世纪末,从师范学校毕业的教师人数仅占教师总人数的1/4。

由于师范学校是在高等教育系统之外独立产生的,作为一种新型的教育机构,其学术水准在师范学校成立之初及其后的相当长的一段时间内都是较低的,表现为以下几个方面:① 因招收的是小学毕业生,师范学校只能算是中等教育机构而不是中等后教育机构;② 师范学校的教学水平和教学质量被认为比不上当时的文实中学或公立中学;③ 师范学校不与其他高等教育机构衔接,因此被看作是二等的或具有"终点"性质的教育机构。直到19世纪末,师范学校才开始要求其入学者持有中学文凭。不过,到19世纪90年代,典型的师范学校的教育内容还是与小学学科联系在一起,没有上过中学的人也常常能被录取。[①]

美国各州首所公立师范学校的成立时间如表2-2所示。

---

① LUCAS C J. Teacher education in America: reform agendas for the twenty-first century[M]. New York: St. Martin's Press, 1997: 31.

表 2-2　美国各州首所公立师范学校的成立时间

州名	首所公立师范学校成立时间/年	州名	首所公立师范学校成立时间/年	州名	首所公立师范学校成立时间/年
马萨诸塞州	1839	特拉华州	1866	佛罗里达州	1887
纽约州	1844	内布拉斯加州	1867	内华达州	1887
康涅狄格州	1849	西弗吉尼亚州	1867	科罗拉多州	1889
密歇根州	1849	犹他州	1869	佐治亚州	1889
罗得岛州	1852	密苏里州	1870	华盛顿州	1890
艾奥瓦州	1855	新罕布什尔州	1870	俄克拉何马州	1891
新泽西州	1855	阿肯色州	1872	爱达荷州	1893
伊利诺伊州	1857	北卡罗来纳州	1876	蒙大拿州	1893
明尼苏达州	1858	得克萨斯州	1879	新墨西哥州	1893
宾夕法尼亚州	1859	北达科他州	1881	南卡罗来纳州	1895
加利福尼亚州	1862	南达科他州	1881	马里兰州	1896
堪萨斯州	1863	俄勒冈州	1883	俄亥俄州	1900
缅因州	1863	弗吉尼亚州	1884	肯塔基州	1906
印第安纳州	1865	路易斯安那州	1884	亚拉巴马州	1907
威斯康星州	1865	亚利桑那州	1885	田纳西州	1909
佛蒙特州	1866	怀俄明州	1885	密西西比州	1910

资料来源：此表根据 Johnson J. A. 的"A Brief History of Student Teaching"一文中所提供的相关信息整理编制。

（二）早期私立师范学校的教师实习

前文介绍了美国最早的私立师范学校是霍尔在1823年创办的。实际上，早在该校创立之初，实习就已经成为师范学校内在职能的重要组成部分。

霍尔创办的师范学校有多种不同的称谓，如霍尔学校（Hall's School）、哥伦比亚学校（Columbian School）、康科德学院（Concord Academy）、乡村语法学校（Country Grammar School）、埃塞克斯乡村语法学校（Essex Country Grammar School）。不管称谓如何，霍尔学校开创了美国师范学校的先河这一点是毋庸置疑的。霍尔不仅被称为"美国师范学校之父"，而且也是"美国实习之父"。[①]

创建之初，该校建有一栋两层高的楼房，面积为146平方米，靠近教堂与公路。为帮

---

① JOHNSON J A. A brief history of student teaching[D]. Grand Forks：University of North Dakota，1965：50.

助学生提高教学技能,该校专设了附属小学,供学生实习使用。霍尔本人既是教堂的牧师,又是学校的教师。他编写了《学校管理讲义》一书,这也是美国最早的教育专著之一。该书在当时被教师广泛阅读和使用,销量很高。该书出版之初,纽约州就订购了1万多本分发到各个学校,纽约州教师几乎人手一本。霍尔也因此成为那个时代最具影响力的教育学者。①

霍尔学校主要为学生提供为期3年的教师培训课程。课程包含了小学开设的各类学科,既设有文化课程,也设有哲学课程。霍尔学校更多地强调教学的艺术性而不是科学性,其具体科目包括阅读、拼写、下定义、地理(古代与现代)、历史、语法、修辞、作文、算术、地图绘制、天文学、自然哲学、化学(无实验)、逻辑学、道德哲学、精神哲学、通用批判学。霍尔学校只用英语教学,为保证教学效果,若学生数超过20人,学校将雇佣更多的教员。②

当地报纸《北部之星》在1823年5月20日刊登了该校的一则广告,反映了该校的办学情况:"第二个学期从下个月的第三个星期二(17日)开始,学校由霍尔管理并主要由他进行教学。学校使用的教科书必须统一,因此学校将统一到本镇的书店购买教科书。"③

在实习方面,霍尔学校只要求少数学生上教学展示课。学校规定,学生在第三年的第三个学期学习教学的技艺(art of teaching),通过冬天在乡村学校任教来进行教学实践,这是当时典型的文实中学式的培养方式与教学技艺的结合。④

1830年,霍尔离开了霍尔学校,担任马萨诸塞州安多弗镇一所中学的校长。这所中学也开设了教师培训课程,其教学实践的形式类似于师范学校。⑤

在美国,较早提出实习在教师教育中的定位的是美国当时著名的学校改革者詹姆斯·卡特(James G. Carter)。他于1824年明确提出,美国教师教育应行使以下职能:一是使学生在未来要教的科目方面打下牢固的基础;二是向学生传授教学的科学和艺术;三

---

① WILLIAMS E I F. The actual and potential use of laboratory schools in state normal schools and teachers colleges[M]. New York: Teachers College, Columbia University, 1942: 2.
② STONE M S. The first normal school in America[J]. Teachers College Record, 1923, 24(3): 266—267.
③ 洪明. 美国教师质量保障体系历史演进研究[M]. 北京:北京师范大学出版社, 2010.
④ CUBBERLEY E P. Public education in the United States: a study and interpretation of American education history[M]. Boston: Houghton Mifflin Co., 1919: 287—288.
⑤ JOHNSON J A. A brief history of student teaching[D]. Grand Forks: University of North Dakota, 1965: 48.

是指导学生参加实习。① 卡特认为,教师教育的职能之一就是要安排学生实习。卡特还于1827年在马萨诸塞州的兰开斯特市设立了师范学校,学制为3年,设数学、化学、博物馆学、逻辑学、天文学、宗教学和伦理学等科目。在第三年最后一个学期,学生则专注于教学技巧的掌握,不仅要进行教学观摩和实习,还要学习并探讨管理学校的方法。

(三)早期公立师范学校的教师实习

1839年,美国第一所公立师范学校在马萨诸塞州的列克星敦成立。也就是说,在私立师范学校出现16年之后,才出现美国第一所公立师范学校。该师范学校主要是效仿法国的师范学校创建的,首批入学的只有3名学生。

马萨诸塞州是最早对教师教育准入和课程的学习作出立法规定的州,其具体要求如下:"候选人必须表达其愿意从教的意向,这是准入的前提。如果学生是本州人,或有意向在本州从事教学工作,就可以免交学费;否则,就必须交学费,收费标准与周边较好的中学大致相当……入学年龄方面,男生须满17岁,女生须满16岁;学生没有不适合担任教师的各种疾病;学生必须通过考试,以证明其熟练掌握了拼音、阅读、写作、英语语法、地理、算术等方面的知识和技能;学生必须在才智和德行方面有令人满意的表现;入学考试在每学期开始时进行。州立师范学校首先要开设的是州立法规定必须开设的课程,即拼音、阅读、写作、英语语法、地理、算术。在学生掌握了这些课程内容之后,再逐步向学生提供更高层次的课程。对学程超过1年的学生和学有余力的学生,可安排修辞、逻辑、绘画、代数、几何、簿记、导航、调研、古代与现代编年史、通史、统计、人类哲学、精神哲学、卫生学或健康法、音乐、宪法与历史(马萨诸塞州史、美国史)、天文学、自然史、道德原则、教学的科学与艺术等课程。"②

与欧洲师范学校从创建之初便注重教学实践一样,美国公立师范学校在创建之初也将教学实践置于重要的地位。师范学校政策的决策者们对实习的重要性都有着清醒的认识。马萨诸塞州前州长爱德华·埃弗里特(Edward Everett)宣称:"人们已经注意到,在师范学校所实施的教学和练习的帮助下,准确地说,是在我们所建立的共同或地区性学校

---

① 王凤玉.美国师范教育机构的转型:历史视野及个案研究[D].上海:华东师范大学,2007:54.

② CUBBERLEY E P. Readings in the history of education: a collection of sources and readings to illustrate the development of educational practice, theory, and organization[M]. Boston: Houghton Mifflin Co.,1920:628—630.

即实践的学校(school of practice)的帮助下,也是在师范学校校长的领导下,青年教师是可以从教学训练中获益的。"①

列克星敦师范学校设有实习学校,学生是来自村里或镇里6~10岁的孩子,这些学生由师范学校里最好的师范生授课,并由该校首任校长赛勒斯·皮尔斯(Cyrus Peirce)对师范生进行教学指导。实习生的实习时间为2~3周。校长皮尔斯曾在自己的日记里写道:"师范学校的教师每天都要去实习学校,部分教师要参与到实习学校的教学和管理中去,我意识到这会增加很多工作量并需要更多的精力,但我也意识到这是一项非常重要的工作,办学成功与否有赖于此。"②

校长皮尔斯本人承担了实习教学的指导工作,他每天要去实习学校两次,进行教学观察和指导,向实习生解释怎样做才算好的教学和好的教师,指导内容涉及学识、理论、实践、方法等各个方面。③

列克星敦师范学校十分重视教学展示、课堂观察、课堂参与和教学实践经验。创建伊始,该校就让优秀的实习生在实习学校进行实践教学。校长皮尔斯对此十分关注,曾在日记中这样写道:"在实习学校进行教学,学生们暴露了自己经验的匮乏,这表明实习学校正是我们所需要的。"④皮尔斯还对实习生忽视教学理论的做法提出了批评并进行了反思。他写道:"当发现学生对我努力传授给他们的原则保留得如此之少,我感到十分的震惊。"⑤

在列克星敦师范学校,通常会有1名实习生在实习学校带班,为期1周。带班的实习生被称为督导生,其他实习生则充当课堂教师的教学助手。以下是该校实习生在自己的日记中对实习情况的描述:"他(校长皮尔斯)开始给督导生布置任务,督导生要负责开门,给学生上课并保持良好的课堂纪律。督导生不必拘泥于讲台,可在教室里巡视,观察教学方法的效果,讨论所发现的问题。督导生和教学助手相互交流,对教学进行改进,是他们的重要职责之一。"⑥

---

① OGREN C A. The American state normal school:"an instrument of great good"[M]. New York:Palgrave Macmillan,2005:40.
② PEIRCE C, SWIFT M. The first state normal school in America[M]. Cambridge:Harvard University Press,1926:11.
③ 同①:41.
④ 同②:14.
⑤ 同②:23—55.
⑥ 同②:152—153.

1853年,列克星敦师范学校进行了第三次搬迁,搬到了弗雷明汉。1875年,有学者对该校作了如下描述:实习学校大约有100名学生,分为8个班。学校有3个大班,各由1位教师管理,另外5个班(有时是6个班)由实习生负责。没有教学任务的教师负责实习生的教学指导工作。实习生通常在高年级进行4~5周的实习,上午在2名教师的观察下进行教学,下午带领学生开展班级活动。听课教师对实习生的上课情况进行点评,以便让学生了解自己授课的成功之处和不足之处。①

列克星敦师范学校建立之后,其他各地也纷纷效仿,但由于资金短缺、工作繁忙,许多学校实际上并未对实习工作予以重视,马萨诸塞州不少早期开办的实习学校办得并不成功。由于各种原因,有的学校不得不放弃对学生实习工作的安排,甚至最后还关闭了实习学校。例如,创办于1840年的布里奇沃特师范学校曾建有实习学校,设在教学大楼的一层,用于学生实习。后来,由于很多家长担心自己的孩子成为实习学校的试验品,实习学校被迫关闭。② 直到其他州的师范学校在实习学校开设方面取得了明显的成效,且实习学校的价值在实践中得以证明后,布里奇沃特师范学校才逐步恢复了实习学校。尽管如此,布里奇沃特师范学校还是先后培养了20余位教师教育领域杰出的先行者,他们对美国师范学校的发展发挥了积极的作用。该校在教学方面的特色也被后来建立的一些学校效仿。布里奇沃特师范学校的实习具有以下两个方面的特点。

一是实施学徒见习制。有关欧洲的学徒制在本书第一章已经做了介绍。布里奇沃特师范学校的学徒见习制与欧洲的学徒制类似,也是由优秀的学生担任教师的助手,跟随教师在实际的教学中学习如何教学。在学徒见习制中,实习生在教师的指导下参与教学指导、管理和日常教学工作,偶尔也替教师代课。为了使实习生能够更好地了解不同年龄段学生的情况,实习生在6个月的实习期至少负责带3个年级。他们每周有4天时间在公立学校协助教师进行教学和管理工作,其中一天和全体教师在师范学校开展师徒结对活动,或者是在图书馆阅读,或者是和其他实习生进行非正式的讨论。该校还要求实习生把每天的活动都记录下来,定期交给指导教师检查。

二是鼓励学生通过实践掌握知识。美国心理学家斯坦利·霍尔(G. Stanley Hall)对

---

① GORDY J P. Rise and growth of the normal-school idea in the United States[M]. Washington, D. C.: United States Government Printing Office,1891:58—59.

② WILLIAMS E I F. The actual and potential use of laboratory schools in state normal schools and teachers colleges[M]. New York:Teachers College,Columbia University,1942:6.

教学法进行了革新,提出了引导学生开展教学实践的观点。斯坦利·霍尔反对把书本作为获取知识的唯一来源,主张学生应当在实践中掌握知识。受斯坦利·霍尔思想的影响,布里奇沃特师范学校没有指定的教科书,教师注重引导学生通过实践学习来理解知识。这种教学方法得到了很多师范学校的认可。

韦斯特菲尔德师范学校也因为无法联系到可以合作的小学而不得不放弃实习学校的实习,改为由同学扮演小学生,让本校的学生进行模拟教学训练。[①]

总体来说,自马萨诸塞州建立州立师范学校后,各州纷纷跟进,大都附设了实习学校。19世纪末,美国各州立师范学校被界定为中等教育机构,各所学校在学生的入学标准、修业年限、课程设置等方面都作了较为明确的界定。在实习方面,美国各州规定实习要在实习学校开展,并要求学生熟练运用教学法;大多数师范学校的学习年限为1~2年,实习一般持续3~5个月。此时,美国已基本构建起教师职前培养体系。

由于州立师范学校培养的教师数量有限,不能充分满足学校对教师的需求,在建立州立师范学校的同时,一些地区也建立了市立和县立师范学校,为所属学区培养教师。市立师范学校通常也被称为市立培训学校或培训班,它们大多是由原来的导生制学校发展而来的。市立和县立师范学校主要面向本市的城区和农村地区,在当时的历史条件下,这些学校为所属学区培养了一定数量的教师,为缓解师资匮乏发挥了积极的作用。

(四) 中西部地区的教师短训班

在师范学校快速发展的同时,美国中西部地区也出现了另一种教师培养方式——教师短训班。从某种意义上说,这种短期和临时性的教师短训班的出现与师范学校越来越重视对教师进行正规培养的趋势是相矛盾的,但由于它能灵活便捷地适应地方学校对教师的需求,因而受到地广人稀的农村地区的欢迎。在美国南北战争前,教师短训班还不是重要的教师培训方式,州政府只为教师短训班提供一定的资助,并不对其进行管理。

教师短训班一般安排在暑期进行。暑期的教师短训班通常持续2~8周,主要通过讲授和讨论的方式带领教师学习教学理论和实践知识。由知名教育专家举办讲座也是教师短训班的重要组成部分。教师短训班通常会在学区范围内组织教师集训,每年举行一两次。教师短训班的课程主要针对的是农村学校所开设的基本科目,也有些短训班开设少

---

① WILLIAMS E I F. The actual and potential use of laboratory schools in state normal schools and teachers colleges[M]. New York:Teachers College,Columbia University,1942:5—6.

量的高级课程。

美国这一时期的教师短训班学习周期较短,花费不多,在农村地区具有较大的市场。同时,教师短训班也体现了美国农村地区对教师较为流行的一种看法,即认为优秀的教师主要靠天赋,而不是靠后天培养,成为教师只需少量训练,将天然存在于每个人身上的教学能力激发出来就行。这种观点也是美国许多选择性教师培养路径的思想源头。

在采用教师短训班的方式培养教师的地区,为确保教师的质量——实际上也就是确保教师的学科知识水平,各地区大都采用了教师资格考试制度。教师资格考试(通常是县举办的)是教师短训班的重要环节,也是最后一个环节。对于大多数农村地区学校的教师,特别是中西部地区的教师,这种教师培养模式实际上并没有使他们得到充分的培养。许多年轻人之所以上教师短训班,不是因为想从教,而是因为教师短训班是当时农村地区所能提供的唯一能让他们继续接受教育的机会。有学者将教师短训班称为农村地区年轻人的"大众学院"(people's college)。[①]

在部分地区,教师短训班的发展甚至威胁到了师范学校的生存。19世纪70年代,美国中西部地区几个州的立法机构曾对师范学校进行了重新评估,削减了对师范学校的拨款。原因是立法机构认为农村地区学校大都为单间教室,教师需要教多门学科,而师范学校未能培养出具备这种能力的教师。因此,立法机构通过成立教师短训班的方式培养教师,以满足农村地区对教师的需求。

以教师短训班的方式培养教师的做法遭到了专业教育工作者的反对。在农村,大众的教师质量观和专业教育工作者的教师质量观之间存在尖锐的矛盾。根据安格斯(David L. Angus)的分析,当时的专业教育工作者反对教师短训班主要出于以下几个方面的考虑:一是教师短训班是由州或县组织的,专业教育工作者无法对其进行控制;二是教师短训班的活动与专业教育工作者相脱离,一般不邀请师范院校的专业教育工作者参加教学和培训指导工作;三是教师短训班缩减了对教师进行专业训练的内容和时间,与专业教育工作者所倡导的教学专业化理念是有差距的。[②]

可见,美国这一时期的教师短训班注重的是对教师上岗前的短期训练,以短期授课为

---

① FULLER W E. The old country school: the story of rural education in the middle west[M]. Chicago: University of Chicago Press, 1982: 172.

② ANGUS D L. Professionalism and the public good: a brief history of teacher certification[R]. Washington, D.C.: Thomas B. Fordham Foundation, 2001: 8.

主要教学方式，实习并不是这种培训班的主要内容。这与美国20世纪80年代以来兴起的短训班形式的选择性教师培养路径有所区别。在20世纪80年代以来兴起的选择性教师培养路径中，有不少的短期培训注重的是在实际教学岗位上训练实习生。

（五）文实中学的教师培训

自1751年富兰克林创办文实中学以来，文实中学在美国迅速发展。马萨诸塞州最早的文实中学创建于1761年，到1800年就发展到了17所。随着公立学校的发展和对教师需求的不断增加，许多文实中学也纷纷涉足教师培养工作。[①]

早在1825年，纽约州州长就要求通过立法支持教师研讨班的建立。1828年，纽约州立大学也提出文实中学适合培养小学教师的观点。前文所述的1829年纽约州订购1万多本霍尔的著作分发到各个学校，就是在这一背景下发生的。

1834年，纽约州立法规定对教师培训提供资助，这是美国最早对教师教育进行资助的立法。凯能戴格中学和劳伦斯中学就在1834年开设了教师培训课程。在其后的3年中，还有3所文实中学开设了类似的课程。1833—1834年，考特兰德中学的年度报告中展示了这一时期文实中学开设教师培训课程的情况。报告中指出，该中学在最后一个学期提供培养小学教师的课程。[②]

1835年，凯能戴格中学的年度报告对教师培训的情况也进行了较为详细的描述。由于该中学的教师培训课程是为那些想当小学教师的学生开设的，因此对中学而言，它属于扩展性的课程。以凯能戴格中学为例，文实中学教师培训的基本情况如下：学生每周用5个晚上的时间学习教师培训课程，每晚花费2~3个小时。其中，3个晚上用来学习和背诵霍尔的著作，其间穿插教师讲解、提问答疑和考试；另外两个晚上用来进行一系列的主题学习和讨论，每晚有不同的主题，学生参加主题学习必须提交书面发言稿。除此之外，学生还需要宣读发言稿并进行小组讨论。[③]

讨论的主题通常包括以下内容：① 初等教育存在的问题；② 阻碍教师努力的环境；③ 教字母、拼写和阅读的最佳模式；④ 教算术的最佳模式；⑤ 教地理的最佳模式；⑥ 教英

---

① JOHNSON J A. A brief history of student teaching[D]. Grand Forks：University of North Dakota，1965：61.
② 同①：62.
③ 同②.

语语法的最佳模式;⑦ 教写作的最佳模式;⑧ 裴斯泰洛齐(Johan Heinrich Pestalozzi)及其教学模式;⑨ 学校管理;⑩ 吸引学生注意力的最佳模式;⑪ 如何教写作;⑫ 教师采用什么样的教学计划才能使自己的工作让学生受益;⑬ 校舍的建造。① 教师培训课程中相关主题的讨论可激发学生思考新的教学方法,起到帮助学生提升认识、开阔视野和准确定位的作用。以上课程的学习时间大约为 4 个月,教师培训课程既可以安排在夏季学期,也可以安排在冬季学期。②

值得注意的是,有些文实中学是通过让学生给自己班的同学上展示课来让学生获得实际教学经验的,教师通常只是做一些说明性和提示性的工作。这种模拟上课的活动类似于实习,但还不是真正的实习,实习并不是文实中学培训教师的主要方式。③ 到 19 世纪 40 年代,美国各地的中学普遍开设了类似的教师培训课程。④

(六) 19 世纪 40—60 年代师范学校的教师实习

美国师范学校的教师教育课程最初是为培养小学教师而设计的。在 1860 年以前,美国教师培养年限普遍为 1 年。课程主要包括小学科目(如阅读、拼写、写作、地理和算术)和部分中学科目(如几何、代数、自然和道德哲学),有关儿童身体、智力和心理发展的知识,还包括教学方法、课堂管理和实习。

在师范学校的课程设置方面,部分州对实习在教师培养中的作用予以了充分的肯定。例如,北伊利诺伊州立师范学校校长曾说道:"实习学校尤其是问题的核心,从真正的意义上说,师范学校应当围绕着实习学校而建立。"⑤ 斯普林菲尔德师范学校的校长也指出:"我们把实习学校的工作当作师范学校最为重要的工作。"⑥

美国南北战争后,随着师范学校的进一步发展,教师培养的时间延长至两年。原先的有关小学和部分中学科目的课程在内容及结构上并无大的变化,教育类课程则有了一定

---

① GORDY J P. Rise and growth of the normal-school idea in the United States[M]. Washington, D.C.: United States Government Printing Office, 1891: 30.

② 同①.

③ JOHNSON J A. A brief history of student teaching[D]. Grand Forks: University of North Dakota, 1965: 66.

④ OGREN C A. The American state normal-school: "an instrument of great good"[M]. New York: Palgrave Macmillan, 2005: 1—2.

⑤ MCCARREL F. The development of the training school[M]. Nashville: George Peabody College for Teachers, 1933: 190.

⑥ 同⑤.

程度的革新，主要表现为受到裴斯泰洛齐教育思想的影响，注重对教材的教育专业化处理，学科教学法成了主要的课程。裴斯泰洛齐的教学方法，尤其是"直观教学法"，得到了前所未有的重视。在这一时期，学生主要学习教授不同科目的方法并进行实践。直到19世纪后期，随着赫尔巴特派教育思想传入美国并逐步盛行，五段教学法才取代了直观教学法在师范学校课程设置中的主导地位。同时，在裴斯泰洛齐教育思想的影响下，师范学校也更加注重学生对学习经验的反思，以便将来更好地指导学生的学习。

在这一阶段，师范学校的培养目标单一，属于准中等教育层次。师范学校的教师教育还没有以方案的形式出现，主要以课程的形式出现。课程内容的设置以学科专业课程和教学法为主，从而帮助学生掌握任教学科的知识和教学技能。

这一时期，许多州都不约而同地进行了立法，明确规定师范学校要包含实习学校。康涅狄格州立法规定，初等师范学校的学生应有实践的机会。密苏里州立法规定，建立实习学校是各师范院校理事会的重要职责。

19世纪中期，"示范"一词是美国师范学校的流行话语，而所谓"实习学校"就是师范学校中让学生观察和模仿优秀的课堂教学并进行教学实践的学校。在19世纪40—60年代，大多数州的师范学校在创建不久后都建立了实习学校。①

师范学校早期面临的最严重的问题是场地、设施的不足和固定师资的缺乏。这常常导致一些师范学校创建不久便关闭，待条件具备后再恢复。由于师资不足，学生有时也要担任一些教学和管理工作。校长更为忙碌，除了要同时协调好师范学校和实习学校两者间的工作外，自己也要担任教学指导工作。

特伦顿师范学校是新泽西州的第一所州立师范学校，创建于1855年。该校次年创建了实习学校，最初设于校内的两间大屋中，但随着学生数量的增加，空间很快就不够用了。1857年，该校又在学校附近的一块空地上建造了专门的实习学校大楼。②

1857年，宾夕法尼亚州立法规定，将全州划分为12个学区，每个学区都建立一所师范学校，并建造能够容纳300名学生的大楼。同时，该州也提出每所师范学校都要设立实

---

① OGREN C A. The American state normal school: "an instrument of great good"[M]. New York: Palgrave Macmillan, 2005: 40.

② JOHNSON J A. A brief history of student teaching[D]. Grand Forks: University of North Dakota, 1965: 74.

习学校,每所实习学校至少有100名学生和6位教师。①宾夕法尼亚州的第一所师范学校于1855年创立于米勒斯维尔。这所师范学校的实习形式较为特殊,师范学校的学生于实习初期在实习学校担任低年级班级的教学助手,然后参加与所从事的工作相关的考试,考试通过后,便可成为高年级班级的教学助手。他们在成为合格的实习教师后,每天要花费两三个小时进行训练,实习教师的训练由校长亲自负责。②

19世纪60年代,让学生在实习学校实习已经成为这一时期师范学校的普遍做法。1856年的一份州立公共教学委员的报告这样描述实习工作:"大多数师范学校都有示范或实验部门,学生的实践可以在经验丰富的教师的监督和指导下进行。在最好的师范学校中,这些示范课程,正如其名称所显示的,已经在方法上为教学提供了基础。在有些师范学校中,学生的教学实践是通过在自己的课堂上学习示范课程进行的。"③

尽管实习学校在教师培养中的价值日益凸显,并且从整体来看,实习也是有关教师培养的各项工作中遭受批评最少的领域之一,但在师范学校建立以来的每一个历史发展阶段,人们对实习学校和实习工作也同样有着不少的争议。例如,在1859年新泽西州特伦顿召开的首届师范学校大会上,参会的韦斯特菲尔德师范学校的教育工作者就说过这样的话:"我们曾办过实习学校,现在放弃了。我并不认为师范学校由此就受到了什么损害,实习学校关闭后培养出来的教师与此前培养出来的教师是一样成功的……我认为,教师所面对的实习学校并不是真实的学校。教师在实习学校行使的责任与他在真实学校的感受是不同的,实习学校的教学并不是真实的,就目前情况而言,这种教学只是一种表演。"④这一时期,人们反对实习学校的理由主要有两个:一是认为实习学校的情境是虚拟的,与真实学校的情况有较大的差距;二是认为在实习学校中,小学生的兴趣是多种多样的,不利于师范学校的学生开展教学实践。

当然,质疑和反对实习学校的观点毕竟只是少数教育工作者的意见,本次大会最终还是认可了实习学校的实践模式和模拟教学实践模式。首届师范学校大会最终通过的决议

---

① MCCARREL F. The development of the training school[M]. Nashville:George Peabody College for Teachers,1933:146—147.

② JOHNSON J A. A brief history of student teaching[D]. Grand Forks:University of North Dakota,1965:74.

③ WILLIAMS E I F. The actual and potential use of laboratory schools in state normal schools and teachers colleges[M]. New York:Teachers College,Columbia University,1942:11.

④ ARMENTROUT W D. The conduct of student teaching in state teachers college[M]. Greeley:Colorado State Teachers College,1928:8.

如下:"教师的教育不仅应当重视理论,也要重视实践。为实现这一目标,可设立由同一个管理委员会控制的、与师范学校关系密切的、供学生观察教学和进行教学实践的学校,也可以其他类似的方式让学生进行教学观察和实践。"①大会认为,课堂教学只是教师教育的一部分内容,观察有经验的教师上课并在实际教学岗位上开展教学实践才是师范学校的工作重点。

在19世纪中期,由于种种原因,师范学校在见习和实习方面的工作做得并不好;但到了19世纪70年代,正如前文所述,示范、实践、模拟教学等进一步成为师范学校的核心工作。

二、师范学校发展过程中有关实习的认证、评估与指导

(一)教师教育认证制度的早期发端

历史上,美国在确保教师培养质量方面逐渐建立了两种制度:一是针对入职环节的教师资格证书制度,这一制度形成较早,在教师培养制度建立之前就已经出现,其后不断发展、完善;二是针对培养环节的教师教育认证制度,认证制度是美国的一种独特的高等教育评估制度,最早是从区域认证开始的。美国最早的区域协会成立于1884年,区域协会的评估重点最初是学生的入学资格,后来其将关注的焦点从学生的入学资格转移到了院校质量的提高上。

美国最早尝试从事教师教育标准和考试开发的教育团体是1829年成立于俄亥俄州的文实中学协会(Academic Institute)。该协会在成立后不久就修改了章程,更名为西部文实中学协会和教育理事会(Western Academic Institute and Board of Education, WAIBE),其目标在于促进其成员单位的合作和知识的传播,并对那些有益于教育发展的问题进行讨论。

1831年,WAIBE召开了首次西部地区教师工作大会,讨论教学法、课程、公立学校和教师的专业特征等问题,类似的会议其后还经常不定期地召开。1834年,该组织再次更名为西部文学协会和专业教师协会(Western Literary Institute and College of Professional

---

① ARMENTROUT W D. The conduct of student teaching in state teachers college[M]. Greeley: Colorado State Teachers College, 1928: 8.

Teachers,WLICPT)。其领导者指出:"建立本协会的主要目的在于……引进更高的标准以提高专业水平,提高对成员单位的培养要求,向社会展示接受过充分教育的教师的巨大价值,这是十分必要的。"①为此,WLICPT要求建立考试委员会,对入学申请者进行考试,发放专业教师证书。

1838年,WLICPT还通过了三项决议,鼓励以教师培养为目标的高等教育的发展,但这些目标和决议并没有得到真正的实施,在社会上也没有产生太大的反响。直到60余年后,在各师范学校校长的发起与组织下,教师教育质量标准的制定工作才真正得以展开。

在1838年的年会上,WLICPT将"培训合格教师、满足当前不断增长的公立学校的需要"作为会议的主题。卡尔文·斯托(Calvin E. Stowe)教授曾将会议所提出的各类主张加以整合,形成了一份要求加强教师培养工作的方案。这是美国第一个由专业组织提出的要求建立教师培训制度并草拟了各类规范条例的报告。卡尔文·斯托教授的方案简述了建立和资助教师教育机构的必要性,制定了学生的入学标准,拟定了包括学科教学法在内的教师教育机构的课程,说明了实习的重要性。尽管他的方案并没有被采纳,但这一方案体现了对教学法课程和实习的重视。

(二) 全美教育协会师范学校部对教师实习的影响

在美国,尽管联邦政府在法理上无权干预各州的教育事务,但各类全国性教育专业组织在协调各州和各专业团体统一行动方面发挥着积极的作用。在师范学校的实习方面,1857年成立的全美教师协会(National Teachers Association,NTA)和1858年成立的美国师范学校协会(American Normal School Association,ANSA)都曾发挥重要的作用。

1870年,全美教师协会更名为全美教育协会(National Education Association,NEA),将ANSA并入该组织,并在NEA名下成立了全美教育协会师范学校部(Department of Normal School of the National Education Association,DNSNEA)。DNSNEA于1885年就各种不同类型的师范学校课程和教学方法方面的问题起草了一份报告,提出了关于改革与发展美国师范学校的七项建议。②这七项建议内容如下:

---

① ROAMES R L. Accreditation in teacher education: a history of the development of standards utilized by the National Council for Accreditation of Teacher Education[D]. Akron: University of Akron,1987: 78.

② 同①: 87.

(1) 师范学校的学历证书应当是一种终身证书,证书持有者可在证书发行所在州从教。

(2) 公立师范学校应当具有对所有教师进行教学许可的权限。

(3) 师范学校应制定和采纳一系列的教学法原则。

(4) 师范学校的工作应严格限定为对公立学校教师的培训。

(5) 师范学校应坚持对教师进行扎实的学术训练。

(6) 师范学校应坚持将专业培训作为进入教育行政岗位的前提条件。

(7) 建立师范学校的通信系统和出版系统。

在此基础上,1899年,DNSNEA进一步将美国师范学校的培养方案分为两年制、三年制和四年制。同时,DNSNEA还提出,无论采用哪种类型的培养方案,师范学校都应达到一所专业学校应当达到的要求,都应当满足以下几个方面的条件。[①]

(1) 必须将心理学作为基础学科。

(2) 数学、自然、语言和历史学科的开设应当有教育学研究方面的基础。

(3) 必须要有对人的教育和教育原理方面的研究。

(4) 要在实习学校进行有关儿童的研究、观察和实践活动。

在1885年的报告中,DNSNEA在教学内容方面强调的是学生对教学法的学习和学术方面的训练,没有对实习提出专门的要求。1899年的报告则对实习提出了符合当时的教育理念的要求,虽然提出了在实习学校开展实践活动,但只是将实习作为一项常规性的工作。在表述中,实习学校开展实践活动也是被排在"儿童研究"和"观察"之后,这一表述说明这一时期对儿童的观察和研究是教育界的重要课题,其重要意义在一定程度上超过了实习。

作为教师专业组织,NEA对教师教育问题十分关注。20世纪初,NEA进一步提出了有关师范学校的原则宣言,原则宣言沿用了1908年DNSNEA的政策声明的有关论述,就师范学校应当如何办学提出了以下主张。[②]

(1) 20世纪的师范学校应走向高等教育,其职能是为农村学校、小学和中学培养

---

① NEA. Journal of proceedings and addresses of the thirty-eighth annual meeting: report of the commission on normal schools[R]. Washington, D.C.: NEA,1899:884—888.

② CRABBE J G. How far should the principles of standardization be followed by the normal schools? [J]. School and Society,1917,6(136):126—131.

师资。

(2) 入学条件应与师范学院入学条件相同,招收四年制的高中毕业生。

(3) 将学科建设和学术水平提高到师范学院层次。

(4) 广泛开展专业实验和调查。

(5) 通过实习考查并提高学生的课堂教学能力和管理能力,并将其制度化。

(6) 对农村学校教师的培养进行有效的规划,鼓励师范学校向农村地区发展,提高农村教师的专业水平。

(7) 师范学校应成为将教育目的与人类生活旨趣联系起来的重要社会机构,使教师能够履行相应的教育职能。

在NEA原则宣言的七点主张中,有关实习的是第五点。该主张不仅强调要通过实习来提高学生的课堂教学能力和管理能力,而且要求对其能力进行考查并将其制度化,反映出作为教师专业组织的NEA对实习的认识有了进一步的深化。

（三）教师资格考试与教师实习的关系

19世纪美国的教师资格证书的类型和考试要求是多样化的。有的学区要求从事教师职业要通过通识知识的考试,如宾夕法尼亚州1834年要求教师候选人通过阅读、写作和算术考试。1867年,美国大多数州都要求教师必须通过地方性考试才能获得教师资格证书。考试内容不仅包括基本技能,还包括美国史、地理、拼写和英语语法。

以1867年的新泽西州为例,想要获得教师资格证书的教师都需要参加地方性考试,该州的教师资格证书种类和层级较多,教师资格考试的要求也不同。这一时期,新泽西州已经形成了县级和州级两个层次的教师资格证书体系。[①]

县级教师资格证书分为三个等级,第一级可全州通用,第二级和第三级仅限于县内使用。第三级教师资格证书要求申请者年满16岁,并通过拼写、阅读、写作、地理、数学和英语语法科目的考试;第二级教师资格证书要求申请者年满17岁,具有1年教学经验,除第三级教师资格证书的所有考试科目外,还要加考美国史、簿记、教学理论与实践;第一级教师资格证书要求申请者年满18岁,具有2年教学经验,除第二级和第三级教师资格证书要求的那些考试科目外,还要加考生理学、代数、美国宪法、新泽西州学校法。每门考试都

---

① 洪明.美国教师质量保障体系历史演进研究[M].北京:北京师范大学出版社,2010:40—42.

有10道题目,这些题目的难度较大,即使在上述考试实施10年之后,即在1876年,新泽西州县级教师资格考试的通过率也只有25%。[①]

除了县颁发的教师资格证书外,新泽西州的考试委员会也颁发州级教师资格证书。州级教师资格证书也分为三个等级。第三级教师资格证书面向年满19岁的申请者,要求其有3年教学经验,需要通过的考试科目包括拼写、阅读、写作、簿记、地理、英语语法、算术、代数、几何、美国史、美国宪法、通史、修辞、哲学、英语与美国文学、化学、地质学、植物学、生理学、教学理论与实践、新泽西州学校法等(后允许师范学校毕业生无须经过上述科目的考试即可获得第三级教师资格证书)。第二级教师资格证书面向年满21岁的申请者,要求其有4年教学经验,考试科目与第三级教师资格证书相同,证书有效期为5年。第一级教师资格证书面向年满25岁的申请者,要求其有5年教学经验,除第二级和第三级教师资格证书的考试科目外,还要增加以下考试内容:要求考生在16篇教育论文中选出3篇,就所选教育论文所涉及的话题进行考核;要求考生就考官提供的材料发表课堂演讲;要求考生为大城市的学校设计一份管理规划。

1867年新泽西州县级和州级教师资格证书的类型和考试要求如表2-3所示。

表2-3　1867年新泽西州县级和州级教师资格证书的类型、考试要求和使用范围

证书等级	证书类型	年龄要求	考试科目	教龄要求	使用范围
县级教师资格证书	第三级	年满16岁	拼写、阅读、写作、地理、数学和英语语法	无	县内
	第二级	年满17岁	同县级的第三级教师资格证书,另加考美国史、簿记、教学理论与实践	1年	县内
	第一级	年满18岁	同县级的第二级教师资格证书,另加考生理学、代数、美国宪法、新泽西州学校法	2年	全州
州级教师资格证书	第三级	年满19岁	拼写、阅读、写作、簿记、地理、英语语法、算术、代数、几何、美国史、美国宪法、通史、修辞、哲学、英语与美国文学、化学、地质学、植物学、生理学、教学理论与实践、新泽西州学校法	3年	全州
	第二级	年满21岁	同州级的第三级教师资格证书	4年	全州
	第一级	年满25岁	同州级的第二级、第三级教师资格证书,另加考3篇教育论文选评、发表课堂演讲、撰写学校管理规划	5年	全州

资料来源:此表根据 Roscoe L. West 的"Solving America's Teacher Problem"一文中所提供的相关信息整理编制。

---

① WEST R L. Solving America's teacher problem[EB/OL]. (2008-01-01)[2021-06-05]. http://www.tcnj.edu/magazine/04 Autumn/pdfs.

后来,新泽西州又开始颁发市级教师资格证书,州级、县级、市级教师资格证书并存的局面持续了近半个世纪。据统计,1908年,新泽西州共有10602名教师,其中持县级教师资格证书的有2759人,持州级教师资格证书的有3566人,持市级教师资格证书的有4277人。① 1911年以后,持县级、市级教师资格证书的教师人数大大减少。1911年,新泽西州在立法规定中再次重申由州教育厅授权城市当局给师范学校的毕业生发放证书,不过这类证书是临时证书,毕业生要想获得正式证书,还必须完成两年的教学工作。

在新的领导者的管理下,教师资格证书的获得越来越依赖教育学课程的学习和教育理论的考试。新泽西州教育署和师范学校认为未来的从教者应在教育学方面接受更长时间的正规训练。教师资格证书完全被等同于完成教师教育学习的凭证。当然,并非所有人都主修教育学,有些人也主修历史、英语、数学和科学,而将教育学作为辅修课程。②

从以上内容来看,这一时期,美国各州(包括各县)都通过教师资格证书制度筛选教师候选人,且由于证书具有不同的层级,对教师候选人的教学经验的要求也不同,但这一时期并没有对实习提出明确的要求。从师范学校的实际运行情况看,虽然各校运行情况不一,但总的来说,各师范学校一般都会设立或安排实习学校,以解决学生教学经验不足的问题,只不过州级或县级的教师资格考试尚未对实习经验提出要求,只是在颁发高级教师资格证书时,增加了对教学经验的要求,这与对学生直接提出实习要求是有很大区别的。

(四)有关实习中的教师指导问题

19世纪最后的30年里,美国师范学校十分注重任课教师自身的教学实践经验。在任课教师的选择上,各师范学校首要考虑的就是任教教师是否有公立学校教学经验。例如,堪萨斯州立师范学校在1889年的宣传出版物中着重宣传了该校教师的公立学校教学经验,强调该校教师应熟悉公立学校的工作,还应适应师范学校的教学工作。③

又如,1900年,美国艾奥瓦州立师范学校校长霍默·希尔里(Homer Seerley)就说道:"我们校理事会几乎已经形成了这样一种习惯,即更倾向于选拔富有实际教学经验的教

---

① WEST R L. Solving America's teacher problem[EB/OL].(2008-01-10)[2021-06-05]. http://www.tcnj.edu/magazine/04Autumn/pdfs.

② RAVITCH D. A brief history of teacher professionalism[EB/OL].(2003-08-23)[2021-05-01]. http://www.ed.gov/admins/tchrqual/learn/preparing teacher conference/ravitch.html.

③ OGREN C A. The American state normal school:"an instrument of great good"[M]. New York: Palgrave Macmillan,2005:123.

师,尤其是那些管理过学校且口碑好的教师,而不是刚刚学完高等教育课程的年轻人。"①在 1886—1897 年,艾奥瓦州立师范学校的 37 名教师中,有 22 名教师有公立学校的教学经验,5 名教师担任过公立学校行政职务。实际的教学经验成为这一时期师范学校选拔任课教师的重要标准之一。

在实习学校,师范学校的学生是以师徒制的方式跟随有经验的教师进行实习的。这些有经验的教师被称为实习指导教师,但在当时,他们大多被称为评鉴教师,因为这些教师被看作是"教学的评鉴者"。师范学校中的评鉴教师通常也是师范学校中的教师,他们之中有些仅负责实习工作,有些也上一些教学方法类的课程。

在公立学校中,各州实习指导教师的选拔方式和主要职责各不相同。在奥斯威戈州立师范学校的实习学校中,实习指导教师是由师范学校选拔,由地方学校委员会任用的。实习指导教师要上示范课程,要对实习生的教学计划进行点评,并对实习生的教学进行指导。

大多数师范学校的学生都要花费相当多的时间来观察实习学校的教学,示范教学的工作由实习指导教师担任,有时也由优秀学生担任。有的师范学校的实习课堂面向所有学生并全天候开放,从而为每一位学生提供向专家型教师学习教学方法的机会。不过,当时大多数的师范学校还是将学生的观察固定在课程的特定时间段上。有的安排在课程的初始阶段,有的则安排在课程的末尾。到 20 世纪初,纽约州奥尼昂塔师范学校的高年级学生观察实习指导教师上课的时间为两周,每天的上午和下午学生都要进行观察,在观察示范课程的同时,学生还要担任一两个班级的教学工作。②

三、19 世纪后半叶至 20 世纪初美国师范学校实习典型案例

19 世纪后半叶,美国师范学校得到快速发展,地方分权的行政管理体制使美国这一时期的教师教育出现了多元化的局面。师范学校是否提供实习、提供什么方式的实习在这一时期基本上由各州自行决定。教师教育的行业性组织虽然已经成立,如美国师范学院协会,但这些组织的协调能力和影响力还较为有限。同时,这一时期,中学教师的培养

---

① HART I H. The first seventy-five years[R]. Iowa: Iowa State Teachers College, 1951: 6—7.
② OGREN C A. The American state normal school: "an instrument of great good"[M]. New York: Palgrave Macmillan, 2005: 138.

也成为师范学校及其他学校的重要任务之一,教师培养出现了不同的层级,众多机构参与到教师的培养工作中。在实习的组织和实施方面,美国也涌现了一批较为典型的学校。

(一) 奥斯威戈州立师范学校的教师实习

奥斯威戈师范学校最初属于初等培训学校,创建于1861年。1865年该校被纽约州接管,改名为奥斯威戈州立师范学校(Oswego State Normal School)。首任校长爱德华·谢尔登(Edward A. Sheldon)是裴斯泰洛齐教育思想的追随者。谢尔登不仅创办了这所师范学校,而且还创建了附属实习学校,他努力把裴斯泰洛齐的教学原理和方法在学校中付诸实践,突出教学原则和教学方法在教师教育中的重要意义,注重强化教师培养的专业性,引领了这一时期美国师范学校的改革与创新。美国教师教育历史上著名的奥斯威戈运动由此拉开序幕。谢尔登认为该校的教学方法"能够推动教学方法的彻底革命,能够使教学成为一门专业"[①]。

谢尔登高度评价实习在教师培养中的作用,尤其注重实习的质量和实效性。他认为,实习学校应体现最好的公立学校所具有的功能,实习应涵盖从幼儿园到高中的全部学段。在教学内容上,实习学校应开展所有教学理论的示范教学。他还指出,学生不应在缺乏充分准备的情况下就匆匆迈入实习阶段,在实习之前学生应当进行充分的课堂观摩,观摩在前,课堂讲授在后。

在谢尔登看来,师范学校一方面要尽可能多地给予学生实习的机会,另一方面也要把好关口,让成熟的、有准备的学生参加实习。在没有做好充分准备的情况下参加实习或在不好的实习学校中实习都是不可取的。在良好的实习环境下,学生接受专业训练的时间应不少于1年。他强调,学生应在学科知识、儿童知识、教育教学知识等方面接受严格的训练。

谢尔登认为,师范学校所需要的并不仅仅是模范学校或示范学校(demonstration school),而是实习学校。将实习学校建设成世界一流的学校是谢尔登所致力的目标。[②]在他看来,实习学校就是使未来的教师适应公立学校教学的实验室,是一个追求完美并敢

---

① GORDY J P. Rise and growth of the normal-school idea in the United States[M]. Washington, D.C.: United States Government Printing Office, 1891: 57.

② DEARBORN N H. The Oswego Movement in American education[M]. New York: Teachers College, Columbia University, 1925: 38.

于不断探索的场所。为此,他反对单纯地将实习学校当作践行教育教学思想的场所,强调实习学校要引导教育教学改革的潮流,将课堂教学的方法与步骤从实习学校引到理论学习的方法课上。谢尔登有关教师教育和实习工作的思想至今看来也是熠熠生辉的。

关于如何做好实习指导工作,谢尔登认为最为关键的是要做好以下几个方面的工作:① 监督和指导;② 进行必要的说明;③ 发掘实习生的优点并给予鼓励;④ 在恰当的时机指出不足;⑤ 把握好分寸。

奥斯威戈州立师范学校是在初等学校的基础上创办的,属于奥斯威戈公立学校系统的一部分。创建之初,学校只有 8 名学生,实习学校也只设小学。该校于 1865 年增设了初中,1880 年增设了高中,1885 年又增设了幼儿园。至此,该校涵盖了从幼儿园到高中的全部学段。实习学校的学生多达 450 人,共分为 19 个班级,教学设施完备,建有标本陈列室和儿童图书馆。①

奥斯威戈州立师范学校的实习学校就是在谢尔登的上述思想影响下建立起来的。在奥斯威戈实习学校,实习生充当学徒,跟随实习指导教师学习运用裴斯泰洛齐的思想和方法进行教学,注重直观原则,重视实物教学。实习生的实习时间一般为 20 周。其中,10 周在小学或幼儿园实习,另外 10 周在初中或高中实习。②

奥斯威戈州立师范学校的实习工作由实习指导教师、管理人员、各实习部门负责人共同负责。实习指导教师对实习生的指导充分而细致,其指导至少包括以下几种方式:① 对实习生的授课进行私下的、个别的指导;② 向全体实习生提出一般的或特别的要求;③ 对实习生某门课程的教学进行训练;④ 组织实习生对课堂教学和管理中遇到的问题进行讨论;⑤ 指导实习生阅读与教学相关的教育著作并进行讨论。

奥斯威戈州立师范学校对美国师范学校办学模式的影响比其他任何师范学校都大,它是这一时期美国师范学校的典范。19 世纪下半叶,该校的毕业生几乎遍布美国所有的师范学校,许多毕业生还处于关键的岗位,并采用裴斯泰洛齐的教学方法进行教学。③

奥斯威戈州立师范学校于 1942 年升格为州立师范大学,1948 年正式并入纽约州立大学系统,并更名为纽约州立大学奥斯威戈分校,成为纽约州立大学的 60 余所分校之一。

---

① DEARBORN N H. The Oswego Movement in American education[M]. New York: Teachers College, Columbia University, 1925: 40.

② 同①: 42.

③ MCCARREL F. The development of the training school[M]. Nashville: George Peabody College for Teachers, 1933: 126.

除教育学院外,该校现还设有文理学院、商学院和传媒艺术学院。

纽约州立大学奥斯威戈分校的教学和研究水平在纽约州立大学系统中处于领先地位,仅次于宾汉姆顿分校、石溪分校和水牛城分校,在全部60多所分校中排名靠前。2019年,纽约州立大学奥斯威戈分校入选美国北部地区2019年最佳公立大学前8名和美国北部地区最具价值大学前8名。

(二)布卢明顿师范大学的教师实习

伊利诺伊州的布卢明顿师范大学创建于1857年。该校的第二任校长坚持认为教师培养时间应当达到4年,教师培养的重点应当放在教师所教科目的学科知识上,方法类课程和教学实践都没有太大的价值。

19世纪80年代,一批在德国访学并深受赫尔巴特(J. F. Herbart)和赫尔巴特学派影响的该校毕业生回到布卢明顿师范大学任教,他们践行赫尔巴特及赫尔巴特学派的教育理论,使该校成为这一时期美国传播和实践赫尔巴特教育思想的中心。[1] 这使很多人认为"教育的中心已经从马萨诸塞州和奥斯威戈转移到了伊利诺伊州的师范学校"[2]。

有评论者写道:"赫尔巴特的哲学和方法对教师教育机构产生了重要影响,持续的时间长达20余年。布卢明顿师范大学的实验学校或实践学校也在实践和诠释着这些原则和方法。"[3]从德国访学回来的教师在该校实施了赫尔巴特学派的教师培养方法。这种教师培养方法包括:60小时的一般观察、120小时的有实习指导教师评议的课堂观察、80小时的尝试性教学、40小时的在实习学校的特殊教学训练、200小时的实习、40小时的课堂教学的评议讨论。[4]

在赫尔巴特学派的影响下,教学方法在当时被认为是教师培养中极为重要的组成部分,而实习能够为学生提供训练教学方法的机会。布卢明顿师范大学的教师和毕业生也

---

[1] JOHNSON J A. A brief history of student teaching[D]. Grand Forks:University of North Dakota,1965:86.

[2] MCCARREL F. The development of the training school[M]. Nashville:George Peabody College for Teachers,1933:153.

[3] 同[2].

[4] DEARBORN N H. The Oswego Movement in American education[M]. New York:Teachers College,Columbia University,1925:287.

出版了许多有关教学方法的著作和教科书。①

19世纪末,赫尔巴特教育思想对美国教师教育的影响十分广泛,除布卢明顿师范大学外,美国其他一些教师教育机构也深受其影响。例如,罗得岛师范学校在教师培养方面十分注重赫尔巴特教学方法的传播和使用。该校的实习通常是这样安排的:每位实习生都制订自己的工作计划,每天晚上离开学校之前,实习指导教师要评鉴实习生当天的实习情况,讨论第二天的教学方案,实习生要仔细地记录在计划本上……所有的教学经验既基于赫尔巴特的教育思想,也来自自己的观察和他人的建议。②

(三)伍斯特师范学院的教师实习

19世纪最后的15年,美国师范学校的实习发生了重大变革,无论是传统的师范学校还是新成立的教师教育机构都是如此。建立于1874年的伍斯特师范学院是马萨诸塞州的第十五所州立师范学校,该校的实习采用了学徒制的方式,且教学实践由本市的学监和本校教师共同监管指导。③ 斯坦利·霍尔曾在该校任教,并对儿童的研究十分精深,受斯坦利·霍尔的影响,该校十分注重学生对儿童课堂表现的细致观察。

伍斯特师范学院的学生要花费一年半的时间获得学徒资格,成为学徒后,学习时间为6个月。在学习期间,学生被分配到公立学校担任教师助手,不仅要听课、参与课堂管理、在教师安排下做些辅助工作,而且要在学监的同意下代替教师上课。在这半年中,学生每周在公立学校从事4天的实习工作,每个学生必须带3个年级。④

成为学徒后,学生不仅要与教师沟通,带着实习中遇到的问题查阅书籍,向学校及其他学生汇报自己的实习经验,而且还要每天记日记。实习指导教师要对这些记录进行检查。在实习末期,学生需要撰写实习报告,对自己的实习表现进行自我评价。实习结束后,学生需要再回到伍斯特师范学院学习半年,直到毕业。⑤

伍斯特师范学院对学生的实习报告提出了明确的要求,实习报告必须说明自己在教

---

① JOHNSON J A. A brief history of student teaching[D]. Grand Forks:University of North Dakota,1965:86.
② OGREN C A. The American state normal school:"an instrument of great good"[M]. New York:Palgrave Macmillan,2005:140.
③ GORDY J P. Rise and growth of the normal-school idea in the United States[M]. Washington,D.C.:United States Government Printing Office,1891:76.
④ 同①:92.
⑤ 同①:93.

学和管理中在哪些方面表现优秀,还存在哪些不足和问题。同时,学生还要填写表格,从8个角度给自己打分。这8个角度分别为出勤次数、拖沓次数、控制力度、兴趣强度、提问技巧、解释和说明的技能、热情程度、耐心程度。①

伍斯特师范学院在实习工作上有以下几个方面的贡献:一是其实施的学徒制实际上是要求学生熟悉实习学校,善于观察课堂。该校不仅要求学生进行长时间的观察,而且也对学生观察什么和如何观察提出系统而具体的要求,并为此设计了专门的课堂观察量表,这种通过精密设计的教学手段进行教学观察的做法在某种意义上是科学的。二是强调实习要放到中小学进行,由本校教师和本市学监共同管理和指导学生。这与长期以来要求学生在本校的附属学校进行实习不同。这一做法不仅在当时是较为新颖的,在百余年后的今天来看,也是一种符合潮流的做法。三是对学生的实习情况进行跟踪研究。该校要求学生对自己的实习情况进行回顾、反思和总结。为便于实习生做好反思工作,该校甚至还设计了量化表格,要求学生对自己的实习工作进行量化统计,这些做法在当时都是比较新颖的。

(四)芝加哥库克县师范学校的教师实习

芝加哥库克县师范学校在美国教师实习历史中曾产生过重要影响。弗朗西斯·帕克(Francis Parker)是美国著名的教育家,被誉为"美国进步教育之父"。1883—1889年,他曾指导过芝加哥库克县师范学校的工作。其间,他既要求学生进行大量的实习,也要求学生避免进行低水平的实习。他要求学生撰写论文并交给实习指导教师,从而让实习指导教师了解学生是否掌握了所教学科的知识。此外,他还要求实习生撰写教案,记录下每一个学生的学习需求。② 他的这些要求都是为了确保学生在进行实习之前充分了解教材、教法和儿童。

帕克的实习学校要求实习生教授不同年级的学生,以便让实习生熟悉不同年级的教材和教法。该校还鼓励实习生尝试不同的教学思想。帕克最有名的一句话就是:"尝试

---

① GORDY J P. Rise and growth of the normal-school idea in the United States[M]. Washington,D. C.: United States Government Printing Office,1891:80.

② MCCARREL F. The development of the training school[M]. Nashville:George Peabody College for Teachers,1933:165—166.

去做，观察它是如何起作用的并报告出来。"①

从1890年开始，芝加哥库克县师范学校的实习转到了芝加哥公立学校。实习通常在下午进行，全体教师都要参加。芝加哥库克县师范学校的全体教师都对学生的实习负有指导责任。1896年，帕克担任芝加哥学院主任一职，这所学校此后成为芝加哥大学教育学院的实习学校。在这所学校里，帕克与杜威曾在"自由的活动学校"的理念下一起开展工作。美国儿童研究运动的重要代表人物之一——斯坦利·霍尔对帕克所做的工作赞赏有加，且十分推崇，甚至将芝加哥库克县师范学校的改革当作教育改革范本。他曾说过："我每年都会来到这里，以校对我的教育钟表。"②在总结芝加哥库克县师范学校对实习的贡献时，美国学者弗雷德·麦卡雷尔（Fred McCarrel）曾说道："除了奥斯威戈外，也许再也没有哪一所师范学校像帕克领导下的芝加哥库克县师范学校那样强调实习学校的重要性了。"③

（五）俄克拉何马州师范学校的教师实习

埃德蒙师范学校建于1890年，是俄克拉何马州最早创建的一所师范学校。为让学生有机会进行实习，该校于1897年创建了实习学校，该实习学校刚开始只有两个年级。1903年，学生每天要在实习学校进行不少于1个小时的实习。学生在进行实习之前，要先学习方法类的课程。1904年，该校的实习学校被改名为展示学校，主要用于培训小学教师。展示学校刚开始只有3个年级，随后幼儿园和六年级之前的年级也逐步开设。

1909年，埃德蒙师范学校在实践中逐渐形成了两种实习模式。这两种模式的实习总量并没有区别，不同的是实习时间的分配。一种模式将实习安排为9周，每天2个小时；另一种模式的实习时间是18周，每天1个小时。④ 也就是说，学生的实习时间至少要达到18个小时。

俄克拉何马州在创建师范学校初期，几乎要求所有的师范学校从一开始就开展实习。该州在1900年之前创办的8所师范学校中，只有1所没有开展实习。然而，由于这一规

---

① JOHNSON J A. A brief history of student teaching[D]. Grand Forks: University of North Dakota, 1965: 115.

② MCCARREL F. The development of the training school[M]. Nashville: George Peabody College for Teachers, 1933: 176.

③ 同①: 116—117.

④ 同①: 125.

定不太严格,各学校在实习学校的创办上又面临诸多困难,其后开展实习的师范学校在数量上有了明显的减少。例如,在 1900—1910 年,虽然俄克拉何马州至少又新建了 9 所师范学校,然而这一时期在该州全部的 17 所师范学校中,提供实习的只有 6 所。[①]

1894—1924 年,俄克拉何马州都没有对实习提出新的要求。在这一宽松的政策背景下,该州提供实习的师范学校只是以十分缓慢的速度在增加。据统计,1910—1920 年,17 所师范学校中有 9 所提供实习,这 9 所师范学校安排的实习时间也不统一,时间最短的为 12 周,最长的为 27 周。

从 1924 年开始,俄克拉何马州出台了新的有关实习的政策,实习再度成为该州的统一要求。在这一政策的影响下,1930 年,俄克拉何马州的 17 所师范学校已经全部提供实习。这一时期,俄克拉何马州各师范学校实习学分和实习时间的安排仍具有较大的弹性,各校实习所占学分为 2~6 学分,有的学校的实习时间为两个上午,有的则为 9 周。

在 20 世纪 50 年代之后,除实习时间不断延长外,另一个重要的变化就是师范学校越来越倾向于将公立学校而不是附属学校当作自己的实习学校。1950—1960 年,俄克拉何马州的 17 所师范学院中有 14 所将公立学校当作实习学校。此外,实习所占学分也从原来的 2~6 学分提升到 9 学分。[②]

(六)美国其他师范学校的教师实习

19 世纪后半叶,美国师范学校在教师培养的专业探索上可谓百花齐放,不同的学校展现出了不同的特点。除了上述的几所师范学校外,还有一些师范学校在教师培养和实习工作的安排上也形成了自己的特色。例如,伊利诺伊师范学校要求学生在日记中记录自己的反思。伊利诺伊师范学校校长理查德·爱德华兹(Richard Edwards)在 19 世纪 70 年代早期就规定学生应在日记中记录自己每天的工作,包括所遇到的困难、克服困难所使用的方法、课堂中激发学生学习兴趣的各种手段,以及学生复习和巩固所学知识的方法等。在这位校长看来,让学生记上述日记有很多益处,这样做"可将青年教师们的思想带

[①] HARRIS E F. Historical development of professional laboratory experiences for elementary teachers provided by seventeen Oklahoma colleges[D]. Stillwater: Oklahoma State University,1961:95.

[②] JOHNSON J A. A brief history of student teaching[D]. Grand Forks: University of North Dakota, 1965:125.

入其教学方法和具体细节中,防止教师只教学、不思考"①。在伊利诺伊师范学校,校长和参加实习的学生每周见两次面,大家一起阅读并讨论日记中的内容。伍斯特师范学院也在每周六晚上召集学生开会,让学生对自己一周的工作进行回顾与反思。②

19世纪70年代后期,纽约州立法委员会通过对纽约各州立师范学校的调查,撰写了一份调查报告。该报告指出,每天工作结束之前,各师范学校的实习讨论工作是深入且有益的。在讨论实习情况时,听过学生课的实习指导教师要对学生的表现作出评价,不仅要指出学生存在的不足,也要指出观察到的学生的优点,并对其进行分析。学生也可以就怎样才算做得好或者做得不好等问题提出自己的质疑,或者接受他人的质疑,最后大家共同提出改进教学工作的建议。纽约州立法委员会对纽约各州立师范学校的实习工作予以了充分的肯定,认为这样的实习具有极大的价值。③

19世纪80年代,美国各师范学校对实习在教师培养中的地位和作用的认识日渐深刻。1886—1887年,亚拉巴马州佛罗伦萨师范学校在介绍本校时写道:"终止于学术和专业性的工作,对教师的训练是非常不完整的。正如医学院必须拥有自己的医院并进行日常诊断工作一样,师范学校也必须给教师提供验证自己专业知识的机会。在师范学校中,这种训练是在实习学校中进行的。在这里,学生将被安排到常规的班级中,验证所学的教学和管理的方法……学生的这种教学既不是实验性的,也不是观察性的,而是一种实际的教学。正如医院的实践学习者对病人进行的是真正的治疗或外科手术一样。"④

由于许多实习学校就设在师范学校的校园中,因此,学生实习十分方便。例如,宾夕法尼亚州的一些师范学校就将实习学校建在师范学校校内。到19世纪80年代后期,实习学校在该校占据了两座楼房和12间教室。10年后,实习学校被移出校园,独立成校。该师范学校仍然在学校大厅开辟出一层,保留了供学生实习的场所。到19世纪后期,越来越多的师范学校都在校园内建立了独立的实习学校。

一项对75所教师教育机构的调查显示,这些机构在1887年设有实习学校的有55

---

① PEIRCE C, SWIFT M. The first state normal school in America[M]. Cambridge: Harvard University Press,1926:1.

② JOHNSON J A. A brief history of student teaching[D]. Grand Forks: University of North Dakota,1965:141.

③ OGREN C A. The American state normal school: "an instrument of great good"[M]. New York: Palgrave Macmillan,2005:141.

④ 同①:136.

所,占 73.3%。其中,有 62 所对实践教学予以很高的评价,有 20 所是通过学生给同学上教学展示课的方式来开展实习的。①

1900 年,美国各地都设有师范学校,几乎每所师范学校都建有自己的实习学校。曾有人对 1900 年美国师范学校的实习状况作了如下描述:到了 1900 年,师范学校已经无处不在。总体来说,每所师范学校都设有某种形式的实习学校,这些实习学校通常设在师范学校大楼的旁边或地下室,这些场所原本并不是为实习学校专设的。实习学校通常由 1 名主任负责,下设若干位被称为"评议者"的助手,这些助手通常由两年制师范学校的毕业生担任,他们通常并不能很好地履行自己的教学职责。实习学校涵盖从幼儿园到小学的各个阶段。有的实习学校质量不错,比如那些按照赫尔巴特四段教学法组织教学的学校。在实习学校接受培训的学生占师范学校学生的 4/5。一些学校对实习的指导工作并不有效,学生的成长通常以试错为基础。②

另有学者曾对 20 世纪早期美国的 60 所师范学校进行了调研,考察了 1903—1905 年和 1913—1915 年这两个时间段的实习情况,并于 1917 年公布了调研结果。该调研指出:在 60 所师范学校中,1905 年开展实习的师范学校有 53 所,1915 年为 55 所;1905 年开设课堂观察课程的师范学校有 43 所,1915 年为 45 所。1905 年,在 53 所开展实习的师范学校中,有 39 所师范学校与城镇学区合作,学生在公立学校实习;到了 1915 年,55 所开展实习的师范学校中,有 43 所建有自己的实习学校,只有 12 所师范学校的学生到公立学校开展实习。③

该调研还发现,1905 年每名学生的平均实习时间是 168 学时,1915 年每名学生的平均实习时间提高到了 173 学时。④ 从实习指导教师方面来看,实习指导教师的总量在增长。实习指导教师与实习生的师生比变化情况为:1905 年,师生比为 1∶42;1915 年,师生比为 1∶35。⑤ 不过,这一时期相当一部分师范学校的实习和课堂观摩尚缺乏明晰的标准。同时,实习指导教师的教学指导也缺乏统一的框架,无论是在课堂观摩方面,还是在

---

① MCCARREL F. The development of the training school[M]. Nashville:George Peabody College for Teachers,1933:186.
② JOHNSON J A. A brief history of student teaching[D]. Grand Forks:University of North Dakota,1965:144.
③ WALK G E. Practice teaching and observation in normal schools[J]. Education,1917,38(2):70—71.
④ 同③:73.
⑤ 同③.

实习指导方面均如此。实习课程一般都被安排在全部课程的最后阶段。①

(七) 有关师范学校实习活动的争议

在 19 世纪最后的 30 年,实习通常被认为是正规教师培训的基石。通过提升教学技能实现教师的专业成长是这一时期的重要趋势。即便是没有条件或能力建立自己的实习学校,也无法到公立学校开展实习的师范学校,也会以各种变通的方式对学生进行教学实践方面的训练。前文所述的加利福尼亚州的韦斯特菲尔德师范学校,就在 1879—1892 年通过由本校学生模拟小学生的方式开展实习。阿肯色州的派恩布拉夫师范学校缺少实习指导教师,学校就让本校的优秀学生协助校长来开展学校的实习工作。学生之间相互教学是没有正规实习条件的师范学校经常采用的一种实习方式。②这在一定程度上体现了师范学校实习工作的顺利开展。然而,在美国师范学校发展过程中,实习在师范学校中的地位并不稳定,实习的价值也没有得到各地区的普遍认可。不少师范学校在成立之初并没有设立实习学校,有的是因为观念的原因,有的则是在设立实习学校的过程中面临许多困难。对于是否要开展实习工作的争论,既有来自师范学校内部的,也有来自外部的。

在师范学校内部,教育工作者们对实习的作用和地位的认识并不一致,常会导致内部激烈的争论,因反对声音过大或阻力过大,师范学校放弃实习的情况也不少见。

艾奥瓦州立师范学校创建于 1876 年,其实习学校由于种种原因直到 1883 年才正式建成。3 年以后,因财政危机和人事纠纷等问题,实习学校关闭。在此后的 6 年中,学生都是将自己的同学作为教学对象进行模拟教学。其后,该校又建立了依附于师范学校的教师培训学校。艾奥瓦州立师范学校建立了教师培训学校之后,将实习作为课程要求和学生毕业的先决条件,但这也带来了纷争。

首先,在师范学校科系内部,教师们对实习是否沦为了机械的训练和实习的科系归属产生了分歧。这种分歧从该校建立起就存在,持续的争论导致实习学校建立后仅 3 年便关闭了。

---

① JOHNSON J A. A brief history of student teaching[D]. Grand Forks: University of North Dakota, 1965: 147.
② OGREN C A. The American state normal school: "an instrument of great good"[M]. New York: Palgrave Macmillan, 2005: 139.

其次,争论也发生在师范学校和外部机构之间。1917年,锡达福尔斯地区的部分公民反对师范学校的实习政策,认为实习会使学生受教于未经训练的人,是对学生的"有害的实验"。同时,他们认为师范学校的实习生既没有获得教师资格证书,也没有与学区签订工作合同,是不能担任教学工作的。这样的争论在学区和地方政府的会议上一直持续。1919年,政府针对这一争议进行了投票,投票结果是反对者获胜,实习工作最终被终止。自此,锡达福尔斯地区的公立学校不再有实习制度。

这场争论最后被诉诸法庭,官司从地方法院打到州最高法院,并由州最高法院作出了最终裁决:① 与学区签订了教学合同的州立师范学校的学生可以在学区的监管下在公立学校实习,不需要教师资格证书,也不获取报酬。② 州立师范学校学生进行实习的公立学校的负责人不得滥用权力,不得在公立学校实施流派教学。③ 法庭并不禁止学校负责人对为监管实习付出努力的教师给予经济补偿。[①]

艾奥瓦州立师范学校的境遇只是美国各地师范学校实习发展情况的一个缩影。实习工作的开展是充满着斗争和艰辛的,师范学校在实习工作中取得的进步也是教育工作者经过斗争争取而来的。今天美国教师实习方案能够顺利实施也是一代又一代教育家努力争取的结果。

当时不仅存在要不要开设实习的问题,也存在开设实习的比较性价值的问题,即在教师教育的整体性课程中,实习在各类课程中所占的比重如何,这大致反映了师范学校对实习的重视程度。1920年,美国卡内基基金会发表的有关密苏里师范学校的一项综合调研报告反映了实习在当时毕业生心目中的地位。这项调研由当时许多著名的教育家联合开展。这份调研报告主要是评价密苏里师范学校的,依据这份调研报告,密苏里师范学校被评为办学质量较差的学校,但在这份调研报告发表后,该调研组随后又进行了跟踪研究。[②]

调研结果显示,在被调研的毕业生眼中,各门课程的重要性由高到低依次为:① 学科教学法;② 普通教学法或教学原理;③ 心理学;④ 有指导的实习;⑤ 学校行政;⑥ 学校管理;⑦ 有讨论的教学观察;⑧ 对城市或州的研究;⑨ 教育史;⑩ 其他专业课程。在这项调研中,有指导的实习被排到第四位,其在毕业生心目中的地位仅次于学科教学法、普通教

---

① JOHNSON J A. A brief history of student teaching[D]. Grand Forks: University of North Dakota, 1965: 120.

② 同①: 131.

学法或教学原理、心理学。① 调研结果反映了这一时期在毕业生的心目中,实习虽然被认为是比较重要的,但并非最为重要的。不过,在此后许多有关这一主题的调查中,实习通常都被认定为是所有专业课程中最有价值的。

---

① JOHNSON J A. A brief history of student teaching[D]. Grand Forks：University of North Dakota,1965：131.

第三章
美国师范学院时期的教师实习

（20世纪20年代—20世纪50年代中期）

19世纪末20世纪初,美国师范学校开始向师范学院转型。师范学校向师范学院的转型是师范学校为适应社会对中学教师在数量和质量方面的需求而采取的自我提升的变革,这一变革是美国教师教育专业化运动的一个重要组成部分。这次转型主要围绕入学标准、课程设置、获得学士学位授予权、与认证联盟的标准保持一致且保持自身的师范特色,以及争取政府与社会公众的支持等方面展开。这次转型既是对师范学校教师培养模式的进一步发展,也是为适应中学教师培养需求而进行的教师教育革新。从20世纪20年代开始,美国师范学校向师范学院转型的速度进一步加快。师范学校在1930年还有196所,到了1950年仅剩5所。[①] 师范学院虽然能授予学士学位和硕士学位,但仍然以培养教师为唯一的目标。其课程一方面继承了师范学校的传统,注重教学技能的培养;另一方面也注重培养学生的学术素养。在这一时期,通识教育开始受到重视,这与师范学校时期是有所不同的。作为师范学院课程改革的一部分,实习在这一阶段也发生了重要的变化。随着这一时期教师培养认证制度的初步建立,实习也开始成为教师培养认证制度的重要内容之一。这意味着实习不再完全由各地区自行决定,而是在自愿的基础上接受专门的教师教育认证机构的统一指导。

---

① 周钧.美国教师教育认可标准的变革与发展:全国教师教育认可委员会案例研究[D].北京:北京师范大学,2005:29—30.

一、师范学院的兴起与发展

美国师范学院的出现是公立教育运动向纵深发展的必然结果。初等教育的普及催生了以培养小学教师为目标的师范学校,随着初等教育普及的基本完成,公立学校运动必然进一步向中等教育领域迈进。在这一历史背景下,中学教师的培养被提上了议事日程。

从传统上看,由于公立学校运动之前,中等教育在美国尚属于精英教育,只为少数社会上层人士的子女所享有,因此,当时的社会对中等教育的师资需求不大。同时,由于美国较早建立了大学和文理学院,中学教师基本上可以通过未经教师教育专业化运动洗礼的大学和文理学院来培养,从大学和文理学院毕业的学生不需要接受过多的教育专业训练,只要获得大学或文理学院的学历便可担任中学教师。据统计,20世纪早期,美国文理学院培养的中学教师就占全部中学教师的50%。这些教师基本上都没有接受过教育专业训练,或者只接受过一些讲座、短期课程之类的培训。这也体现了美国注重教师的学科教育而忽略专业教育的历史传统。

然而,随着公立学校运动由初等教育领域扩展到中等教育领域,公立中学的迅猛发展产生了对中学师资的巨大需求,原有的大学和文理学院显然无法满足迅猛增长的公立中学对教师的需要,师范学校开始纷纷涌入中学教师培养领域。

美国首所公立中学出现于19世纪20年代。南北战争以后,公立中学进入快速发展和普及的阶段,由1849年仅有的18所发展到1880年的800多所。中学生的人数由29万人猛增至474万人,增长了15倍多。中等教育的迅猛扩张引发了教师短缺,这就为原来以培养小学教师为主的师范学校提供了新的发展契机和动力,师范学校开始涉足中学教师的培养。想要承担中学教师的培养任务,师范学校的首要任务就是要提高自己的办学层次,满足中学教师的学历要求。师范学校向师范学院的升级和过渡就是在这一历史背景下实现的。同时,公立中学的迅速发展也为师范学院提供了源源不断的生源。

美国创立的首个师范学院是亚拉巴马州的利文斯顿州立师范学院。首个由师范学校转型为师范学院的是纽约州的奥尔巴尼州立师范学院。1890年,奥尔巴尼州立师范学校升格为师范学院,开创了师范学校向师范学院转型的先河。其他各州纷纷效仿,美国开始进入了教师教育历史上的"师范学院时期"。

转型过程中,师范学校大都采取了阶梯式的教师教育体系的过渡性措施,开设1~4

年的课程,在高等教育层次培养不同水平的教师,满足当时中小学教育的需要。1903年,密歇根州立师范学校率先实施四年制课程,带动了中西部各州立师范学校的发展,并波及全美。19世纪,为小学教师开设的一年制、两年制和三年制课程逐渐被淘汰,四年制的课程设置成为在当时得到普遍支持的教师培养模式。

师范学校向师范学院的转型,不仅是因为它招收的生源面向的是中学毕业生,更在于它培养的目标开始延伸到了中学教师的培养,课程、学位授予等均发生了一系列的变化,以致必须以师范学院这一名称来取代师范学校。艾奥瓦州1909年就通过立法将艾奥瓦州立师范学校更名为艾奥瓦州立师范学院。

从20世纪初开始,师范学院的数量逐年攀升。据统计,1900年美国还只有2所师范学院,1920年也只有39所师范学院,但1920年之后,师范学校向师范学院的转型加速。1930年,师范学院的数量猛增到125所。1933年增至146所,1948年进一步增至250所。[①] 到1950年,美国的师范学院达到了发展的巅峰。师范学校转型为师范学院后,其培养任务便从原来的只培养小学教师转为既培养小学教师也培养中学教师,师范学院不仅可以授予学士学位,有的还能授予硕士甚至博士学位。[②] 同时,受教师教育专业化大潮的影响,大学和文理学院逐渐参与到教师教育队伍中来,从而形成了以师范学院、大学教育学院和文理学院为主体的美国现代教师教育体系。

师范学院时期,教师专业化和教师教育专业化的发展对教师教育课程提出了更高的要求。同时,社会的发展也带来了教育科学的长足发展。进入20世纪后,教育科学开始分化成拥有众多学科群的学科体系,如教育测量学、教育统计学、教育心理学、教育社会学、教育哲学、教育史等。于是,在实用主义和进步主义教育思想的影响下,各师范学院普遍开设教育理论课程,增加教师培训的内容,教师的培训开始由一般的职业培训进入专业培训。这一时期,美国教师教育的主导思想是重视教师的专业教育。

转型后的师范学院最突出的特色是重视学生的实习工作,注重培养学生的实际教学技能。学生入学后,师范学院按照一定的时间顺序逐渐向学生介绍教学方面的技巧,让学生进行教学观察和实习,并培养教师的责任感。同时,师范学院也将实习指导教师与实习

---

① BENJAMIN F, et al. History of the professional education of teacher in the United States[R]. Washington, D.C.: United States Government Printing Office,1933:529.

② ROAMES R L. Accreditation in teacher education: a history of the development of standards utilized by the National Council for Accreditation of Teacher Education[D]. Akron: University of Akron,1987:104.

生的比例标准化,并制订相关的计划来帮助学生进入教师的职业角色。例如,一些交流活动不仅安排实习学校的教师在师范学院中工作一两周,而且还鼓励师范学院的学生走出校园,到实习学校从事事务管理方面的工作。一般来说,实习学校聘请的都是经验丰富的教师,学生可以学习并模仿这些教师,学生在师范学院学到的专业理论知识在实习学校得到了检验。

二、AATC 有关教师实习的标准和规定

与以前的师范学校一样,美国的师范学院一般也都附有实习学校,供学生开展实践活动。据统计,到 1908 年,美国至少有 11 所师范学院,这 11 所师范学院全部都设有实习学校,这些学校也称为实践学校或模范学校。在 20 世纪 20 年代之前,各州的师范学院如何设置教师培养课程、如何安排实习工作等基本由各州或各院校自行决定,并无统一标准。而在 20 世纪 20 年代之后,随着师范院校协作性组织的出现,师范院校间开始有了共同的教师培养标准,早期的教师教育认证工作逐步得以开展。

美国师范学院协会(American Association of Teachers Colleges, AATC)正是这样的组织,它成立于 1917 年,由州立师范学院院长组成。AATC 成立后,即开始对师范学院的教师培养工作进行规范,继 1923 年出台了教师教育认证标准之后,又于 1926 年和 1937 年分别出台了修改后的标准。

从 1926 年的标准开始,AATC 把"专业实习的经验"列入标准中,正式承认了实习课程的学分。所谓"专业实习的经验",是指在专业人员指导下所获得的中小学教学经验,旨在增进师范学院学生的实际教学能力,培养有足够的实际教学能力并能够胜任教学工作的教师。[①]

其实,AATC 始终对实习工作予以充分的重视。早在 1926 年,AATC 就在报告中明确了实习在教师教育中的性质与地位,并指出:"每所师范学院应当保留一所实习学校,主要用于教学观察、教学展示,使部分学生能够在教师的指导下进行教学。实习学校应是师范学院的有机组成部分,并由师范学院自己管理。将城市学校或乡村学校作为实习学校应满足一定的条件,师范学院要保证对实习工作有足够的控制和指导,师范学院应保证

---

① 王凤玉.美国师范教育机构的转型:历史视野及个案研究[D].上海:华东师范大学,2007:60.

有关实习的政策能够得到有效的实施。"①

作为教师教育领域的协作性组织,AATC 在 1923 年制定了 9 项教师教育认证标准,这也是对教师教育机构进行认证的最低限度的要求,包括对两年制、三年制和四年制课程的要求。② 1926 年,AATC 颁布了新的教师教育认证标准,从 1927 年起实施这套新标准,并于 1928 年公布通过认证的教师教育机构。1926 年的标准比 1923 年的标准更全面,也更具描述性。1923 年的 9 项标准只是概括性的陈述,1926 年的标准则包括了 15 个经过充分界定和定量化的陈述。AATC 在 1926 年颁布的标准比 1923 年的标准更加细化,其中有不少领域是 1923 年的标准中没有涉及的。新增的领域包括教职员工的数量与结构、对师范学院的基本要求等。最值得关注的变化是 1923 年的标准中没有提及实习,而 1926 年的标准将实习纳入进来。

1926 年,AATC 对实习工作的规定包括:① 实习学校的实习指导教师所管理的小学课堂最多有 40 名学生;② 实习学校的实习指导教师每年指导的实习生不能超过 20 名,每位实习生的实习时间要达到 90 小时,或者从事相当于 90 小时实习的其他工作;③ 建议实习学校由正式教师授课的时间不少于 2/5。③ 然而,当时美国的不少师范学院达不到这一标准。

几年后,AATC 的一个委员会对 150 个成员机构进行了调查,有 113 所师范学院给出了反馈。调查显示,除了一两所师范学院外,每所师范学院都声称设有供学生实习的实习学校或附属的城市学校、乡村学校。④ 1928 年,教师教育机构想要成为 AATC 成员机构的条件之一,就是要具备相应的设施,保证实习生的实习时间至少达到 90 小时。

20 世纪 30 年代,越来越多的师范学院发展了研究生层次的教育。1937 年,美国有超过 20%的州立师范学院颁发硕士学位证书。为了对研究生层次的教师教育进行规范,保障这一层次的教师培养质量,AATC 出台了研究生层次的教师教育认证标准,共包含 10 项内容,在这一标准中还提及了实习学校的设备要求。

---

① WILLIAMS E I F. The actual and potential use of laboratory schools in state normal schools and teachers colleges[M]. New York:Teachers College,Columbia University,1942:12.

② ROAMES R L. Accreditation in teacher education:a history of the development of standards utilized by the National Council for Accreditation of Teacher Education[D]. Akron:University of Akron,1987:126.

③ GARRISON N L. Status and work of the training supervisor[M]. New York:Teachers College. Columbia University,1927:13.

④ JOHNSON J A. A brief history of student teaching[D]. Grand Forks:University of North Dakota,1965:152.

1940年,AATC有185个成员机构,其中有158个成员机构都通过了AATC的认证。20世纪40年代中期,AATC对实习的标准和认证予以特别关注。1945年,AATC下属的标准和调查委员会成立了一个专门的实习评估小组,对教师教育中的实习进行研究。实习评估小组就如何制定标准拟定了原则,然后发放调查问卷,对实习的现实状况和人们所期待的状况进行调查。调查问卷被发放到AATC的所有成员机构及50所承担教师培养任务的文理学院。

1946年,实习评估小组召集了AATC成员机构的部分志愿者进行座谈。在这次座谈会上,实习评估小组强调要关注理论与实践相互脱离的问题,指出直接的教学经验应当是专业教育的重要组成部分,并对专业实验经验和实习进行了界定。

在1946—1947年,实习评估小组共召集了三次区域性会议,会议代表来自39个相关机构。1948年,实习评估小组发表了名为《学校和社区教师教育中实验之经验》的报告。该报告后来以实习评估小组主席约翰·弗劳尔(John Flower)的名字命名,也称《弗劳尔报告》。报告阐述了该小组开发的教学实习标准(当时被称为实验经验标准),包括实习在师范学院课程中的地位、实习的性质、实习的任务和时限、对实习的指导和监督等多个方面。其主要内容包括以下几个方面:

(1) 实验经验是四年制学院工作的组成部分。

(2) 在实习之前,实验经验就应当被整合到学院的课程中。

(3) 为学生提供全日制的实习。

(4) 实习的分配工作由最熟悉学生的人和提供实习场所的人共同承担。

(5) 师范学院的教师与合作教师共同承担指导工作。

这个标准最终成为AATC认证中的第六项标准,使用了将近25年,后来又成为全美教师教育认证委员会所制定的标准的一部分。

AATC的标准实施之后,遭到了许多人士的批评,其管理教师教育的有效性也受到了质疑。20世纪30年代,对AATC认证工作的批评体现在多个方面,其中也包含了对实习标准的批评。

有的批评者认为,AATC的实习标准存在尺度宽严不一的问题。由于美国这一时期的教师教育正处于转型期,各种不同层次的教师培养方案并存,如教师培养方案依据培养性质和年限被分为A、B、C等多个层级。批评者指出,对于不同层次和类别的教师培养方案,AATC的实习标准有时过于宽松,有时又过于苛刻,导致这些教师培养方案在实际工作中难以实施,如要求实习生每天实习10个小时,这样的标准在实践中是很难实施的。实际上,许多被AATC归为A类的师范学院的学生的实际实习时间还不到这个标准的2/3。为应付评估,有的师范学院炮制出"代理实习"制度,很多并没有参加实习的学生也被学校划归为实习生。

1932年的一项研究表明,这一时期美国每所实习学校平均接纳4名实习生,实习的平均学分为8学分,实习生的成绩由实习学校的教师决定,每位实习生平均有40%的实习时间用于实际教学。①

总体来说,20世纪20—60年代,美国的教师实习经历了下列发展历程:① 实习逐渐走向全日制;② 在实习学校积累教学经验越发受到重视;③ 校外实习更加受到青睐;④ 实习的时间和在实习学校活动的时间都在不断增加;⑤ 对学生学术性学分的要求不断提高;⑥ 实习学校的活动(包括实习)日益成为教师教育课程中的重要组成部分;⑦ 实习所涵盖的年级不断增加。②

有关实习的名称在这一时期发生了微妙的变化,出现了从"实践教学"(practice teaching)走向"实习"(student teaching)的趋势。美国历史上,有关"实习"这一概念的用词,除student teaching外,用得最多的两个分别是practice teaching和cadet teaching。1925年,美国有学者曾对有关实习工作的术语进行了整理。在当时,师范学校的教师被称为instructor,实习学校的监管者被称为supervisor,实习学校各学科教学的总监管者被称为general supervision,负责特定学科(如英语、音乐、地理等)教学的监管者被称为special supervisor。③

1931年,美国一项对私立师范学校的调研表明,尽管student teaching一词今天运用得更为广泛,但在当时的101所私立师范学院中,有60所采用了practice teaching或observation and practice teaching。④

美国著名教育家博罗曼(Merle L. Borrowman)曾于20世纪50年代中期阐述过"实习"一词的使用情况,并指出:"时至今日(指1948年),老套的student teaching一词让位

---

① JOHNSON J A. A brief history of student teaching[D]. Grand Forks: University of North Dakota, 1965: 169.

② RUCKER W R. Trends in student teaching: 1932 to 1952[J]. Journal of Teacher Education, 1953, 4(4): 263.

③ 同①: 172.

④ BAUGHER J I. Organization and administration of practice-teaching in privately endowed colleges of liberal arts[M]. New York: Teachers College, Columbia University, 1931: 80.

于一种更时尚的称谓——专业实验经验(professional laboratory experience)。这一用语的变化表明,在增进学生理解教育通识和教育理论等课程所涉及的概念方面,直接经验比实际的实践教学更为必要。正如杜威在1904年曾说过的,实践起作用的方式是它激发了富有理性的行动,并为学生理解教材的教育意义提供更好的抓手。"①

此外,internship一词在教师教育理论与实践中的运用也越来越普遍。1948年,AATC下属的一个委员会曾对internship一词作出了这样的界定:"internship是指1年或1年以上的高级专业学习,是在实际教学岗位中作为学校教师的一员而接受教学指导。它代表着教师教育培养方案的终极经验,也包含在第五年之前对学生教学入门的引导。"②1961年,美国的教师教育专业组织全美教师教育和专业标准委员会也提出了类似的定义。③

三、AACTE有关教师实习的标准和规定

1948年,AATC与全美教育院系协会(National Association of Colleges and Departments of Education)和全美城市教师教育机构协会(National Association of Teacher Education Institutions in Metropolitan Districts)合并,成立了美国教师教育院校协会(American Association of Colleges for Teacher Education,AACTE)。AACTE取代了AATC的职能,承担教师教育机构的认证工作,成为当时全美教师教育领域新的认证组织,这也是美国历史上首个由各种不同类型的教师教育机构组成的教师教育认证组织。

AATC之所以与以上两个机构合并,原因有两点:一是随着学院和大学越来越多地参与到教师的培养中,AATC意识到师范学院在教师教育领域可能不具有代表性,因为当时美国有一半以上的教师并不是由师范学院培养的;二是其他教育专业组织和教师教育机构活动频繁,这也给AATC带来了压力。当时较为活跃的是教师教育合作委员会

---

① BORROWMAN M L. The liberal and technical in teacher education: a historical survey of American thought[M]. New York: Teachers College, Columbia University, 1956: 226—227.
② FLOWERS J G. School and community laboratory experiences in teacher education[J]. Peabody Journal of Education, 1948, 26(2): 197.
③ LINDSEY M. New horizons for the teaching profession: a report of the task force on new horizons in teacher education and professional standards[M]. Washington, D. C.: National Commission on Teacher Education and Professional Standards, 1961: 71.

(Council on Cooperation in Teacher Education),该组织由美国教育委员会于1942年创建。其任务就是对各教师教育机构的工作进行协调以促进合作,它的工作范围极广,包括维护教师教育者的利益、为成员机构服务等。

AACTE成立后,其在教师教育领域的代表性更强。虽然AACTE的成员机构只包括当时由各州教育行政部门批准的从事教师培训的近1200所教师教育机构中的260所,但这些教师教育机构在当时却培养着美国近75%的教师。① 因此,从所培养的教师数量和比重上看,AACTE还是具有一定的代表性。

AACTE是美国第一个对各种类型的教师教育机构进行认证的全国性专业认证协会。AACTE组建了标准与学科委员会,并于1948年开始进行标准的制定工作。

AACTE在1950年制定的标准主要包括:师范学院的定义;学生的入学、选拔、指导和安置要求;学生的毕业要求;教职员工的培养要求;教职员工的教学工作量;对实习学校和实习工作的要求;课程与教学模式;对图书馆的要求;对建筑物和操场要求;教职员工的任用、学术自由和任期问题等。由此可见,在AACTE制定的早期标准中,实习学校和实习就是其单列的一级标准之一。

AACTE在1951年出台的正式标准共分为三个部分。第一部分是有关政策和认证的陈述,主要是说明协会的认证是以自愿为原则的,也是合作性质的,致力改进美国学校的教学质量,无意效仿任何其他认证机构。第二部分主要阐述的是本科专业方案标准。与AATC以前的标准相比,这部分有若干方面的变化。标准所涉及领域的数量由原来的12个减少到9个,对保留下来的标准的内容表述得也更为详细。与AATC的标准相比,这部分更注重标准的激励性质。第三部分主要阐述的是高级专业方案标准,即研究生教育的标准。AACTE在1951年出台的9条标准的基本内容如下。②

标准1:该标准扩大了对机构类型的定义范围,提出了成员机构的目标和组织标准,并在目标部分列举了接受过专业教育的教师应当具有的14种特征或品质。

标准2:该标准包括有关学生入学、选拔、指导和安置的标准,这些标准实际上是根据AATC在1946年组织开展的一项研究制定的。

标准3和标准4:这两项标准涉及教职员工的教学准备工作和教学负担问题,这些标

---

① ROAMES R L. Accreditation in teacher education: a history of the development of standards utilized by the National Council for Accreditation of Teacher Education[D]. Akron: University of Akron, 1987: 172.
② 同①: 184.

准表述简短,是定性性质的。这反映了AACTE当时的一种态度,即认为上述领域通常属于区域认证协会的工作范围,AACTE不必越俎代庖。

标准5:该标准概括了教师教育课程的教学模式,并将教师教育课程分为通识教育、教学现场、专业教育、选修与活动课程。标准对每一个领域中课程的作用和学生应当掌握的能力都进行了描述。其目的是让教师教育机构为教师连续地开发课程,以便使学生在通识教育、专业教育,以及全面发展和个性发展方面达到平衡。

标准6:该标准强调专业实验经验应当是学生职前教育的内在组成部分,学生每年都要进行这样的实践。学院和实验室工作人员应当合作,为教职员工和学生提供便利。这一标准与AATC的相关标准相比,最大的变化就是不再强调实习一定要在学院开办的实习学校进行,而是认为实习也可以在其他学校进行。修改这一标准的目的在于为学生提供更为丰富的教学经验,让学生接触具有不同社会背景的孩子,了解现实社会中不同的教育哲学,掌握不同的教学方法,熟悉各种不同的行政管理模式。在该标准中,教师教育机构与当地公立学校联系了起来,学生有机会通过实习去接触社会并获得更多的教育资源。

标准7:该标准与教师教育机构的图书馆有关。该标准强调,并不要求所有的教师教育机构的图书馆参照同一套标准。该标准与AATC制定的标准一样,也没有定量的标准。

标准8:该标准与财政资助有关。由于AACTE认为财政资助问题主要是区域认证协会所涉及的领域,因此该标准对这一方面所言甚少,只是强调财政资助的重点必须与方案的目标相一致,从而保证目标的实施。

标准9:该标准与教职员工的任用、学术自由和任期问题有关。该标准基本是对AATC制定的原有标准的重述。因为AATC的这项标准是与其他几个协会共同达成的,不便轻易改动。

高级专业方案标准在进行了1年的试用后开始推行。虽然相对于AACTE制定的本科专业方案标准而言,高级专业方案标准在很多方面提出了量化要求,但与AATC在1939年提出的硕士学位最低标准相比,还是表现出了较强的定性性质。

AACTE代表了除文理学院以外的所有教师教育机构,但它还没有被确定为教师教育的正式认证机构。一方面,从机构的数量上看,其认证范围依然过窄。到1954年,在美国的近1200所教师教育机构中,AACTE只鉴定了其中的284所。另一方面,AACTE的认证与它的协会成员资格是联系在一起的,其标准和认证始终没有得到高等教育界的承认。

四、其他专业组织对教师实习的要求

许多专业组织对教师实习给予了长期的支持。前文已述及,全美教育协会(NEA)建立于19世纪50年代,它是美国最早关注教师教育和实习工作的专业协会。在所能查阅到的NEA的会议文献中,1905年、1924年、1925年和1940年的报告都直接涉及了实习问题。

NEA也在师范学校向师范学院的转型过程中发挥了积极的作用。它曾在1908年发表政策声明,敦促各州升级师范学校或建立师范学院。声明还指出,师范学校或师范学院所招学生需要拥有高中学历或高中同等学力,师范院校或其他教师教育机构还要承担教育科研任务。

美国南北战争后,中等教育进入快速发展阶段,中学对师资的需求与日俱增,培养小学师资的师范学校已不能适应中学的需要。教师短缺造成全国很多学校被迫关闭,很多学生失学,这引起了教育界和关注教育的人士的深切担忧。为了解决这一矛盾,NEA强烈要求由师范学校承担起培养中学师资的重任。由于大多数师范学校入学标准低、学习周期短,NEA要求师范学校将学生的入学资格提升到中学毕业,修业年限延长为3年或4年,以培养能胜任中学教学工作的教师。从这时开始,很多两年制的师范学校发展为四年制的师范学院。

1946年,NEA的执行委员会在纽约州召开了在教师教育标准和认证发展史上具有重要意义的肖陶扩村会议(Chautauqua Conference),成立了全美教师教育和专业标准委员会(National Commission on Teacher Education and Professional Standards,NCTEPS)。

NCTEPS的目标之一是提高教师教育领域的专业标准,包括教师教育机构的标准。[①] 其职责为实施具有连续性的专业项目,包括对选拔、聘用、培养、证书发放、在职发展、专业标准的改进等。[②] NCTEPS的任务是为所有的教师教育机构制定一套全国性的培养标准并推动标准的实施。加入此组织的除NEA外,还包括各州的教育委员会协会、地方的教

[①] PEIK W E. The accreditation of colleges and universities for the preparation of teachers and the building of a profession[J]. Journal of Teacher Education,1950,1(1):14.

[②] LINDSEY M. New horizons for the teaching profession: a report of the task force on new horizons in teacher education and professional standards [M]. Washington, D. C.: National Commission on Teacher Education and Professional Standards,1961:vii.

育委员会协会、中小学、区域性认证协会和其他外部组织等。

NCTEPS成立后,对教师教育状况进行了调查和分析,认为美国当时的教师教育存在以下问题:① 缺乏专业化的认证程序;② 教师教育机构的组织和管理有待改善;③ 教师教育资金投入不足;④ 对学生缺乏有效的选拔能力和指导能力;⑤ 缺乏对教师进行专业培训的意识;⑥ 一些教师教育机构教学水平和学术标准不高;⑦ 缺乏有效的实验室实习和实地实习;⑧ 一些教师教育机构开设的课程缺少教学实践活动。由此可见,实习的相关问题也是其所发现并试图加以解决的重要问题。①

除NEA外,其他一些专业组织和机构也对实习工作的开展发挥了积极的作用。首先,1896年创建的区域性认证机构中北部大学与中学协会(North Central Association Colleges and Secondary Schools)是较早成立的影响美国教师实习发展的机构之一。该协会很早就主张学生在学术课程之外进行专业学习,包括课堂观察、实习等。1917年,该协会要求接受认证的教师教育机构的学生至少学习11学时的专业课程,包括学科课程和任教学科教学法的课程。1926年,该协会在制定的标准中指出,实习学校每位教师管理的学生不能超过40名,指导的实习生不能超过18人;实习生的实习时间应达到90小时;实习学校的教学必须至少有2/5是由专职教师进行。② 其要求与当时AATC制定的标准基本相同。

其次,另一区域性认证机构——西北中等学校和高等学校协会(Northwest Association of Secondary and Higher Schools)也曾在其第八届年会中声称:"学院或大学应当有足够的场地和设备,以进行课堂观察和实践教学。"③

此外,在美国教师教育的历史上,专注实习工作的全国性专业组织是成立于1920年的美国实习协会(Association for Student Teaching)。总的来看,美国存在各种各样与规范实习工作相关的组织,除NEA外,还有中北协会的实习委员会(Committees on Student Teaching of the North Central Association)、学院教师教育协会的实习委员会(Committee on Practice Teaching of the Society of College Teachers of Education)等,但对实习工作影响

---

① 周钧.美国教师教育认可标准的变革与发展:全国教师教育认可委员会案例研究[D].北京:北京师范大学,2005:35.

② JOHNSON J A. A brief history of student teaching[D]. Grand Forks:University of North Dakota,1965:193.

③ BAUGHER J I. Organization and administration of practice-teaching in privately endowed colleges of liberal arts[M]. New York:Teachers College,Columbia University,1931:87.

最大的组织还是美国实习协会。从成立到1965年,该协会出版了40期年鉴,发布了大量公告和研究报告,组织了多次会议和工作坊,所有这些都是与实习工作直接相关的。可以说,自1920年以来,美国在教师实习方面所取得的进展在很大程度上都与该组织的工作有关。① 20世纪60年代后期,该协会被并入NEA,成为NEA的一个下属机构。1970年,该协会又从NEA独立出来,并更名为教师教育者协会(Association of Teacher Educators),其性质和工作范围也随之发生了较大变化,但它在独立之后一直是全美教师教育认证委员会的下属机构,在教师教育标准制定和认证方面继续发挥重要作用。

五、教师资格证书对教师实习的影响

1910年后,教育的大发展使得美国教师资格证书的发放和管理发生了较大变化。在1900年之前,大多数州发放的教师资格证书适用于任何学科和任何年级。只有6个州向小学教师和中学教师发放不同的教师资格证书。② 此后,为不同类型教师颁发不同教师资格证书的做法逐步流行,标准也开始逐步严格。第一次世界大战的爆发中止了这一发展势头。NEA在1918年的一项调研表明,当时美国的60万名教师中有一半没有接受过特定的专业教育。1921年,美国有30个州在颁发教师资格证书时没有提出学术方面的要求。不过到了1926年,未提出学术要求的州就减少为15个。③

美国20世纪30年代的经济大萧条带来了普遍的失业,教师也出现了富余,有关教师资格的最低标准也逐步提高。五年制的教师培养方案也是在这一时期出现的。尽管如此,1931年前后,各州近一半的教师资格证书发给了中学毕业生,而有的毕业生还来自很差的中学。

教师资格证书在经济大萧条时期取得的进展,很快被第二次世界大战所埋没。第二次世界大战的爆发导致了教师的严重短缺,为满足学校的需要,各州不得不派发"应急证书"或"准标准证书"。高峰时期,持此类证书的教师一度达到14万人。④

1921年,艾奥瓦州、密苏里州和俄亥俄州要求小学教师参加教师资格考试,但并没有

---

① JOHNSON J A. A brief history of student teaching[D]. Grand Forks:University of North Dakota,1965:153.
② 同①:154—155.
③ 同①.
④ 同①.

在教育学课程和实习方面对小学教师提出要求。明尼苏达州和威斯康星州要求证书申请者有一定的教学经验,但没有明确提出与实习相关的要求。伊利诺伊州教师资格证书的发放只要求证书申请者高中毕业。密歇根州和印第安纳州也要求证书申请者高中毕业,但同时要求其具有一定的教学经验。

1927年,印第安纳州、密歇根州、俄亥俄州和威斯康星州在发放教师资格证书时,要求证书申请者在高中毕业的基础上有1年的学术方面的专业学习。艾奥瓦州要求证书申请者高中毕业,并具有一定程度的专业工作经验。伊利诺伊州和密苏里州要求证书申请者高中毕业,但对证书申请者的专业工作经验没有提出要求。明尼苏达州要求证书申请者必须初中毕业,没有在专业学习方面提出要求。[①]

大约在1920年,有些州开始将实习作为发放教师资格证书的条件之一。到了1930年,大多数州都将实习作为发放教师资格证书的条件。有些州(如科罗拉多州、康涅狄格州、印第安纳州、肯塔基州、缅因州、密歇根州、明尼苏达州、宾夕法尼亚州、田纳西州、佛蒙特州等)通过立法要求教师教育机构建立实习学校并开展实习。有些州(如亚利桑那州、艾奥瓦州、康涅狄格州、新罕布什尔州、纽约州、俄亥俄州、宾夕法尼亚州、田纳西州、佛蒙特州等)立法规定教师教育机构要与公立学校合作,为学生提供见习和实习。[②]

1937年,每个州都至少有一种教师资格证书是根据教师教育机构给学生的学分发放的。其中,28个州取消了所有的教师资格考试,完全以接受教师教育作为发放教师资格证书的依据。有些州还具体规定了专业培养和实习方面的学分或学时。教师资格证书的发放对证书申请者所学习的课程也有所规定。小学教师需要学习的课程包括小学教学法、教育测量、教育史、教育心理学、课堂管理、小学组织与管理、教育原理、小学课程论等,中学教师需要学习的课程包括教育心理学、教学论、教育史、特殊教学法、管理学等。除此之外,实习也是发放教师资格证书需要考查的重要内容之一。[③]

这一时期,相当一部分师范学院是从原来的师范学校转变而来的,这些师范学院秉承了重视师范性的传统。相比之下,大学和文理学院对师范性的重视则偏弱。大学、文理学院与师范院校在对待实习问题上的差别主要表现在以下几个方面:首先,实习在大学和

---

① JOHNSON J A. A brief history of student teaching[D]. Grand Forks:University of North Dakota,1965:154—155.

② 同①:192.

③ FRAZIER B W. Development of state programs for the certification of teachers[M]. Washington,D.C.:United States Government Printing Office,1938:62—65.

文理学院出现的时间要比师范院校晚；其次，设立实习学校的大学和文理学院远比师范院校要少；最后，受自由教育传统的影响，大学和文理学院对教师教育和实习不太重视。[①]虽然在教师教育专业化运动的影响下，大学和文理学院对师范性的重视有一定程度的提升，但总体来说，其对师范性的重视程度与师范院校相比还是存在一定的差距。

六、师范院校教师实习的特点

20世纪20—60年代是美国师范院校快速发展的时期，也是注重教师教育专业化建设的时期，美国不少教师教育专业组织都是在这一时期建立的。纵观这一时期美国师范院校教师实习的发展状况，我们可以发现师范院校的实习工作在该时期具有以下特点。

（一）附属实习学校之外的实习得到重视

在师范院校附设的实习学校实习与在师范院校周边的公立中小学实习两者孰优孰劣？美国历史上出现过对这一问题的争论，对这一问题的回答在历史进程中也出现过反复。尽管自师范院校产生以来，附设实习学校已经成为师范院校的一种习惯性做法，但实际上，早在19世纪80年代，美国就出现了在校外公立中小学开展实习的趋势。例如，1881年，普罗维登斯师范学校和罗得岛师范学校就将实习安排到了公立学校进行。1905年的一项调查也显示，在所调查的60所师范院校中，39所是与师范院校所在城镇的公立学校合作开展实习的，占调查总体的65%。[②] 而10年之后的调查显示，之前调查的60所师范院校中，只有12所采用了与公立学校合作的形式，其他师范院校都建立了自己的实习学校。[③]

然而，在1915—1928年，在校外开展实习的情况开始增多。采用校外实习模式的师范院校与之前相比增长了27%，采用校内和校外相结合模式的师范院校增长了20%，采

---

① JOHNSON J A. A brief history of student teaching[D]. Grand Forks: University of North Dakota, 1965: 191.

② WALK G E. Practice teaching and observation in normal schools[J]. Education, 1917, 38(2): 70—71.

③ MCCARREL F. The development of the training school[M]. Nashville: George Peabody College for Teachers, 1933: 210.

用校内实习模式的师范院校减少了 27%。①弗雷德·麦卡雷尔 1933 年对美国 221 所师范院校的专业目录进行了研究。他指出,在 221 所师范院校中,有 213 所在专业目录中提出了对实习的要求。其中,35 所将公立学校作为实习的场所,127 所采用了公立学校与校内实习学校相结合的模式,59 所采用在校内实习学校实习的模式。②

部分师范院校选择在公立学校开展实习的直接原因是,师范院校的发展使校内附属的实习学校无法容纳所有学生进行实习。例如,1918 年师范院校录取的学生人数约为 12 万人,而到 1930 年,录取人数则达到 26.4 万人。③随着师范院校的发展和学生人数的增加,师范院校不得不依靠公立学校来解决实习问题。

安排学生在公立学校进行实习的另一个原因是人们意识到,与校内的实习学校相比,公立学校能够提供真实的教学环境。持这一主张的人认为,校内附属的实习学校无法向学生提供今后教学所要面对的真实教学环境。④

随着师范院校越发倾向于安排学生到公立学校实习,许多州也开始通过立法为师范院校顺利进入公立学校开展实习提供支持。以宾夕法尼亚州 1935 年的立法为例,该州在当年的立法中写道:"各学院应该提供实习的设施与设备,做好组织和管理工作,使学生在教师适当的教学和指导下获得教学艺术的实践知识。本州各师范学院董事会和各学校主任理事会应当达成协议,依据共同约定的条款,安排学区中的学生全部或部分接受师范学院师范生的教学。"⑤19 世纪 50 年代后,各师范院校更倾向于让学生在公立学校进行实习。下面是 1937 年北达科他州的迈诺特州立教师学院与公立学校签订的协议的文本。

协 议 书

本协议由北达科他州的迈诺特州立教师学院(以下简称甲方)和当事人(以下简称乙方)共同制定,一式两份。

甲方为开展教师培训在瓦尔德县学区提供的学校开展教学观察、教学实践等活动,每学年按月向乙方支付报酬。

---

① JOHNSON J A. A brief history of student teaching[D]. Grand Forks:University of North Dakota,1965:159.
② 同①:160.
③ MCCARREL F. The development of the training school[M]. Nashville:George Peabody College for Teachers,1933:216.
④ 同①:161.
⑤ 同④.

甲方同意通过有力的监管和指导确保实习生的利益……培训方法应由甲方的城市学监精心选择。

乙方同意使用甲方学生……甲方学生需要在高中毕业后接受至少两年的教师培养，并达到甲方培养方案认可的条件。

乙方同意保持教学大楼和操场的干净整洁，管理好本校教师，确保为实习生和本校学生提供良好的学习环境。

甲方同意购买实习所需而实习学校又无法提供的各种物品。

学校由地方教师全权管理，地方教师的教学应在城市学监和学校理事会的指导下进行。实习生的教学需要得到地方教师的批准，实习生的教案应接受实习指导教师的审核，实习生的教学工作量不得超过全职教师工作量的40%。

本协议由双方共同拟定，并于下一学年正式生效。①

（二）对实习的调查和研究不断增加

20世纪20—60年代，美国对实习的调查和研究不断增多。1933年，弗雷德·麦卡雷尔对121所师范学院和40所州立师范学校进行了问卷调查，总计回收了105份问卷。同时，他还对221所师范院校的专业目录进行了研究。② 其调查结果显示，在1850年之前设有实习学校的师范院校共有两所，分别是布罗克波特师范学校和奥尔巴尼州立师范学校。宾夕法尼亚州的洛克海文私立学校于1870年建立了提供实习的幼儿园，威斯康星州的奥什科什师范学校在1880年设立了提供实习的公立幼儿园。③

弗雷德·麦卡雷尔还对20世纪30年代早期各师范院校教育观察和实习的时间进行了统计。其研究显示，各师范院校对教育观察的时间要求从10小时到279小时不等，平均时间为72.8小时；各师范院校对实习的时间要求从20小时到299小时不等，平均时间为113.3小时。在所调查的师范院校中，有102所要求学生进行实习，有103所为实习生举办小组会议或研讨会。④

---

① JOHNSON J A. A brief history of student teaching[D]. Grand Forks：University of North Dakota，1965：162.

② 同①：163.

③ MCCARREL F. The development of the training school[M]. Nashville：George Peabody College for Teachers，1933：222.

④ 同①：166.

研究发现,私立师范学校学生实习的平均时间是 83 小时,而四年制的州立师范学院学生实习的平均时间是 175 小时,有 56% 的师范院校要求学生在幼儿园进行教育观察和实习。① 在所调查的师范院校中,有 87 所将实习学校设在校内,有相对独立的实习场所。与 1900 年一项调查显示的大多数实习学校被设于地下室或边缘区域相比,情况有了较大改观。另一项 1927 年开展的研究显示,在设于校内的实习学校中有 70% 有相对独立的场所。②

1930 年,宾夕法尼亚州的库茨敦师范学校要求学生在实习学校进行 9 周的全天候实习,罗得岛教育学院的学生第六学期要在校外的合作学校开展实习。

1930 年的一份调查报告展示了美国州立和市立师范院校实习的时间情况。美国 1917—1930 年州立和市立师范院校实习时间的嬗变如表 3-1 所示。

表 3-1 美国 1917—1930 年州立和市立师范院校实习时间的嬗变　　单位:小时

学校类型	1917—1918 年	1921—1922 年	1929—1930 年
州立师范学校	180	180	190
州立师范学院	—	120～135	150
市立师范学校	460	413～450	270

资料来源:此表根据 James A. Johnson 的"A Brief History of Student Teaching"一文中所提供的相关信息整理编制。

1931 年,哈里·菲奇(Harry N. Fitch)对美国各地区的 335 名实习指导教师进行了调研,发现在上述实习指导教师中,有 157 人学习过教学指导课程,77 人学习过实习指导课程。③ 据统计,每位实习指导教师平均要指导 73 名实习生。335 位实习指导教师对与实习指导职责有关的问题进行了回答。他们的主要职责包括:保护学生不受实习生的负面影响;帮助实习生解决课堂纪律问题;讨论课堂教学目标;在备课时考虑学生的经验、能力和需要;帮助实习生准备教辅材料;进行课堂观察;与实习生讨论教学过程;指导实习生开

---

① MCCARREL F. The development of the training school[M]. Nashville:George Peabody College for Teachers,1933:202.

② JOHNSON J A. A brief history of student teaching[D]. Grand Forks:University of North Dakota,1965:167.

③ FITCH H N. An analysis of the supervisory activities and techniques of the elementary school training supervisor in state normal schools and teachers colleges[M]. New York:Teachers College,Columbia University,1931:16.

展学生活动;指导实习生如何吸引学生注意力;帮助实习生发现自己教学上的不足及其原因。① 在这一调查中,有10%~20%的实习指导教师认为他们的职责是带实习生一起去家访,要求实习生提供检查厕所、课桌、门锁和橱柜的书面报告,指导实习生洗窗户,指导实习生为学生的午餐增补热菜。②

根据哈里·菲奇对411名实习生的调研,实习生们认为最有价值的实习经验是实习指导教师对他们的教学的系统点评。③

(三)公立中学在教师培养中发挥重要作用

美国师范学校向师范学院的转型是在20世纪上半叶完成的,转型速度进一步加快的时间节点为1920年。1910—1930年,美国许多中学都增设了培养中小学教师的职能,出现了通过中学培养中小学教师的局面。当时,教师的培养主要是通过中学教师培训班的形式展开的。

实际上,艾奥瓦州早在1859年就开始通过中学培养小学教师,就读师范教育专业的学生甚至还可以得到该州的贷款,该州允许学生在从事教学的前几年还贷。这一制度在艾奥瓦州持续了12年。1864年,威斯康星州也有3所中学在政府的资助下开始培养教师。④ 不过,通过中学培养教师通常被认为是不成功的和低效的,因此,这种教师培养模式并没有得到大规模的发展。

不过,由于公立学校的迅速发展,到20世纪早期,中学教师特别是农村中学教师出现了紧缺的状况。师范院校只有在为城镇的学校输送了足够的教师之后,才会把工作重心转移到农村学校的教师培养上。由于现有的师范院校无法为农村中学提供急需的师资力量,因此,作为一种应急性的临时性机构,介于师范学校与师范学院之间的新型教师培训模式——中学教师培训班应运而生。大约从1910年开始,通过开设中学教师培训班培养小学教师一度成为风潮。

---

① FITCH H N. An analysis of the supervisory activities and techniques of the elementary school training supervisor in state normal schools and teachers colleges[M]. New York: Teachers College, Columbia University, 1931: 34.

② JOHNSON J A. A brief history of student teaching[D]. Grand Forks: University of North Dakota, 1965: 168.

③ 同②:169.

④ 同②:150.

1910—1925年,农村中学教师的培养在美国各州受到了普遍的重视。其中,有24个州将中学教师培训班作为农村地区培养中学教师的一种途径。尽管各州的标准并不统一,但到1925年为止,在四年制的中学教育后增加1年的专业学习已成为各州的普遍做法。

在这一时期,明尼苏达州为学生提供教学实践的机会,并且开设了一些特别适合农村学校教学情况的课程。明尼苏达州要求学生进行120~180小时的教学观察和实习。其他地区(如纽约州)则没有对教学实践提出要求,只是在课程方面增加了一些在教师培养方案中被忽略的内容,如农村学校管理、工业艺术等课程。据统计,1928年,除新罕布什尔州外,美国所有的州都有培养小学教师的中学。[①] 这种做法尽管在当时受到不少人的质疑,但作为暂时性的应急之策,也为农村培养了大量的中学教师。

通过中学教师培训班来培养教师的做法在美国持续了20多年。从1925年起,美国各州开始逐渐取消中学教师培训班。到1933年,除了9个州以外,美国其他州都不再由中学来培养小学教师。到20世纪30年代末,随着中学教师培养方式的日益规范化,中学教师培训班也就退出了历史的舞台。[②]

中学教师培训班之所以退出历史舞台,主要是因为中学不适合教师培养,因为中学的教学任务本身就很重,它关注的是常规课程,无法兼顾教师教育,因此不重视对教师的培养。在这种情况下,美国相当一部分中学开设的教师培养课程是不安排实习的。[③] 这在很大程度上无法保证教师培养的质量。

---

① MCCARREL F. The development of the training school[M]. Nashville: George Peabody College for Teachers, 1933: 208.
② 王凤玉. 美国师范教育机构的转型:历史视野及个案研究[D]. 上海:华东师范大学,2007:52.
③ JOHNSON J A. A brief history of student teaching[D]. Grand Forks: University of North Dakota, 1965: 151.

第四章
美国大学教育学院早期的教师实习

（20世纪50年代中期—20世纪70年代）

美国大学开展专门的教师培养活动或建立专门的培养机构与其师范学校的建立具有相同的历史背景，它们都是在美国着手建立公立学校制度的背景下实现的。从产生时间上看，美国大学开展专门的教师培养活动的时间大约介于其第一所私立师范学校和第一所公立师范学校建立之间；从发展过程上看，各大学教师教育机构的建立则显得较为缓慢，最终是通过师范学院升格为综合性大学或在综合性大学开设教育学院完成的，师范学院的发展过程也伴随着综合化与大学化的进程。从20世纪40年代起，具有多学科性质的州立学院更能满足各州人才培养的需要，州立师范学院开始抛弃其原本的师范专业，纷纷转型为州立学院。第二次世界大战结束后，大量退伍军人需要安置工作并进行就业培训，这加速了州立师范学院的转型。在这一时期，美国的不少师范学院加快向综合性大学发展，教师教育开始成为综合性大学的教育职能，并由教育学院承担，综合性大学也纷纷开设教育学院。在1950年，美国尚有138所州立师范学院，但到了20世纪70年代，这些州立师范学院则完全变为综合性大学或学院，美国教师教育迈入了新的历史阶段，进入了大学化时期。[①] 美国教师教育在这一时期更为注重学术研究。从整体上看，教师教育不再是学校的核心任务，它在大学中的地位成为此后引起广泛争议的问题。

---

① OGREN C A. The American state normal school: "an instrument of great good"[M]. New York: Palgrave Macmillan, 2005: 15.

一、大学培养教师的早期历史

美国教师教育的大学化虽然是在 20 世纪 70 年代全面完成的,但教师教育在大学和文理学院已有较长的历史,且可以大致分为自动造就教师和有意识培养教师两个阶段。这两个阶段在相当一段历史时期是并行不悖的。

(一)文理学院造就教师的传统

文理学院也被称为自由艺术学院或博雅学院,是美国较早形成的造就教师的一条重要途径。虽然教师培养是文理学院的主要任务,但文理学院长期以来始终坚持教师无须专门培养的观点,认为古典教育已完全能够满足教师培养的要求,经过文理教育熏陶的大学毕业生即能胜任教学工作,而且能做得很好。基于这种认识,早期文理学院的教师教育内容出自古希腊、古罗马的传统著作。文理学院一方面传授文理知识,培养学生良好的心智和技能,造就学生的仁慈之心和社会责任感;另一方面也使学生通过文理课程中蕴含的精神哲学和道德哲学的熏陶,获得对教育的理解。19 世纪后期,随着现代大学的建立和自然科学的发展,文理学院的课程受到了现代大学的挑战,文理学院才逐渐开始平衡文理教育和学科专业教育的内容。[①] 由于文理学院否认专门培养教师的价值和意义,因此,文理学院长期以来只是在用文理课程造就教师,并不对教师进行专门的培养和训练,实习在美国早期的文理学院是长期被漠视的。

(二)大学教育系的教师实习

在美国早期教育程度普遍低下的时代,大学和中学毕业生从教是不受条件制约的,大学或中学毕业本身就是毕业生任教的最充分的条件,不存在教师需要专门培养的要求。对当时的大学和中学毕业生来说,当教师只是他们一时找不到工作的权宜之计,多半是兼职。早期培养中学教师的美国大学和文理学院的教师培养方案都不包含实习,很大一部分原因是这类大学或文理学院将自己视为通识或自由艺术教育机构,轻视教师培训中的

[①] 周钧.美国教师教育认可标准的变革与发展:全国教师教育认可委员会案例研究[D].北京:北京师范大学,2005:31.

技能训练。① 它们普遍认为开设实习是根本不必要的。之后,在教师教育专业化运动的压力下,美国大学的教育学院或文理学院的教育系主要开设一些以教育理论为主的课程,也增设了一些教育实践课程,并对学生的实习时间进行了规定,实习的地位也逐渐得到认可。

美国大学自创建以来一直不断地培养教师,尤其是大学和中学教师,早期美国大学毕业生的就业出路之一就是在大学和中学担任教师。从这一角度来看,美国大学创建伊始就是教师培养的重要基地。不过,美国大学在很长一段时间并没有为其毕业生提供教师工作的相关培训,很少真正把自己当作教师教育机构。直到19世纪50年代,即在美国第一所大学创建200多年以后,美国大学才开始有意识地参与到小学教师的培养中来。由于美国公立学校快速发展,其对小学师资产生了巨大需求。在这一时期,大学对小学教师的培养主要是参照当时师范学院的培养模式进行的。

1826年,美国阿默斯特学院的管理人员曾向学院董事会提议开设教育学讲座,但因种种原因最终未获得批准。纽约大学于1832年开设了教育学讲座。② 大学正式从事师资培养始于19世纪50年代。1850年,布朗大学创建了教学系以培养小学教师。1852—1868年,不少大学都创建了师范系,如印第安纳州立大学、艾奥瓦大学、威斯康星大学、密歇根大学等。③

1852年,印第安纳州立大学建立师范系,为未来的教师提供教学理论与教学实践,所开设的课程包括阅读、朗诵、简笔画、心算和笔算、簿记、地理、英语语法、作文、代数、几何、测量、调查、自然哲学、化学、生理学、历史(美国史与英语文学通史)、声乐、教学法。完成了上述课程后,通过考试者可被授予相应的学位和证书。校董事会还在校园大楼中留出一些房间作为实习学校的教室,但实习开展得很不顺利,实习学校不久就关闭了。④

艾奥瓦大学创建之初就设立了师范系,培养小学教师。师范系的学习内容包括教育科学和教学艺术讲座,涉及学校组织和管理、授课模式、与家长合作等;除此之外,学校还要求学生在实习学校进行实习。该校学生必须在实习学校实习2~4周,这是学生毕业的

---

① JOHNSON J A. A brief history of student teaching[D]. Grand Forks: University of North Dakota, 1965: 190.
② 李福春. 美国教育学演进史(1832—1957)[D]. 上海: 华东师范大学, 2011: 42—43.
③ 同①: 134.
④ 同①: 135.

必备条件之一。实习生的教学在实习学校校长的监督和指导下进行。① 从1873年开始,艾奥瓦大学的师范系转型为教育系。②

威斯康星大学创建时就成立了理论与实践教学系和实习学校,以解决威斯康星州存在的小学教师数量不足且素质低下的问题。该大学的师范系直到1855年才正式创立。19世纪50年代后期,在教师教育领域颇有威望的亨利·巴纳德(Henry Barnard)担任该校校长,并由他兼任师范系主任和师范学校理事会代理人。不过,实习在当时还不是威斯康星大学早期初等教育培训的重要组成部分。③

各大学早期的师范系是培养小学教师的,与师范院校相比,大学师范系规模有限,且在大学的各个科系中地位也不太高,学生的实习一般是在实习学校进行。与师范院校相比,大学师范系对小学教师的培养进行得并不顺利。一是因为大学在开办师范系方面经验不足,二是大学师范系培养小学教师的数量有限。因此,到了19世纪70年代,大学中培养小学教师的师范系逐渐消失。1873年,艾奥瓦大学校长在给校董事会的报告中就写道:"培养小学英语教师的班级已经关停,现在主要由中学的师范系来培养小学教师了。"④这一时期,大学还在继续培养中学教师,在很多年以后,大学才开始恢复对小学教师的培养。

大约从1870年开始,美国更多的大学开始将自己的教师培养部门称为教育系,约翰·霍普金斯大学、渥太华大学、康奈尔大学、纽约大学等都成立了教育系或对教师培养部门的名称进行了更新。这些大学的教育系需要与本州学监负责的培训系统保持联系,并接受更高层级教育官员的领导。同时,这些大学的教育系也培养中学教师。1872年,为了让更多的大学参与到教师培养中来,NEA的师范学校委员会甚至建议每一所大学都聘请教育学教授,开设教学法、教育理论、教育史等课程。⑤

有专家曾对这一时期大学教育系的情况作过这样的描述:"大学教育系通常就是

---

① JOHNSON J A. A brief history of student teaching[D]. Grand Forks:University of North Dakota,1965:135.
② GORDY J P. Rise and growth of the normal-school idea in the United States[M]. Washington,D. C.:United States Government Printing Office,1891:99.
③ 同①:136.
④ SNARR O W. The education of teachers in the middle states[M]. Moorhead:Moorhead State Teachers College,1946:50.
⑤ 李福春.美国教育学演进史(1832—1957)[D].上海:华东师范大学,2011:43.

1个人的系,由1位教育学教授负责,由多位同事协助,与大学的其他科系进行合作。"① 教育系所教授的课程基本上是自由教育课程,外加若干小时的专业教育。

在19世纪90年代,受儿童研究运动的影响,有些大学在教育系开设了儿童心理学课程。当时的主流观点认为,普通心理学对中学教师的培养是十分重要的。大学早期的教育系都没有要求学生进行教学见习和实习,即对教学观察和教学实践不做要求。这是因为很多人认为,大学在传统上就是一个自由教育的机构,不需要重视教师技能培训;同时,大学生更成熟、更有文化,具有较好的判断力,也具有更高的学术修养,所有这些都使得教学实践无关紧要。②

这一阶段,大学和文理学院继续依照传统的教师培养路径造就教师,对实习工作不甚重视,有的甚至还反对开展实习。密歇根大学的佩恩(W. H. Payne)教授就是其中之一。正如早期师范学校的部分人士对实习持有的态度一样,佩恩也认为实习生不应当将小学生当作授课对象来开展教学实践。虽然他也承认实习学校的价值,甚至在担任皮博迪师范学院院长时建议成立实习学校,但他认为实习学校的功能应当是让实习生观察有经验的教师如何上课,而不是让实习生自己去上课。③

总体来看,美国早期的大学虽承认实习的价值,但并未给予其高度的认可或重视。从20世纪初开始,这一局面有所改观,不少大学开始关注学生的实习问题,大学教育系开始发展为教育学院。也是在这一时期,许多大学建立了实习学校。有的大学开设了中学,既将其作为进行教育科研的实验学校,也将其作为教学观摩和实习的学校。由于实习学校的教学人员往往是教育学院的教职员工,负责教授方法类课程,并负责对实习生的教学进行指导,因此,这一时期教育理论和教学实践的结合是较为紧密的。④ 例如,俄亥俄州立大学1908年要求在中学教师的培养中加入实习这一环节。伊利诺伊州立大学和印第安纳州立大学也倡导在中学教师的培养中加入实习,但没有提出硬性要求。艾奥瓦州立大

---

① SNARR O W. The education of teachers in the middle states[M]. Moorhead: Moorhead State Teachers College,1946:83.

② LUCKEY G W A. The professional training of secondary teachers in the United States[M]. New York: The Macmillan Co. ,1903:207.

③ MCCARREL F. The development of the training school[M]. Nashville: George Peabody College for Teachers,1933:192.

④ JOHNSON J A. A brief history of student teaching[D]. Grand Forks: University of North Dakota, 1965:140.

学、密歇根州立大学和威斯康星大学也开始在这一时期设计实习培养方案。①

(三) 20 世纪上半叶文理学院的教师实习

随着教育学和心理学的发展以及教师教育专业化运动的推进,进入 20 世纪的文理学院虽然仍在试图恪守传统的做法,但在教师培养上也不得不接受当时师范院校的一些做法。这一时期,文理学院的实习与当时的师范院校已经逐步趋同,但也存在一些不同之处。第一,文理学院开展实习的时间比师范院校要晚;第二,与师范院校相比,文理学院建立实习学校的数量较少;第三,受到自由教育传统的影响,文理学院对教师教育和实习的重视程度不如师范院校。

1931 年,雅各布·鲍尔(Jacob Baugher)对文理学院的实习情况进行了调研,并指出:"大量的文理学院增设了教育学院,新建的文理学院和小型的文理学院则增设了教育系……许多文理学院越来越意识到设置教师专业课程的重要性,并将实习作为教师专业课程的一部分。"②为收集资料,雅各布·鲍尔走访了美国东部的 17 所文理学院,与许多参加实习的师生进行了交谈。此外,他还对当时美国 440 所文理学院的专业目标进行了调研。通过调研,大约有 61% 的文理学院表示,它们的中等教育专业设有实习,不少没有开展实习的文理学院表示它们将在不久后开展实习。

本次调研显示,文理学院平均每年只有 28 名实习生,多数情况下,实习生会在 2~3 所公立学校实习。22% 的文理学院在自己的校园内设有实习学校或类似的机构,以安排实习生的实习。在文理学院,仅有 5% 的实习指导教师没有学位,80% 的实习指导教师有学士学位,15% 的实习指导教师有硕士学位,6% 的实习指导教师接受过相应的培训。大约 70% 的文理学院与合作学校达成的是口头协议。只有 30% 的文理学院给实习指导教师付酬。75% 的文理学院将实习安排在高年级进行。文理学院实习生在实习后平均可获得 4 学分。文理学院实习生的实习时间大都为 1 个学期,实习生通常每天都在中学进行实习。③

这一时期,文理学院的实习面临的问题主要包括:培养方案缺乏合理性,很多方面需

---

① JOHNSON J A. A brief history of student teaching[D]. Grand Forks: University of North Dakota, 1965: 139.

② BAUGHER J I. Organization and administration of practice-teaching in privately endowed colleges of liberal arts[M]. New York: Teachers College, Columbia University, 1931: 1—2.

③ 同②: 76—142.

要调整;对实习生的教学指导不够;与公立学校的合作不够密切;实习所需的场地、设施和设备不足;实习经费不够充足;实习生的选拔不够合理;与学院其他科系的联系不够紧密。此外,文理学院在教学评估、教师与学生间的沟通等方面也存在一定的问题。[①]

雅各布·鲍尔还发现,与师范院校的实习工作相比,文理学院的实习工作还具有以下特点:第一,没有自己的实习学校,因此大都将实习生安排在公立学校实习;第二,聘用合作教师,这些合作教师在指导实习生方面所受训练很少;第三,每年培训的实习生数量较少;第四,对实习的学时要求较少。[②]

二、NCTEPS 的三次全美教师教育研讨会与教师实习

第二次世界大战结束后,美国教师教育大学化的进程进一步加快。教师培养在纳入综合性大学教育学院之后,必然要按照综合性大学的规范对师范院校的教师培养模式进行重新构建,既要反映综合性大学对学生的学术性要求,又要体现教师培养的专业性。美国教师教育的学术性和专业性之争由此拉开了序幕。

(一) 学术性和专业性之争的背景

教师教育进入大学后遭到了文理学院学者的强烈反对。他们向来认为只要有文理知识和学科知识就可以成就好教师,而教师教育者则坚信教师专门培养的重要意义和教育学科的巨大价值。于是,在20世纪50年代,主张教师教育应当进入大学并成为大学学科体系的一部分的教师教育者与抵制教师教育"闯入"大学的文理学院学者展开了一场激烈的争论。有人将这次争论称为教师教育者与文理学院学者之间展开的一场"殊死辩论"。[③]

在这场争论中,教师教育者认为教育理论和教学方法是教师必须掌握的,掌握教育理论和教学方法对教师的教学工作极为有益。文理学院学者则认为教师教育的课程不仅无用,而且还会削弱学生对学科知识的掌握。

---

① JOHNSON J A. A brief history of student teaching[D]. Grand Forks: University of North Dakota, 1965: 143.
② 同①.
③ 蒲阳. 美国教师教育机构转型的历史研究[D]. 北京: 北京师范大学, 2006: 42.

教师教育者为恪守自己的专业自主权和专业地位成立了 NCTEPS。在其组织和推动下,教学专业化标准运动在 20 世纪五六十年代的美国迅速发展,以应对教师教育大学化之后所面临的要求增加教师教育学术性的巨大压力,这一压力主要是文理学院学者所施加的。在文理学院学者看来,当时的教育学学术性不强,教师教育作为大学教育的一部分必须增强其学术性,提高教师教育中通识教育的比重,提高教育学的学术含量。

(二) 1958—1960 年的三次全美教师教育研讨会

为应对上述挑战,NCTEPS 在 1958—1960 年召开了三次颇具影响力的全美教师教育研讨会——1958 年的鲍灵格林会议、1959 年的堪萨斯会议和 1960 年的圣地亚哥会议。

鲍灵格林会议以"如何培养一个好教师"为议题,参会者既有教育学教授、文理学院学者、教育行政管理人员和中小学教师,也有各州学术团体和全国性学术团体的发言人。参会者围绕着这一议题进行了讨论,以教育学教授为代表的教师教育者强调教育专业课程的意义,而代表传统文理学院立场的学者则强调大学通识教育和学科教育的价值,教师教育的学术性和专业性之争由此被推上了顶峰。会议讨论了"教什么""如何教"等与学科知识和方法论有关的问题,也讨论了教师资格认定、教师资格证书和教师知识结构等相关问题。在充分讨论的基础上,会议也达成了一定的共识。例如:教师教育必须进行改革;好教师既要掌握任教学科的知识,也要掌握教学方面的知识与技能;文理学院和大学的各个部门应共同承担教师教育的责任。会议建议把教师培养的年限延长到 5 年,主张采取"4+1"模式,即前 4 年主要进行通识教育和任教学科教育,最后 1 年进行专业教育训练。延长教师培养年限的建议为后来五年制教师培养方案的发展提供了框架,也促进了教学文科硕士培养方案在 20 世纪 60 年代的普遍推广。①

堪萨斯会议在鲍灵格林会议的基础上提出了进一步完善教师教育的新方案。会议达成的共识包括:教师培养有必要增加 1 年的修业年限;重新设计教师培养方案,在教师教育课程中通识教育(包括人文社会科学和数学)应当成为重点,占据较大比重的学时;所有的中小学教师都应该接受具有一定深度的任教学科方面的教育。

圣地亚哥会议则在前两次会议的基础上进一步讨论了教师资格证书制度和如何使非教育专业毕业生进入教师队伍的问题。会议指出,各州应当实施严格的教师资格证书制

---

① 周钧.美国教师教育认可标准的变革与发展:全国教师教育认可委员会案例研究[D].北京:北京师范大学,2005:63.

度,但该制度也应当具有一定的弹性。对于非教育专业毕业生,学校应设置特殊的课程,安排特殊的考试、试教并为其提供短期的专业教育训练,考核后再决定是否颁发教师资格证书。

在教师教育者和文理学院学者争执不下的情况下,美国哈佛大学校长科南特(James B. Conant)起到了斡旋调和、化解矛盾的作用。科南特认为,实习是教师专业教育中最基本的内容,是除通识教育和任教学科教育外最有价值的组成部分。科南特在教师教育改革方面的整体思路是:重视通识教育和任教学科教育、精简教育课程、加强对实习的重视。在其设计的小学教师培养方案中,通识教育课程占60课时,任教学科教育课程和专业教育课程各占30课时。在该方案中,专业教育课程主要包括:儿童生长与发展(包括实验室实习);教育史、教育哲学或教育社会学;阅读教学(包括实验室实习);小学科目的学科知识与教学方法;实习(包括实验室实习和教学实习)。在专业教育课程中,实习所占的课时数为8课时。①

科南特认为,专业教育课程的重点应该是实习。在他设计的教师培养方案中,实习在专业教育课程中所占的比例是最高的。以中学教师的培养为例,中学教师培养方案中实习所占的比例高达60%~75%。除此之外,科南特还建议由临床教授(clinical professor)负责指导和评价学生的实习情况。"临床教授"一词最初主要用于大学医学院。1962年,斯坦福大学的罗伯特·布什(Robert Bush)在向NCTEPS提交的报告中首次将这一概念应用到教育学领域。受罗伯特·布什的启发,科南特认为临床教授是教学方面的专家,除了指导学生的实习以外,还应负责讲授教学法课程。临床教授应定期在中小学任教,了解基础教育存在的问题,并将教育研究成果应用于中小学教学实践中。总之,临床教授是教育理论与教学实践的联系者。科南特还提出大学与公立中小学应建立合作关系,为学生提供实习机会,公立中小学应选派合格的教师指导学生开展实习,州政府应当为实习提供经费支持。

科南特的主张对20世纪六七十年代的美国教师教育产生了重要影响,直到今天,美国教师教育向临床实践的转型也与之密切相关。

总体来说,1958—1960年的三次全美教师教育研讨会探讨的热点问题分别为教师培养方案、教师教育课程和教师资格证书制度。在参会者热烈的讨论中,会议的议题不断得

---

① 周钧.美国教师教育认可标准的变革与发展:全国教师教育认可委员会案例研究[D].北京:北京师范大学,2005:8.

到深化,提出的改革方案也越来越具有可操作性。从会议倡导的改革内容来看,教师教育的主要改革方向是通过强化对教师的培养来达到提高教师质量的目标。具体来说,一是延长教师培养的时间,从而缓和教师培养方案中通识教育、任教学科教育和专业教育的矛盾;二是在注重任教学科教育和专业教育的同时,特别强化了通识教育在教师培养中的地位和作用。这一时期人们对通识教育的重视与第二次世界大战后人们对战争和人性问题的反思有关,重视通识教育是当时美国高等教育界的一种重要思潮,影响着教师教育的发展。①

显然,上述会议的争论主要还是集中在通识教育、专业教育和任教学科教育三者在教师教育中的地位和比重,实习作为专业教育的组成部分也得到了广泛的讨论。虽然实习还没有成为这一时期争论的焦点问题,但这并不意味着人们对实习不够重视。

(三) NCTEPS 发布的《教学专业新视域》报告

NCTEPS 在召开全美教师教育研讨会的同时,推出了"教师教育和专业标准新视域计划"(Project on New Horizons in Teacher Education and Professional Standards),由哥伦比亚大学教育学院教授玛格丽特·林赛(Margaret Lindsey)担任项目主任并撰写了报告。这份报告的部分内容曾于 1959 年在《教师教育杂志》上发表;1961 年,以该报告为基础编写的《教学专业新视域》一书公开出版。

NCTEPS 发布的《教学专业新视域》报告在全面阐释该专业组织在教师教育主张的基础上,也呼吁人们在教师的实践能力方面达成共识。报告中指出,NCTEPS 应与其他机构开展合作,对教师的能力进行全面的界定。② 报告还从专业生存与发展的角度将教师能力标准的制定置于重要的地位,并指出:"对这些能力想当然的和不切实际的想法是行不通的,因为这关系到每一个人要达到什么样的要求和获得什么样的进步,关系到专业人员培养工作的生死存亡。"③ 可见,NCTEPS 对学生实践能力的培养也是十分重视的,甚至认为其关系到专业人员培养工作的生死存亡。NCTEPS 发布的报告对教师培养工作的特征

---

① 有关这三次会议的主要情况,周钧在其《美国教师教育认可标准的变革与发展:全国教师教育认证委员会案例研究》博士学位论文中有较为详尽的介绍,欲进一步了解可参阅该论文。

② LINDSEY M. New horizons for the teaching profession: a report of the task force on new horizons in teacher education and professional standards [M]. Washington, D. C.: National Commission on Teacher Education and Professional Standards, 1961: 226.

③ 同②: 216.

进行了如下描述。①

（1）教师教育工作必须由得到充分培养且表现优秀的教育者来承担。

（2）教师教育应以广博的通识教育为主要特征。

（3）教师教育应当在实习和其他实验经验之外推行带薪实习，并将其作为教师培养方案的内在组成部分。

（4）教师教育应适当地采用定性和定量两种评估方式来衡量学生的进步。

在报告中，对广博的通识教育的要求反映了对增强教师教育学术性的重视，而要求在实习和其他实验经验之外推行带薪实习，则体现了 NCTEPS 加强教师教育专业性的主张。

三、大学教育学院的教师教育变革与教师实习

第二次世界大战后，为了适应新的世界政治格局，大力发展高等教育，美国各州加快了师范院校向大学教育学院转型的速度。教师教育也在大学化的背景下进行了重大调整，教育机构、教学内容和整个培养过程都发生了重大变化。

（一）大学教育学院的教师教育变革

美国大学的性质和定位使其更注重对高深学问的研究，与师范院校相比，大学的教师培养课程在教师技能和实践能力培养方面是不占据优势的，但其在学科研究和建设方面无人能敌。进入 20 世纪后，一部分大学开始将本科层次的教育学院升格为研究生层次的教育研究生院，向已获得学士学位的学生提供高级课程。哈佛大学就在 20 世纪初建立了研究生层次的教育研究生院。虽然有些教育研究生院仍继续培养中小学教师，但其已将重点转向了研究生层次的教育，以培养教育管理者、课程专家和其他高层的学校管理人才为主。②

---

① LINDSEY M. New horizons for the teaching profession: a report of the task force on new horizons in teacher education and professional standards [M]. Washington, D. C.: National Commission on Teacher Education and Professional Standards, 1961: 293.

② 周钧. 美国教师教育认可标准的变革与发展：全国教师教育认可委员会案例研究[D]. 北京：北京师范大学, 2005: 31—32.

随着 20 世纪初大学教育学院和教育研究生院的发展,基于大学的教师培养模式得到了广泛的认可。这种教师培养模式将教育视为应用科学,推崇"教育是科学"的观点。推崇科学是 19 世纪以来欧美国家时兴的重要社会思潮之一,这种社会思潮的主要观点是:自然界和人类社会都存在着普遍的必然法则,人类凭借理性和科学的手段是可以理解和把握这些法则的。在这种社会思潮的影响下,教育领域不仅开始重视教育研究,出现了儿童研究、学校调查和实验运动,而且也注重对普遍性的经验和科学研究成果的实际应用。

在教师教育领域,19 世纪下半叶的美国师范院校首先受到了裴斯泰洛齐教育思想的影响,继奥斯威戈运动之后,裴斯泰洛齐所提倡的注重教育教学方法的教学原则成为这一时期美国师范院校课程改革的理论基础,这使教学方法类课程的内容丰富了起来。其中,直观教学和实物教学的影响力最大,对初等教育领域教法的革新贡献巨大。19 世纪下半叶后期,赫尔巴特的教育思想从德国传入美国,再次掀起了师范院校的教学改革运动。赫尔巴特的教育思想连同他的四段教学法进一步影响了师范院校的课程体系和教学方法。赫尔巴特的教学方法以系统知识的传授和德行的培养为主要目标,因而也更加推崇以培养中学教师为己任的大学教育学院。大学教育学院注重教育理论和教育方法类课程的传统就是在这一时期形成和发展的。

同时,19 世纪末至 20 世纪上半叶,在实证主义哲学的影响下,人们也更倾向于运用实验和定量研究的方法开展教育研究,并力求把教育学发展为真正的科学,使教师教育建立在教育科学的基础之上。

在美国教师实习的历史上,曾有一个阶段把实习学校都称为"实验学校",这种情况就是在上述背景下产生的。"实验学校"的概念来自杜威 1896 年在芝加哥大学建立的实验学校。按照杜威的设想,教育理论与教学实践具有密切关联,课堂应当被看作教学实验室,用来检验并丰富教育理论。在杜威建立的实验学校的推动下,哥伦比亚大学师范学院、密苏里大学和俄亥俄州立大学都相继建立了自己的实验学校。这些实验学校通常都坐落于大学校园或校园附近,被用来开展一系列教育教学研究活动。从杜威的本意来看,实验学校的建立主要是用于解决教育教学实验问题的,是发展教育科学的一部分,并不用于实习,但后来许多开设了实验学校的大学也开始把实习的任务安排在实验学校中,使实验学校具有了实验和实习的双重功能。1926 年,AATC 就采用了"实验学校"的概念,并将其作为教师教育机构的认证标准之一。直到 20 世纪五六十年代,这一情况才发生变化。可见,实验学校的产生也是教育科学运动的组成部分。

第四章
美国大学教育学院早期的教师实习

教育科学运动给美国的教师教育带来了两方面的影响：一方面，教育成为一种更加严谨的科学；另一方面，大学的教师教育也出现了越发脱离中小学教育实际的状况。教师教育的学术性与专业性成为美国20世纪五六十年代被反复讨论的焦点问题之一。

20世纪60年代中期，美国教师教育大学化已接近完成，经过全美教师教育研讨会及其后的改革，美国教师职前培养模式已经大致确定。在该模式中，教师教育课程由通识教育、学科专业教育和教育专业训练组成，通识教育包括人文社会科学和数学，教育专业训练包括心理学基础、社会学基础、教法、见习和实习等。[①] 同时，"2+2"和"4+n"培养模式成为美国大学教育学院教师职前培养的主要模式。"2+2"培养模式规定学生在前两年广泛学习通识知识，随后开展两年的教育理论学习与教育实践活动；"4+n"培养模式规定学生在4年的本科学习后再学习1~2年的教育理论与实践课程。实践类课程一般包括见习与实习。

就本科层次而言，20世纪60年代，美国教师职前培养在学历及学位要求、教育教学类课程和学科知识类课程方面的情况如下。

（1）学历及学位要求。所有的州都要求中学教师取得学士以上学位，45个州要求小学教师取得学士学位。至少有10个州要求对中学教师实行五年制的培养，有8个州要求对小学教师也进行五年制的培养。有些州还将第五年的培养放在教师获得初始证书之后的某个阶段进行。大多数州要求管理人员和学监至少要达到研究生学历，有些州还要求其接受6年的高等教育。可见，美国在20世纪60年代就普遍对教师提出了很高的学历要求。

（2）教育教学类课程。在专业教育方面，美国这一阶段主要是在学时上作出规定，而且各州在这方面的差别极大。例如，有的州颁发小学教师资格证书只要求学生完成16学时的教育教学类课程，有的州的要求为30学时，各州的平均要求为23学时；颁发中学教师资格证书的学时要求为12~29学时，各州的平均要求为19学时。这些学时都包含了从2学分到8学分不等的实习或直接教学。在20世纪五六十年代，由于人们对教育理论缺乏信任，大学教育学院的教师培养方案中那些被称为"方法"的课程或教育教学类课程的开设面临着很大的压力，与以往相比不断减少。

（3）学科知识类课程。不同的州和学科领域对这方面的要求也各有不同。首先，除

---

① 周钧.美国教师教育认可标准的变革与发展：全国教师教育认可委员会案例研究[D].北京：北京师范大学，2005：99.

艺术、音乐这些特殊学科外,各州对小学教师的学科知识水平没有太高的要求;其次,不同的州对中学教师学科知识类课程的课时要求差别很大。以英语学科为例,作为主修科目,有的州的学时要求为 40 学时,有的州的学时要求为 15 学时;作为辅修科目,有的州的学时要求为 36 学时,而有的州的学时要求仅为 9 学时。

(二) 20 世纪 60 年代大学教育学院中的教师实习

美国文理学院及一部分大学的教育学院或教育系并非由师范院校升级而来,因此,它们对实习的重视远不如由师范院校转型而来的大学教育学院。依据文理学院的传统,具备大学学历的毕业生即可担任中小学教师。在教师教育者与文理学院学者的争论中,这种重学术、轻专业能力培养的观念随着教师教育大学化的完成和师范院校的成功转型,也在逐渐发生变化。在教师教育专业化运动的压力下,大学与文理学院也逐步接受了教师专业化培养的理念,不仅开设了一些教育理论课程,融入了师范院校的传统,而且实习和见习课程的开设也越来越普遍,实习的地位也逐渐得到认可。

在实习场所方面,自师范院校创立以来,将实习学校设在校园内成为主流趋势。在杜威建立了芝加哥实验学校之后,这样的做法则更为普遍。将实习学校设在校园内不仅有利于学生开展实习,而且也有利于教育理论与教学实践的互动和切换,有利于教育实验的开展。在校园外寻找公立学校作为实习场所,通常是校内的实习学校无法满足实习需求时迫不得已的做法。

然而,从 20 世纪 50 年代开始,实习学校受到了严厉的批评。一方面,师范学校学生人数的增多使得原有的实习学校无法满足实习的需求,造成了人们对实习学校的不满;另一方面,也是更为重要的,批评者认为实习学校的学生没有代表性,实习学校与公立学校是有距离的,在实习学校实习并不是在真正的教学情境下实习。除此之外,还有很多对实习学校的指责,如实习学校资金来源渠道有限、缺乏自治和明确的目标、教师和管理人员更换频繁、不具备学生的多样性和社会文化的多样性、易与合作机构产生财政问题等。[①] 实习学校存在的上述问题和不少人的批评与指责使实习学校在 20 世纪 60 年代末走向衰落。

总体来说,虽然实习学校受到了批评,但实习在这一时期并没有成为批评和指责的对

---

① 周钧.美国教师教育认可标准的变革与发展:全国教师教育认可委员会案例研究[D].北京:北京师范大学,2005:51.

象。作为教师教育的专业性课程,实习是专业课程中最少受到质疑的部分。正如学者所说:"在对教师教育的所有批评中,不管是来自专业内部的还是外部的,直接指向实习的批评很少。在专业性课程中,即便它受到了攻击,也是遭受炮火最少的。"[①]实际上,自第二次世界大战以来,学生的实习时间是在持续增加的。20世纪60年代,实习的地位得到进一步的提高。

20世纪60年代中期,美国教师实习呈现出以下几个方面的特点:第一,人们已普遍接受将实习作为教师教育的组成部分;第二,实习成为专业教育的核心;第三,实习普遍为全日制实习;第四,非校内的实习越来越多;第五,实习学分不断增加,实习的时间越来越长;第六,实习的标准不断提高,为实习提供的资源越来越多,实习质量也越来越高;第七,有关实习的研究越来越多。[②]

尽管如此,20世纪50—70年代美国教师教育的学术性和专业性之间的矛盾并没有完全得到解决。教师教育大学化所面临的一个严峻问题就是如何处理学术性和专业性之间的关系。大学教育学院既要培养教师,又要仿照其他学院开展学术研究,那么教师培养工作和学术工作应如何兼顾?在大学的学术规制下,大学教师的工作是以学术研究为旨趣的,奖惩、升迁和激励机制也是围绕学术研究设计的。这种学术导向使人们轻视了以培养实践技能为目标的教师教育。不少研究型大学虽然也开设了教育学院,但这些学院主要是教育研究生院或教育科学院,并不培养中小学教师,或者不重视教师培养工作,而实习工作更是受到歧视。

美国著名教师教育专家肯尼思·M. 蔡克纳(Kenneth M. Zeichner)曾在美国威斯康星大学麦迪逊分校教育学院负责实习工作长达30余年。他指出,该校基本上都是由博士生担任实习指导教师,这是博士生获得教学资助的条件之一。据蔡克纳介绍,相当一部分博士生对教师教育类课程和教师教育研究毫无兴趣。有些博士生已经是数学教学方面的专家了,但他们同样不把自己看作教师教育者。其他培养教师的学院常常聘用退休教师作为实习指导教师,由于退休教师并不参与教师培养方案的制订,因此他们也难以在实习指

---

① HAZELTON P. Student teaching: a hard look[J]. Journal of Teacher Education, 1960, 11(4): 470—473.
② JOHNSON J A. A brief history of student teaching[D]. Grand Forks: University of North Dakota, 1965: 180.

导工作中发挥很好的作用。①

在开设了教育学院的大学里,教育学院中真正愿意把时间和精力投入教师培养中的教职员工也十分有限。教育学院在教师的培养工作中忽视了对实际教学技能的培养,疏远了教师教育与中小学之间的关系,这最终导致了教师教育的学术化倾向。

（三）带薪实习的兴起与流行

带薪实习(internship)主要是指在4年大学教育的基础上,让学生在中小学实际教学岗位上进行为期1年的实习,并给予一定的薪资报酬。《教育研究百科全书》对"internship"一词的定义是:"一种高层次的学生实习,在这种实习中,实习生由大学毕业生构成,由大学教师进行教学指导,并由学区提供报酬。"

1. 带薪实习制度的产生

在美国教师教育领域,带薪实习并非产生于20世纪50年代,其历史可追溯到19世纪末,但它的兴起和教师专业组织对它的青睐却是在20世纪五六十年代。

布朗大学和辛辛那提大学是较早实行带薪实习制度的大学。布朗大学在为期4年的本科层次的专业教育之后,增设了为期1年的教师教育课程,这为期1年的教师教育课程也包含实习。布朗大学的部分实习生不仅在实习学校进行实习,而且还能领取半天的工资。他们既接受中学指导教师的教学指导,也接受大学指导教师的教学指导,同时还要完成布朗大学其他课程的学习任务。

在最初的带薪实习制度中,学生完成前4年的学业可获得文学学士学位,完成第5年的学业就可获得教育学学士学位。因此,第5年的课程并不是真正意义上的研究生课程,只是本科的扩展课程。布朗大学和辛辛那提大学是实行带薪实习制度的先驱。直到20世纪30年代,实行带薪实习制度的大学才开始逐渐增多。由此可见,带薪实习制度是与本科层次教师培养的教学实践相关联的。

到20世纪20年代,哈佛大学废除了本科层次的教师教育,开始从事两年制的硕士层次的教师培养。斯坦福大学和加利福尼亚大学伯克利分校也在同一时期实行研究生层次

---

① ANDERSON L M, STILLMAN J A. Student teaching's contribution to preservice teacher development: a review of research focused on the preparation of teachers for urban and high-needs contexts[J]. Review of Educational Research, 2013, 83(1): 3.

的教师培养模式。① 这些知名大学大力发展本科后的教师教育,为带薪实习制度的进一步推广和发展创造了条件。

带薪实习制度的产生不仅意味着学生可以通过实习获得一定的报酬,更意味着在这种实习中,学生处于完全真实的教学情境中,能够在真实的课堂中进行实习,学生所承担的教学责任也比以往更大。带薪实习制度在19世纪末产生后,其发展速度并不快,直到20世纪20年代才逐渐流行开来。带薪实习制度不仅在日后的教师教育领域越来越多地被人们认可,而且受到美国各个专业教育领域的重视,例如医学、工程、法律、公共管理等。

1929年,西方社会经济危机爆发,失业现象极为严重,大量教师离职,带薪实习制度一度受到极大的挑战。在这种情况下,带薪实习被迫改为无薪实习,实习生从事的还是带薪实习的那些工作。这一变化虽然让实习生和大学指导教师颇为不满,但也不得不接受。不过,随着经济危机的结束,实习生的实习薪酬又逐步得以恢复。

带薪实习在美国的发展不仅受到了1929—1933年经济危机的影响,在20世纪40年代也一度受到阻碍。20世纪30年代末,"带薪实习"一词开始被泛用,许多本科层次的实习都被称为带薪实习,这些实习一般是与公立中小学合作,并不是在实习学校中开展的,有些被称为带薪实习的实习工作可能并不一定是真正意义上的带薪实习。同时,第二次世界大战的爆发也在一定程度上影响了带薪实习制度的推行。不过,从20世纪50年代起,教师培养中的带薪实习制度在美国再度流行。据统计,在1961年美国的48所大学的五年制教师培养方案中,有37所大学的教师培养方案都要求学生进行带薪实习。

2. 带薪实习制度的概念和分类

本书将internship译为"带薪实习"主要是体现其典型特征,并反映其在教师教育领域的特点,并不意味着其所指代的实习一定是付薪的。严格来说,internship是指为获得从事某一特定职业所需的知识与技能而进行的实习,是学生在特定的工作现场获得工作经验的过程。internship并不是教师教育领域的特有概念,也不是最早产生于教师教育领域的概念。internship一词可以指代付薪的实习,也可以指代没有报酬的实习。付薪的情况在教师教育、医学、建筑学、工程学、法学、商学等领域较为常见。在政府和非营利组织进行的实习通常是无报酬的,但有些高等院校或其他机构会为实习生提供津贴或减免学费。

---

① NAGER N, SHAPIRO E. A progressive approach to the education of teachers: some principles from Bank Street College of education[J]. Occasional Paper Series, 2007(18): 48.

从实习时间上看,这种实习可以只有几周,也可以从1个学期到数年不等。

虽然 internship 的概念广泛应用于各种不同的专业教育领域,但就教师教育而言,这一概念的特征是相对稳定的。与 student teaching 相比,它们的区别大致体现在有无报酬、教学责任的轻重、承担课堂教学任务之前的学习和培养时间等方面。

internship 是指根据教师资格证书制度中的教师培养方案,教师候选人作为注册教师从事课堂教学实习,承担全部的教学职责并领取岗位工资。student teaching 是指没有报酬的实习,通常有实习指导教师或注册教师提供帮助或进行教学指导;在实习之前,实习生通常要完成教师教育课程的学习和课堂教学观察。例如,按加利福尼亚州的规定,实习生的实习时间通常不少于两个学年,实习生应从事不少于两周的全职课堂教学和管理。

带薪实习方案通常都是由大学和地方学区共同制订的,由大学制订的带薪实习方案一般更强调大学对实习的监管,要求学生在实习的同时学习学位课程,强调带薪实习与研究生培养计划的关联。地方学区制订的带薪实习方案则更为强调地方对实习的监管,一般不强调学生对学位课程的学习。

20世纪60年代初,由大学制订的带薪实习方案还不是很多,设有带薪实习的大学主要包括布朗大学、辛辛那提大学、芝加哥大学、西北大学、斯坦福大学、纽约大学、哥伦比亚大学、伊利诺伊大学、宾夕法尼亚大学、西马里兰学院等。其中,西北大学的带薪实习方案最具影响力。

西北大学的带薪实习方案面向达到专业要求的本科毕业生。西北大学的实习生需要实习1个学期,实习期间,实习生每天在芝加哥的合作学校教2~3个班。同时,该方案有最低薪酬的规定。实习生每周六要回到大学参加研讨班的学习。除此之外,实习生还要参加夏季会议。在第二个夏季结束后,如果实习生完成了学术课程和高级专业课程,便可以获得硕士学位。

由中小学或地方学区制订的带薪实习方案尽管不如大学的带薪实习方案稳定,但在数量上是占据多数的。有些学区认为自己所提供的培训是正规而充分的,并制定了在职带薪实习制度;有些学区则与大学合作,为学生提供实习。在某些学区,实习生可以在大学参加研讨班并学习相关课程(不授予学位),学费从学生的实习薪酬中扣除。

与此同时,一些私立学校也制订了基于学徒制的实习计划,主要是为毕业生提供教学实践训练,让学生在实际的教学岗位中学会如何教学。私立学校通常不支付学生报酬,反而还要收取学费,因为私立学校认为自己的培训质量要远高于师范院校及其他教师教育机构。上述私立学校包括银行街合作学校、温内特卡研究生教师学院等。①

3. 带薪实习制度的发展

20世纪50—70年代,带薪实习制度在小学教师和中学教师的培养方面都获得了长足的发展。带薪实习制度在这一阶段得到快速发展主要有以下几个方面的原因:第一,设在大学校园内的实习学校或附属学校的实习受到了批评,有关这一点,前文已经进行了阐述,这里不再赘述;第二,两年制师范院校的教师培养质量不高,随着高等教育学历层次的不断提高,中小学更倾向于招聘学历更高的毕业生;第三,当时不少学校都对学生的实际教学能力提出了要求,要求学生必须具有一定的教学经验才可以上岗。显然,通过带薪实习制度培养出来的学生既可以满足高学历的要求,又可以满足教学经验方面的要求。因此,带薪实习制度在这一时期得到了很快的发展。②

带薪实习制度在这一时期的发展也面临许多困难,其中最大的问题是其成本与效率问题。在4年本科学习的基础上增加1年的实习使教师培养的周期变长,培养成本也大大增加。这一问题早在20世纪20年代就已经显露出来,就连当时最拥护这一模式的学者也不得不承认,将为期1年的实习作为教师培训的普遍政策确实是值得怀疑的。这个问题在20世纪50—70年代同样存在。

随着教师短缺现象的消失,实习生已不太可能像教师短缺时期那样轻而易举就进入教学岗位了,教学岗位对教师候选人的要求开始提高,这一压力传导到实习环节,使实习的内容也发生了一定的变化。由于学生不容易获得带薪实习的工作岗位,实习也开始被分为多个阶段,如教学观察、教学参与,最后才让实习生管理课堂,并获得少量的报酬。不过,在带薪实习制度中,实习生并非都能获得报酬,有些培养方案中实习生是没有报酬的,甚至还要支付一定的费用。

尽管带薪实习制度在发展过程中遭遇了不少的困难,但总体来说,这一制度随着教师教育学历层次的提升而获得越来越大的发展空间。研究生层次的教师教育在20世纪50—70年代的美国得到了快速发展,20世纪80年代以后,研究生层次的教师教育则逐渐成为趋势。据统计,1980年,美国的1343所教师教育机构中,约有12%的机构可以授予博士学位,41%的机构可以授予硕士学位。实际上,带薪实习制度已经成为20世纪80年

---

① SHAPLIN J T, POWELL A G. A comparison of internship programs[J]. Journal of Teacher Education,1964,15(2):178.
② 同①:176.

代之后实习制度改革与发展的重要方向之一。

四、20世纪50—70年代NCATE的实习标准

20世纪四五十年代是美国教师教育发展状况最为复杂的时期,多种不同类别和层次的教师教育机构并存,如师范院校、教师学院、文理学院、大学教育学院和教育研究生院等。这些教师教育机构的培养年限从2年到5年不等,培养类型分为学位教育和非学位教育,从中等教育延伸至高等教育,这些教师教育机构的课程也有很大的差别。① 面对这种情况,教育界急需建立标准,对这些不同类别和层次的教师教育进行甄别,建立认证制度并规范其发展,职前教师教育专业标准的制定被提上议事日程。当时已经存在的教师教育认证机构AACTE只能代表师范院校,不能代表师范院校以外的其他教师教育机构,AACTE显然无法独立承担标准的制定和认证工作。更具代表性的全美教师教育认证委员会(National Council for Accreditation of Teacher Education,NCATE)就是在这一背景下建立的。

(一) NCATE的创建及"教师的专业实验经验"的概念

1954年,AACTE、NEA、美国教师教育与认证州管理者协会(NASDTEC)、全美学校董事会协会(NSBA)等组织联合成立了新的教师教育认证机构——NCATE。

作为过渡,NCATE短暂地沿用了AACTE原有的认证标准。不久之后,NCATE于1955年制定了教师教育机构认证标准。该标准涉及以下七个方面:① 教师教育的目标;② 教师教育的组织和管理;③ 学生个人计划和服务;④ 专业教育的大学教师;⑤ 教师教育的课程;⑥ 教师的专业实验经验;⑦ 设施和教学资料。②

该标准提到的"教师的专业实验经验"是与实习直接相关的。这项标准对实习的概念进行了界定,指出"教师的专业实验经验"是指教师与儿童、青少年、非专业人员和专业小组的所有合作活动,旨在通过实践培养优秀的教师;实习是"教师的专业实验经验"的一部

---

① 周钧.美国教师教育认可标准的变革与发展:全国教师教育认可委员会案例研究[D].北京:北京师范大学,2005:32—33.
② ROAMES R L. Accreditation in teacher education: a history of the development of standards utilized by the National Council for Accreditation of Teacher Education[D]. Akron: University of Akron, 1987: 223.

分,旨在帮助学生了解教师的全部工作。① 实际上,NCATE 所提出的"教师的专业实验经验"除指校园内的教师技能训练外,其主体部分就是指实习学校的实习。NCATE 将实习理解为"教师的专业实验经验"的一部分,是由这个时期美国主流的知识观与实践观决定的,反映了科学理性主义的价值取向,即承认理论的价值与意义,并要求先理论再实践,强调通过实践对理论进行检验。

从 NCATE 对"教师的专业实验经验"与实习的区分来看,美国教育界在 20 世纪 50 年代更为看重教育理论对包括实习在内的教学实践活动的指导作用,教学实践活动成为教育理论建构的一部分。

前文介绍了实验学校的概念由杜威首创。杜威之所以将实习学校称为实验学校,是因为他充分相信教育理论的功能与价值,他认为学校是检验教育理论的实验室。因此,作为实用主义哲学家,尽管杜威在理论与实践的关系上向来认为理论来源于实践,但就他将实验学校看成是检验教育理论的实验室而言,他显然将教育理论置于相对优先的地位,并赋予了教育理论在实习中的优势地位。这种观念也与这一时期由重视理论研究的大学主导实习工作的现实相适应。

换句话说,在教师教育大学化期间及大学化后相当长的一段时间内,大学本位的教师教育是这一时期的主导模式,教育理论和大学指导教师的作用同时得到了重视。因此,在 20 世纪 50 年代出现的反实验学校的声浪中,NCATE 依然恪守"实验"的概念,并在有关实习的定义中将"教师的专业实验经验"界定为更为规范和正统的实习。

(二)20 世纪 50 年代 NCATE 的认证标准及其有关实习的规定

20 世纪 50 年代,NCATE 制定的认证标准对实习作了详细的规定,内容涉及实习指导者的职能、实习工作的安排等。

关于实习指导者的职能,认证标准指出:大学指导教师,指负责指导学生实习的大学教师;教学实习主任,指负责安排学生实习的大学教师;实习学校指导教师,指负责直接指导学生实习的中小学教师。

关于实习工作的安排,NCATE 要求教师教育机构应尽可能提供高质量的实习。大学

---

① 周钧.美国教师教育认可标准的变革与发展:全国教师教育认可委员会案例研究[D].北京:北京师范大学,2005:42—43.

校园内的实习学校可用于试验、学生观摩或参与活动。在大学校园内进行的实习应该是有明确限定的。大学校园外的实习学校在数量上应满足学生的实习需求。无论实习学校的地理位置和所属权如何,实习的安排应当满足以下准则。①

(1) 将实习与学术和专业教育课程结合起来,使学生参与教学观摩、实习等活动,在实习中运用专业教育课程所学到的知识并获得教学经验。

(2) 大学和实习学校良好的合作关系是保证教师教育计划富有成效的关键因素。大学和实习学校间的合作有利于实习计划的制订和对实习工作的有效管理,能够为学生提供充足的指导并对学生的教学水平进行真实的评估。大学校园外的实习学校应该是高质量的,实习学校的教师也应该参与到教师教育计划的制订中来。

(3) 实习学校的教师和学生应达到一定的数量,以满足实习的需求。实习的课时数和其他实习活动不宜太多,不能影响实习学校的教育质量。

(4) 大学指导教师、实习学校指导教师、实习生与教师教育机构的关系不能因为实习学校地理位置的不同而不同。

(5) 教师教育机构、实习学校和实习学校指导教师应通力合作,为学生提供高质量的实习指导。负责教学实习的实习学校指导教师也应参与学生的其他实习活动。实习学校指导教师应当有能力胜任并乐于开展指导工作。

(6) 教师教育机构要安排合格的大学指导教师和实习学校指导教师,为学生提供足够的指导。大学指导教师和实习学校指导教师要分工明确、各司其职。

(7) 应当适当地安排培养其他专业人员的课程和实习,这些专业人员包括指导顾问、督学、行政管理人员。

NCATE 在认证标准中对"教师的专业实验经验"进行了详细的规定,并把它作为教师教育的重要组成部分,体现出了 NCATE 对"教师的专业实验经验"的重视。作为在教师教育领域具有权威性的认证机构,NCATE 有关实习的规定对各教师教育机构的实习工作起到了规范和指导的作用,对教师教育的发展有着十分重要的影响。

NCATE 曾在 1957—1958 年进行过一项调查,调查显示:在接受认证的 294 所教师教育机构中,小学教师教育专业对实习的要求是 8 学时,中学教师教育专业对实习的要求

---

① 周钧.美国教师教育认可标准的变革与发展:全国教师教育认可委员会案例研究[D].北京:北京师范大学,2005:42—43.

是 7 学时。① 这表明在 20 世纪 50 年代的美国，虽然实习在教师教育中占据重要的地位，但学生在实习上花费的时间还是比较少的。

（三）20 世纪六七十年代 NCATE 的认证标准及其有关实习的规定

20 世纪 60 年代，NCATE 的认证标准又经过了两次修改：一次是 1960 年的修改，主要是为解决认证标准运用的不连贯性和不平等性而进行的；另一次是 1967 年的修改，主要是针对认证标准的章程和规则，未涉及实习。NCATE 在 20 世纪 60 年代得到了一定的发展。至 1966 年，经 NCATE 认证的教师教育机构达 426 所，与 1954 年相比增加了 140 多所。这些教师教育机构培养了美国 70% 的新教师。

1970 年，NCATE 颁布并实施了新的认证标准。新的认证标准分为两部分：第一部分是普通教师培养方案，适用于对新教师的培养，包括五年制方案和教学文科硕士方案；第二部分是高级方案，用于认证学士后水平的教师培养和其他专业人员的培养。

普通教师培养方案涉及五大领域，共包括 19 条认证标准。这五大领域分别是大学教师、学生、资源和设施、评估、教师培养方案的检查和规划。② 1970 年的认证标准将教师教育机构的课程分为通识教育、专业教育、人文与行为科学、教学和学习的理论与实践、实习。

NCATE 在 1970 年的认证标准的三级指标中提出了"教学与学习理论的实验和临床经验"（teaching and learning theory with laboratory and clinical experience）的概念，要求专业教育必须包括对与教学和学习相关的理论知识的系统学习，并在此基础上进行实验性实习和临床实习。同时，NCATE 以 practicum 一词来指代在一段时间内进行的专业实践活动，这种专业实践活动旨在帮助学生检验并重新建构所掌握的理论知识，进一步形成自己的教学风格。③ 上述概念和认证标准的提出反映了 NCATE 对实习的一种理解：NCATE 不将实习视为纯粹的教学实践活动，而是把实习看作检验教育理论的一种手段，强调教学实践活动背后的教育理论的意义与作用，对教育理论十分重视。与之前的认证标准相比，

---

① JOHNSON J A. A brief history of student teaching[D]. Grand Forks: University of North Dakota, 1965: 193.

② 周钧. 美国教师教育认可标准的变革与发展：全国教师教育认可委员会案例研究[D]. 北京：北京师范大学，2005：82—90.

③ 同②.

NCATE 在 1970 年制定的认证标准对实习的规定主要发生了以下几个方面的变化。[①]

首先,1970 年的认证标准不再像过去那样将实习作为一个独立的评估领域,而是将实习整合到课程中加以陈述,使实习成为与通识教育、专业教育、人文与行为科学、教学和学习的理论与实践并列的课程之一。这说明 NCATE 在 1970 年制定的认证标准更为强调教师教育课程的整体联系,实习并没有被单列出来专门加以强调。

其次,过去的认证标准把实习理解为"教师的专业实验经验"的一部分,认为实习是一种在实习学校进行的教学实践活动;而 1970 年的认证标准则提出应让教师候选人在中小学校的真实课堂中进行实习,认为这是一种比在实习学校更加真实和完整的学习活动。这说明从 20 世纪 70 年代开始,美国教育界对理论与实践之间的关系的理解已经发生了变化,不再恪守通过易于控制的实习学校检验教育教学理论的观点,而是更加重视在真实自然的课堂环境中开展实习活动。

再次,过去的认证标准对"教师的专业实验经验"的内容、安排、实习学校和大学的关系、实习学校的条件、各类指导教师的责任及其相互关系等进行了详细的规定,而 1970 年制定的认证标准对实习这项内容只进行了简明扼要的描述。

最后,NCATE 在 1970 年制定的认证标准还要求教师教育机构谨慎地选择中小学作为实习学校,双方通力合作建立有效的工作机制,并要求大学教师参与中小学实践活动,而之前的认证标准中没有此项内容。

五、能力本位教师教育运动与教师实习

能力本位教师教育运动是指在 20 世纪 60 年代末兴起并在 20 世纪 70 年代盛行一时的美国教师教育改革运动。能力本位教师教育强调将能力的培养作为教师培养的核心,要求将当时盛行的行为主义理论和教育技术手段运用于教师教育中。从某种意义上说,这是科学主义思潮在教师教育中的体现。

(一)能力本位教师教育运动兴起的背景与过程

20 世纪 60 年代,美国教师教育大学化接近完成。教师教育跻身大学教育后,教师培

[①] 周钧.美国教师教育认可标准的变革与发展:全国教师教育认可委员会案例研究[D].北京:北京师范大学,2005:100.

养与本科学历教育融为一体,大学学历教育的评价方式成为评估教师培养质量的主要标准,对学生的考核以学生的课程学习状况为基准,学时、学分等是否满足学校或评估机构的要求成为教师培养质量的评价指标。① 这样的评价方式虽然可以满足大学学历教育的需要,却忽视了对学生教学能力的评估,这使毕业生难以胜任实际教学工作的现象屡见不鲜,教师培养的质量也遭到了社会各界的质疑,要求教师教育机构对教师培养质量不高承担责任的呼声日益高涨。

在这一背景下,美国教育界开始尝试将教师教育改革的重点放在学生的能力培养上,注重加强学生的教学能力训练,以推动美国教师教育质量的提高。1967 年,美国联邦教育总署就小学教师培养模式的改革在全国范围内征求改革方案。在 100 多个方案中,美国联邦教育总署选择了哥伦比亚大学、密歇根州立大学、西北地区教育实验室、威斯康星大学等 10 所机构。这些机构的共同之处在于,它们都主张实施能力本位教师教育改革,美国联邦教育总署于 1968 年拨款资助这 10 所机构实施改革,由此拉开了能力本位教师教育运动的序幕。

能力本位教师教育运动在 20 世纪 70 年代得到了蓬勃发展,成为当时最重要的教育改革运动。美国有一半以上的州开始采纳能力本位教师教育的理念,并对教师教育机构进行了相应的改革,参加改革的教师教育机构多达 200 余所。AACTE 从 1970 年开始就参与并跟踪研究了这一新的改革,成立了能力本位教师教育委员会。该委员会在 1972 年发表了首份报告,考察了这一运动存在的问题,并为该运动的下一步发展提供决策思路。能力本位教师教育运动对美国教师教育和教师资格认证的改革产生了深远的影响。

(二) 能力本位教师教育运动的特征

能力本位教师教育运动将教学能力的培养置于教师培养的中心地位。如果说 20 世纪 50 年代的三次教师教育会议及 20 世纪 60 年代的大部分时间里,注重教师教育的学术性的观点曾占主流地位的话,那么从 20 世纪 60 年代后期至 20 世纪 70 年代,能力本位教师教育运动的出现则表明美国教师教育改革的钟摆开始转向了教师的专业性培养。能力本位教师教育主要具有以下几个方面的特征。②

---

① 洪明.美国教师质量保障体系的演进历程与当代启示[J].中国高教研究,2011(10):43—46.
② 洪明.美国"能力本位教师教育运动"兴衰探析[J].教育史研究,2011(4):76—80.

1. 注重教学实践和操作技能

能力本位教师教育主张教师的培养必须立足于有效的教学实践。其内容和组织方式并非立足于对学科知识的系统研究,而是立足于对有效的教学实践的研究和概念化。能力本位的教师培养方案所考虑的是教师应当知道什么、能够做什么和做成了什么。能力本位教师教育要求学生有能力胜任教学工作,而且这种能力应当是能够被测量的。因此,能力本位教师教育主张使用便于观察的语言对学生的毕业要求加以描述,例如运用"使用""组织""系列学习"等一系列术语进行表述,避免使用"理解""体察"等不便观察的语言,这样才能对教师的培养质量有明确的把握。显然,这种注重行为表现的思维方式在某种程度上也受到了行为主义思想的影响。这是20世纪60年代末至20世纪70年代美国能力本位教师教育运动的重要特点,运动后期尤其是20世纪90年代以来的表现本位教师教育则更多地转向了认知主义。

2. 强调能力分类

在能力本位教师教育运动中,如何对能力进行界定和描述,教育界存在不同的观点,在这一运动中被人们提及的能力至少包括以下五种不同类别或层次的能力。[①]

(1) 基于认知的能力。这是指学习者获取知识的能力,表现为知道是什么。例如,学习者能够对学习中遇到的某一问题进行解释或做出判断。

(2) 基于表现的能力。这是指学习者不仅知道是什么,而且还能展现出自己能够做什么的能力,主要涉及人的外显行为与技能。例如,学习者不仅掌握了某一门学科知识,而且能够在实习中展示出来。

(3) 基于结果的能力。这是指学习者对他人施加影响并使之发生变化的能力。衡量的标准不是一个人知道什么或能够做什么,而是能够做成什么。例如,通过评估学习者所教学生的考试成绩来判断其能力。

(4) 情感能力。这是指学习者应当具备的态度和价值判断方面的能力。这类能力较为特殊,经常与其他的能力一起表现出来,也不易被评估。

(5) 探究能力。这种能力与以上几种能力有所不同,评估这种能力通常需要给学习者指派一些被认为是有意义的研究任务,根据学习者的完成情况来判断其能力。

---

① JOHN G, MERROW G. A report to the National Institute of Education[R/OL]. (1974-07-15)[2020-08-15]. http://www.eric.ed.gov/ERICWebPortal/recordDetailaccno=ED185432.

3. 主张教学及评估与学习者的能力相关联

在20世纪60年代之前的美国教师教育课程中,学习时间是一个重要的因素;而在能力本位的教师教育课程中,学习时间的长短不是衡量学习者进步与否的主要指标,达到教师培养方案中的最低能力标准才是根本的目标。在教师培养方案实施前,学习者应当具备的能力就已经被界定。在教师教育课程中,教学活动的设计应体现教师培养方案所要求的能力,与能力培养没有直接联系的教学活动将被排除在方案之外。教师的教学活动将在能力目标下得以整合,各类教学活动不再是互不相关的或无序列的。教师培养方案通常是以"是"或"否"来评价学习者的能力,而不是用"及格"或"不及格"来评价。能力本位的教育思想深刻影响了美国教师资格证书制度的改革,能力方面的考查被纳入了考查范围。以往教师资格证书的颁发重在评估学生的课程学习情况,考查学分、学位等要素;而能力本位的教师资格证书的颁发则重在考查教师的工作能力,对能力的考查成为教师认证程序的中心环节。能力本位教师教育运动的倡导者认为,能力本位的教师资格证书不仅有利于提高教学效能,而且也是满足社会对教师的期待和强化教师专业能力的重要途径。

4. 能力本位教师教育的其他特征

除上述特征外,能力本位教师教育还具有其他一些特征,这些特征虽然可能也存在于其他教师培养方案中,但在能力本位的教师培养方案中则表现得更为系统。

能力本位的教师培养方案的其他非核心的特征包括:① 培养方案是以现场为中心的;② 培养方案具有广泛性,适用于对大学教师、师范院校学生、公立学校教职员工的培养;③ 重视概念、技能和知识的掌握,这些概念、技能和知识都是能够在特定教学背景下习得的;④ 教师和学生都是教学体系的设计者;⑤ 培养方案应包含教学研究;⑥ 培养工作要具有职业持续性;⑦ 随着学习者对教学问题的理解日益深刻,便可逐渐实现角色整合。

表4-1列举了能力本位教师教育与课程-学时本位教师教育的区别。

表4-1 能力本位教师教育与课程-学时本位教师教育的区别

能力本位教师教育	课程-学时本位教师教育
依据学习者有效教学的能力进行评价	依据学习者学科知识的掌握情况和对如何开展有效教学的描述对学习者进行评价
依据学习者所展现的教学能力决定其是否能任教	依据学习者的学业完成时间决定其是否能任教

续表

能力本位教师教育	课程-学时本位教师教育
依据学习者的教学能力对其表现进行评价	依据学习者对学科知识的了解程度划分不同的分数等级
不太关注入学要求,学习者根据现有水平开始学习,若学习者未准备好,可获得帮助	入学要求是重要的考虑因素,若学习者未准备好则不能被录取
依据学习者的个体差异灵活安排学习时间,学习者可随时入学	学习者在规定的时间段接受教学安排,入学时间和注册时间是固定的
学习方式、时间和地点都较为灵活	校内的课堂教学是最为普遍的教学方式,课堂考勤十分严格
学习者有机会在实习和工作环境中提升能力	实习者的实习机会有限

（三）能力本位教师教育运动背景下的教师实习

由于能力本位教师教育运动将教师培养的重点放在教师的能力提升上,因此,能力本位教师教育改革在本质上是重视教学实践和实习的,教学实践和实习也得到了教育技术的支持。在这一时期,信息技术的发展及应用推动了教育技术领域的革新。斯坦福大学较早利用现代教育技术手段来培训教师,不仅提出了"微格教学"的概念,而且身体力行,推动了微格教学的进一步发展。微格教学是一种基于实践的教师训练方法,它强调教学的专门技能,要求在分析的基础上训练学生的教学能力,为能力本位教师教育的发展提供了技术支持。同时,在20世纪60年代,计算机辅助教学、视听材料教学的产生和发展也使教师将精力更多地集中在学科知识水平和技能的提高上,突破了通过在实践中试误取得进步的传统观念,促进了教师专业化发展。不过,能力本位教师教育除了强调对教师进行微格条件下的能力训练外,同样也重视实习的开展。

美国教育研究信息中心曾于1969年发表了《初等教师培养的综合模式导读》,该报告囊括了九个在当时富有影响力的能力本位教师教育改革案例。由于能力本位教师教育运动极为重视在教学实践中提高学生的教学能力,因此在这九个被推崇为典型的案例中,有的学校直接将实习视为教师教育改革的核心内容。

能力本位教师教育十分重视实习过程中能力目标的设定、实施和评估,并提出了"诊断式培训"的概念。"诊断"有两个方面的含义:一是对实习生提出要求,即实习生在实习中能够对学生的学习情况和学习需求作出判断,能够根据学生的需求来确定实践中的教学任务和目标,制订并实施具体的教学方案和教学效果的评价方案。二是对实习指导教师(包括临床教授)提出要求。在实习生教学实践的过程中,实习指导教师应对实习生的学习进行跟踪指导并及时进行反馈,以帮助实习生及时加以改进。

以美国葛拉斯堡罗州立学院的能力本位教师教育改革为例,该学院采用教学单元模块描述实习目标和一系列帮助学生实现目标的学习活动。教学单元模块包括目标、前提、预评价流程、教学活动、后评价流程和补救流程。这样的教学模式具有以下特征:① 课程由模块构成,模块学习的速度由学生自己控制,能够适应学生学习的个别差异,既适用于学生集体学习,也适用于学生个体的学习;② 为学生提供多种学习选择,包括讲座、研讨会、现场活动等,以实现教学的个性化发展;③ 学生在模块学习前或在模块学习过程中都可以得到指导和反馈;④ 教师培养方案由多个课程模块构成,多个课程模块形成模块群,并最终形成完整的教学系统。学生需要在课程模块的学习过程中进行能力展示,对学习效果进行检验,从而一步一步地实现教学能力的提升。由于实习生的教学能力是在循序渐进的模块课程学习中逐步实现的,因此,实施能力本位教师教育的机构都十分重视模块的衔接,以及各阶段的目标制定和评估工作。不少教师教育机构设计了专供实习使用的工作评估表,工作评估表由大学指导教师、实习学校指导教师、实习学校管理者和实习生分别填写,共同对教师培养工作进行评估。

第五章
美国教学专业化和解制取向并存时期的教师实习

（20世纪80年代至今）

就师资培养而言，教师教育与基础教育有着紧密的联系。教师教育在很大程度上是为基础教育培养师资的，基础教育发生的重大变革都会对师资提出新的要求，进而对教师教育产生重要影响。20世纪80年代以来，美国开始进入了一个新保守主义和新自由主义联袂主导社会改革的新时代。提高基础教育质量不仅成为这一时代的主旋律，而且在很大程度上被理解为提高学生的学业成绩。美国基础教育领域自20世纪80年代以来出现的一次次改革都是围绕着这一目标进行的，教师教育围绕这一目标进行了重大变革，教师实习也在这一目标下进行了调整。如果说20世纪50—70年代是以美国大学教育学院为主体的教师教育早期变革时代，那么20世纪80年代至今，既是教师教育大学化之后进一步演化和嬗变的阶段，也是大学教育学院在教师教育培养方面不断接受挑战并不断变革的时代。

一、20世纪80年代以来美国教师教育的改革背景

20世纪80年代以来，美国以提高基础教育质量为主题，在基础教育和教师教育领域都发起了多轮改革。基础教育改革将提高学生学业成绩作为改革目标。虽然在过去的30余年里，美国经历了共和党和民主党的轮流执政，但这一目标始终未变。围绕着教师教育如何促成这一目标的实现，美国对教师教育也进行了多方面的改革。

(一) 基础教育改革的主旨与过程

以 1983 年美国高质量教育委员会(National Commission on Excellence in Education)发布的名为《国家处于危险之中：教育改革势在必行》的报告为标志,美国掀起了一场以提高基础教育质量为目标的教育改革。为引起美国公民对这场教育改革的关注,这份报告宣称:美国社会的基础教育正被日益增长的平庸浪潮所侵蚀,威胁着美国政府和国民的未来。① 继 1958 年的《国防教育法》之后,美国政府凭借这份报告再度成功地激发了美国公众对国家安全的忧患意识和"怒其不争"的国民情绪,为美国的新一轮教育改革创造了良好的舆论氛围和社会基础。突出并渲染国家危机与教育的关联性,是美国这种地方分权的国家调动国内资源投入教育的一种有效途径。②

为强化改革的力度,1989 年时任美国总统的老布什在执政期间召开了各州州长和大企业管理者共同参与的教育峰会,会议以"确立清晰明确的教育目标,从而使国家具有国际竞争力"为主题,明确了教育问题不是民主党或共和党的问题,也不是政府或州长的问题,而是美国的问题。此次教育峰会重新界定和强调了联邦和州之间的关系,要求制定全国性的教育目标,并提出了七项主要的教育改革目标,包括：帮助儿童做好入学准备；提高美国学生在国际学生学业考试上的表现,尤其是数学和科学；推进针对美国成年人的功能性扫盲；降低辍学率,提高学生的学业成绩；进行必要的训练从而保证劳动竞争力；提供合格的教师；建立安全、无毒的学校等。

此后,克林顿的教育改革和小布什执政期间《不让一个孩子落伍法》的颁布,进一步将基础教育和教师教育的改革推向了高潮。奥巴马也将教育作为其执政期间的重要工作。

美国基础教育改革可谓轰轰烈烈,各种原本在这个地方分权的国家被视为不可能发生的事也一个个被付诸实施。例如,在 1989 年的教育峰会之后,美国制定了国家教育目标和国家核心课程标准,并建立了相应的考试制度,按学生的考试成绩对学校进行排名,对排名靠后的学校予以惩处或要求其关闭。从总体上看,美国在基础教育方面的确进行了大刀阔斧的改革。

然而,尽管基础教育改革措施频频出台,但美国基础教育改革最主要的目标——提高

---

① 吴式颖.外国现代教育史[M].北京：人民教育出版社,1997：446.
② 姚丽霞,洪明.美国真的处于危险中吗?——20 世纪 80 年代以来美国教育改革主旨探析[J].福建师范大学学报(哲学社会科学版),2006(1)：145—150.

学生的学业成绩并没有得到真正意义上的实现。美国在国际学生学业考试中的成绩让美国政府和民众十分不满意。例如，2009年经济合作与发展组织的34个成员国与41个合作国家和经济体中年龄为15岁的学生参加了国际学生评估项目考试。此次考试中，美国学生的阅读成绩排名第15（与波兰、冰岛并列），科学成绩排名第23，数学成绩排名第30。① 美国的大学毕业率在全球曾独占鳌头，而2011年，已经有13个国家排到了美国前面。② 2015年，美国在数学学科竞赛中虽然取得了不错的成绩，但取得好成绩的几乎是清一色的华裔学生，这一现实说明美国基础教育的发展仍然存在不足。

（二）教师教育改革的推进与分裂

教师教育大学化后，教师教育改革成为高等教育改革的一部分。同时，由于教师教育主要是为基础教育培养师资的，它又必须对基础教育的改革与变化作出回应。实际上，美国教师教育改革在很大程度上是基础教育改革带来的。

1983年，《国家处于危险之中：教育改革势在必行》报告的发布引起了教师教育界的广泛关注，教师教育界做出了迅速的反应。卡内基教育和经济论坛的教学任务小组在1986年发表了名为《国家为培养21世纪的教师做准备》的报告，霍姆斯小组发表了名为《明日之教师》和《明日之教育学院》的研究报告。教育复兴中心（Center for Educational Renewal）等其他专业机构和组织也对《国家处于危险之中：教育改革势在必行》这一报告的理念和精神表示支持，并在教师质量问题上达成共识：教师培养应当注重学科专业知识，将学科专业知识作为主修课程，同时辅之以专业教育方面的知识和技能，包括专业教育课程和实习。这种既注重学科知识教育又不忽略教育知识和技能的主张，被称为"专业派"的教师质量观。其背后的理念是：教师不是靠天赋造就的，而是需要经过培训的，其所接受的培训不能仅限于学科知识，还应当包括在学科知识之外的教师必须掌握的其他知识和技能，如对儿童身体发展特征的了解、对多种教学方法的掌握、对教育理论知识的理解、与他人交流沟通的技能、实际工作中的反思能力等。由此可见，教师教育专业化阵营对教师资格或教师质量等概念的理解是较为全面、丰富的。20世纪80年代中期到90

---

① 蒋德仁.国际学生评价（PISA）概说[M].杭州：浙江教育出版社，2012：190—191.
② Organization for Economic Co-operation and Development. Education at a glance 2012：OECD indicators[EB/OL].（2012-09-11）[2021-06-08]. http://www.uis.unesco.org/Education/Documents/oecd-eag-2012-en.pdf.

年代中期,这种教师质量观在美国占据主导地位。

与此同时,另一种改革教师教育的思路也在不断酝酿和发展,有的学者认为教师教育并不是一种严格意义上的专业,只要一个人掌握足够的学科知识,拥有一定的语言能力,便能够胜任这项工作,没有必要在教师培养和训练方面花费过多的时间和成本。这种观点与19世纪文理学院拒绝让教师接受专门培养的观点如出一辙。支持这种观点的人们认为,学生拥有大学本科学历就足以胜任教师工作,不需要接受专门的训练,或者只需要接受少量的训练。至于教育教学知识和技能,则可以在较短的时间内获得,教师的培养没有必要像医学、法学那样严格并耗时较长。这种观点是选择性教师培养路径的思想基础。20世纪80年代以后,选择性教师培养路径在美国教师教育改革中十分受重视,并得到联邦政府的大力支持。当然,选择性教师培养路径是一个较为复杂的概念,选择性教师培养路径本身并不反对教师教育专业化,但极端的选择性教师培养路径的确是拒绝或反对教师教育专业化的。

对传统大学教育学院教师培养模式的不满是选择性教师培养路径产生的原因之一。选择性教师培养路径是在传统的大学教育学院无法通过自身内部的改革满足保守主义和自由主义取向的基础教育改革的背景下,人们试图绕过大学教育学院的传统模式而进行教师培养的各种不同做法的总称。20世纪80年代早期,人们对选择性教师培养路径的呼声日益强烈,其背景是大城市和农村地区合格教师的持续性短缺。[①] 最典型的选择性教师培养路径通常是反传统路径的,试图通过另设快速、便捷、低成本的教师生成路径来培养教师。从这个意义上说,选择性教师培养路径就是传统教师培养路径的"替代品"。许多传统教师教育机构在内部和外部的各种压力下也纷纷进行了改革,这使得现有的教师培养方案有别于以往的传统培养方案。这些由传统教师教育机构主导的教师教育改革也被称为选择性教师培养路径,这也使选择性教师培养路径成为一个内涵极广、包容性极强的概念,凡是不同于传统教师培养模式的新的改革都可被称为选择性教师培养路径,不过典型的选择性教师培养路径通常还是指那些传统教师教育机构之外的教师培养模式。

在教师教育改革中,许多学者主张将教师培养的年限延长到5年或5年以上,或者将学历要求直接提高到研究生层次。20世纪八九十年代的多份报告都涉及延长培养年限和提高学历层次这两个主题,这是以大学教育学院为代表的教师教育专业化阵营的主流

---

① COCHRAN-SMITH M, ZEICHNER K M. Studying teacher education: the report of the AERA Panel on research and teacher education[M]. New York: Routledge, 2013: 646.

声音。另一阵营则主张继续将四年制本科作为教师培养的主要模式。除此之外，呼声最高的就是选择性教师培养路径。从20世纪80年代以来的实际发展情况看，选择性教师培养路径的发展极为迅速，并对实习工作产生了重要影响。

（三）当前美国教师教育的基本状况

尽管选择性教师培养路径发展得很快，但美国教师教育的主体机构还是大学教育学院。据统计，美国承担教师教育的大学教育学院数量达到1000余所，分布在美国78%的四年制大学中，数量十分庞大。在学生数量方面，大学授予的教育学学士学位为全部学士学位的1/12，大学授予的教育学硕士学位和博士学位分别占全部硕士学位和博士学位的25%和15%。① 美国传统教师教育机构每年大约培养18.6万名毕业生，只有约7.7万名毕业生在毕业后马上担任教师，这意味着产出大约是需求的2.4倍。②

在培养层次方面，1998年美国65%的教师教育机构至少拥有1个本科以上层次的教师培养方案。大多数的美国学生仍在依据本科层次教师培养方案来接受培养。2000年，3年以下教龄的美国教师中，69%的小学教师、62%的初中教师和58%的高中教师是通过本科层次教师培养方案获得教师资格证书的。③

在社会需求方面，在20世纪70年代出现了短暂的教师过剩后，由于学龄人数的增加和退休离职教师的增多，从20世纪80年代开始，美国教师又出现了结构性短缺的局面。据统计，美国20世纪80年代早期的师资情况是：43个州缺数学教师，3个州缺科学教师，45个州缺物理教师。20世纪末至21世纪初，教师短缺则更加严重。④

根据培养年限的长度，美国教师培养方案大致可分为三种类型，即一年制、四年制和五年制。除一年制和四年制外，美国在20世纪90年代中期还存在五种教师培养模式：① 通过5年的培养获得学士学位；② 通过5年的培养获得本科和硕士学位；③ 通过5年

---

① 许明.美国"大学本位"教师教育改革的新尝试："新时代教师计划"述评[J].比较教育研究，2010，32(4)：76—81.
② Institute of Education Sciences, National Center for Education Statistics. The condition of education 2010[EB/OL].(2010-05-01)[2020-06-08]. http://nces.ed.gov/programs/coe/2010/pdf/28_2010.pdf.
③ COCHRAN-SMITH M, ZEICHNER K M. Studying teacher education: the report of the AERA Panel on research and teacher education[M]. New York: Routledge, 2013: 646.
④ 刘保卫.美国大学本位教师教育的新路径：普林斯顿大学教师培养方案研究[J].比较教育研究，2007(11)：23—26.

的培养获得硕士学位;④通过6年的培养获得硕士学位;⑤选择性证书方案。①

在教师培养方案中,延长培养年限、提高学历层次和选择性教师培养路径这三种主张是与教师教育的一些基本问题的持续争论联系在一起的。争论的焦点问题包括教学的知识基础、学术性与专业性、教师教育在大学中的地位、课程与实习的关系、解决教师短缺问题的途径等。部分学者主张延长培养年限和提高学历层次的主要动机之一是想提高教师教育在大学中的地位及教师在社会中的地位,而选择性教师培养路径则重在以低成本的方式解决教师结构性短缺问题。当然,有些学者主张选择性教师培养路径是从追求社会正义的角度出发的,他们认为选择性教师培养路径有助于培养更多的少数民族教师,解决美国作为多民族国家实施多元化教育的师资难题。②

二、教育专业团体有关教师实习的主张、建议与实践

(一)霍姆斯小组有关教师实习的规定

霍姆斯小组于1985年正式成立,由美国多所研究型大学教育学院院长和研究机构的主要领导人组成。加入霍姆斯小组的研究型大学教育学院有90多所,不少美国最杰出的大学教育学院都在其中,如哥伦比亚大学教育学院、密歇根大学教育学院、威斯康星大学麦迪逊分校教育学院等。霍姆斯小组是教师教育机构的协同性组织,属于教师教育专业化阵营。在20世纪90年代末之前,该小组以实现教师专业化为主旨的内部改革在教师教育界占据了主导地位。③

1. 霍姆斯小组三份报告中有关教师培养的主要观点

在1986年、1990年和1995年,霍姆斯小组分别发表了《明日之教师》《明日之学校:专业发展学校设计之原则》《明日之教育学院》三份报告,综合这三份报告的内容,霍姆斯小组有关教师培养的主要观点如下。

(1)学生要加强学科专业知识、教学知识的学习,并加强反思性的教学实践。大学教

---

① COCHRAN-SMITH M, ZEICHNER K M. Studying teacher education: the report of the AERA Panel on research and teacher education[M]. New York: Routledge, 2013: 647.
② 同①:646.
③ 姜勇.美国实习辅导教师培养改革述评[J].外国教育研究,2008(5):54—57.

育学院不仅要承担培养中小学教师的责任,而且还要承担教学研究的义务。教育专业在入学标准上要注重对学生的多元评估。除对读写能力提出要求外,还应当要求学生在实习之前通过学科专业考试,在实习教学中能够体现出多种教学风格,并有能力对自己的教学进行分析和改进,使有良好学术能力和学业成绩的毕业生进入教学岗位。

（2）依据知识、技能等方面的差异,将教师分为教员、专业教师、终身教师,以促进教师的专业成长。同时,培养教师的教职人员,即教师的教师,应当来自大学和中小学。他们不仅要具备教师的素质,而且要具备学者的素质,能够致力于教学和研究并成长为终身教师。

（3）在教师教育课程方面,霍姆斯小组主张取消本科教育专业,设立硕士学位课程。由大学教育学院提供硕士层次的教育专业课程,并安排为期1年的实习。若想成为小学教师,学生应修完1个小学教学科目,如语言与文学、数学、科学、社会科学、艺术,同时在剩余的科目中选择1个科目作为辅修。若想成为中学教师,学生应完成某一专业的高级学位的学习。在研究生期间,至少有1/3的课程与学生将要任教的学科有关,同时学生还要辅修1个与主修课程相关的课程。除此之外,所有学生都要学习特殊教育方面的内容,以满足特殊儿童的需要。

（4）大学教育学院必须在课程、教职员工、学生、教育思想、教学场所、奖学金等方面进行全面的改革。大学教育学院要在各州甚至全国范围内担负起初等和中等教育教师专业发展的重任,达到更高的标准。①

（5）不能不考虑学生的各项能力就轻易授予文凭,要以提高儿童的学习水平为目标,将文凭授予那些接受过严格培训的毕业生。②

（6）加强大学教育学院与中小学的联系,重视研究和实践之间的相互作用,尝试新的实习模式,对新的思想进行系统的分析和细致的研究。

2. 霍姆斯小组关于建立专业发展学校的六项原则

霍姆斯小组1990年发表的《明日之学校：专业发展学校设计之原则》与实习的关联最为密切。该报告首先对专业发展学校进行了定位,提出对新教师进行专业培训,对已经进入教学岗位的教师进行继续培训和教育。该报告指出,建立专业发展学校的意义在于

---

① 周钧.霍姆斯小组与美国教师教育改革[J].比较教育研究,2003(11)：37—40.
② 崔允漷,塞德拉克 M W.霍姆斯小组报告《明日之教师》的主要观点[J].教师教育研究,1989(5)：78—81.

强化教师教育专业化的观念。报告重点论述了建立专业发展学校的六项原则：

(1) 为理解而教学，为理解而学习。学校教育的目的在于让学生学会终身学习，因此，学校的课程和教学必须进行根本上的变革，坚持以学生为本。

(2) 创建一个学习共同体。学校中的每个人都是学习者，而且每个人的地位都应该是平等的。只有这样，学生的学习水平才会向着人们期望的方向发展。

(3) 克服社会不平等所带来的社会弊端，为每一个学生提供公平的学习环境。

(4) 要求中小学教师、教师教育者、行政管理人员继续学习。在专业发展学校中，成年人也应当坚持学习。

(5) 对教学和学习进行反思和研究。这对中小学教师、教师教育者和行政管理人员的专业成长来说尤为重要。

(6) 创建一个新的机构，并考虑教师角色的转变、学校作用的变化、组织机构的特点、专业发展学校的领导和管理等方面的内容。①

霍姆斯小组关于专业发展学校的设想是教师教育的重要创新，美国教师教育的格局也因此发生了重大的变化。不过，霍姆斯小组系列报告所提及的部分思想在实践中遇到了极大的阻力，其中最大的阻力来自去专业化甚至是反专业化的解制主义阵营。霍姆斯小组系列报告的相当一部分内容并没有付诸实施，这使霍姆斯小组发挥的作用被削弱。1996年，霍姆斯小组更名为霍姆斯伙伴关系，该组织虽然继续致力于教师教育改革，但其影响力已经大为减弱。

(二) NCTAF 关于教师实习的主张

全美教学与美国未来委员会(National Commission on Teaching and America's Future, NCTAF)成立于1994年，是致力于美国教师教育改革的重要组织。委员会成员由公立学校官员、商界人士、教育家、中小学教师、社区负责人、家长等组成，还包括商界集团、联邦政府和州政府、教师教育机构等。②创建之初，委员会由北卡罗来纳州州长詹姆斯·B.亨特(James B. Hunt)担任主席。

---

① 赵中建.美国80年代以来教师教育发展政策述评[J].全球教育展望,2001(9):72—78.
② National Commission on Teaching and America's Future. Frequently asked questions: what is the National Commission on Teaching and America's Future? [EB/OL].(2007-11-10)[2020-05-10]. http://www.nctaf.org/faqs/index.htm.

1. NCTAF 发表的重要报告

NCTAF 在 1996 年和 1997 年分别发表了《什么最重要：为美国未来而教》和《做什么最重要：投资于优质教学》两份报告。这两份报告提出了五大主张：① 对学生和教师都建立严格的管理标准；② 对教师培养和专业发展进行革新；③ 改革教师聘用制度,让高质量教师进入每一间教室；④ 对教学技能突出的教师进行鼓励和奖励；⑤ 创办使学生和教师都能获得成功的学校。这五大主张指明了美国教师教育改革所应努力的方向。

在这五大主张的基础上,NCTAF 的报告还提出了 22 条具体行动纲领。除重视教师的专业化发展外,NCTAF 还特别强调教师的职前训练,要求延长教师的培养年限,将教师的学历水平提高到硕士层次,以五年制的研究生培养计划替代四年制的本科生培养计划。这两份报告的核心观点是教师知道什么和能够做什么对学生的学习最为重要,要求到 2006 年,美国应向其国家的所有学生提供他们应当享受的教育权利,使学生能够得到有能力、富有爱心并具有相应称职的教师的教育。

在实习方面,NCTAF 认为必须延长实习时间(至少 30 周),并将实习与理论课程进行整合。同时,NCTAF 建议制定各种长期的研究生层次的教师培训项目,并安排学生在专业发展学校实习 1 年。

2. NCTAF 对美国教师教育产生的影响

为响应 NCTAF 提出的"将教学质量置于教育改革的核心地位"的号召,2008 年前后,美国已经有 29 个教育团体和机构达成全美优质教学和绩效伙伴关系(National Partnership for Excellence and Accountability in Teaching,NPEAT),将教学质量的提高作为改进美国教育的主要手段。NPEAT 现有的组织和机构包括 NCTAF、NCATE、AACTE、NEA、霍姆斯伙伴关系、全国商界联盟、密歇根大学、马里兰大学、哥伦比亚大学等。

在 NCTAF 发表的上述两份报告的影响下,美国有 300 多所大学的教育学院与基础教育领域的专业发展学校共同制订了研究生层次的教师培养方案。从州政府这一层面来看,美国各州将主要的工作精力放在了以下几个方面：① 开发并设计优秀的教学模式和学习模式；② 吸引、奖励和留任有能力的教师；③ 对教师的培养和入职训练加以改进；④ 鼓励和支持教师进行专业化学习；⑤ 改进学校的工作环境。这些工作实际上都是根据上述两份报告所拟定的内容开展的。NCTAF 直接推动了美国标准本位的教师教育意识的产生和教师教育改革,对美国教师质量保障体系的形成产生了积极的影响。

NCTAF 与各州的合作也取得了良好的效果。在美国《教育周刊》和皮尤慈善信托基金会(Pew Charitable Trusts)联合发表的《2008年教学质量分析报告》中,在改进教学专业方面,与NCTAF结为伙伴关系的州取得了较好的成绩,而其他州的平均成绩则为C。在排名前10位的州中,与NCTAF结为伙伴关系的州占了8个,成绩均为B或B以上;在排名前25名的州中,与NCTAF结为伙伴关系的州占了17个。

这些州在有关教学质量的政策方面具有如下特点:在教师培养阶段为学生提供获得大量实践经验的机会;杜绝没有学科知识背景的教师担任该学科的教学工作;将对教师的绩效评价与学生的学业成绩联系起来;为校长和教师提供绩效方面的激励;为到高度贫困地区学校工作且持有全美专业教学标准委员会(National Board for Professional Teaching Standards,NBPTS)证书的教师提供激励;为所有新教师提供入职指导和相应的补助;为新教师减轻第一年的工作负担;要求学区和学校为教师的继续教育留出时间;收集有关学校环境和工作条件的信息并向社会公布。

3. NCTAF的专业立场

2003年,NCTAF再度发表了名为《决不让梦想破灭:向美国儿童的保证》的报告。该报告认为,美国教师流失严重等一系列问题造成了全国性的教师危机,严重影响了美国学校的教学质量。该报告指出,得到充分培养的教师是社会能够向学生提供的最有价值的资源,但在很多情况下,过高的教师流失率、对教师培养的忽视、恶劣的工作环境和过低的报酬正成为高质量教学的绊脚石,并进一步引发新一轮的教师资源短缺。该报告还指出:"我们必须认识到这些问题并致力于解决这些问题,否则,教育改革的宏伟目标就不可能实现。"①

针对美国社会中盛行的否认教师培养的价值和作用的思潮,NCTAF坚决主张所有的教师都应当经过专门的培养,高质量的教师培养既是教师留任的重要因素,也是高质量教学的重要因素,教师无论通过什么途径进入教学领域都应达到高标准。高质量的教师培养能够为新教师提供其教学生涯所需的技能、信心和能力,对教师进行资格认证则是对进入教学岗位的新教师能够充分胜任教学工作的保证。保证学校由高质量的教师承担教学工作最直接的途径有两个:一是要保证教师从通过了认证的教师教育机构获得教学所需的资质;二是要建立并完善注重绩效标准的教师资格证书制度,并对教师的质量进行

---

① National Commission on Teaching and America's Future. Frequently asked questions: what is the National Commission on Teaching and America's Future?[EB/OL].(2007-11-10)[2020-05-10]. http://www.nctaf.org/faqs/index.htm.

审核。

NCTAF 进行的改革也激起了各种反对势力的批评和指责。随着教师教育专业化阵营的日益强大和教师专业标准的不断提高,各种要求弱化甚至暂停教师教育管理的呼声不断,并得到了美国教育部的支持,这引发了有关教师质量问题的历史性大讨论。教师教育的解制主张日益盛行,各种选择性教师培养路径不断涌现。

(三) TNE 关于教师实习的主张

"新时代教师计划"(Teachers for a New Era,TNE)是美国卡内基基金会于 2001 年发起的一项雄心勃勃的教师教育改革计划,其后,著名的福特基金会和安嫩伯格基金会也相继予以资助。该计划在注重发挥大学教育学院作用的同时,整合多方力量,采用新的规制,促进教师教育的改革朝着专业化和高质量的方向发展,改革和完善美国传统的大学本位的教师教育。

2002 年,首批获得资助的四所院校包括银行街教育学院、加利福尼亚州立大学、密歇根州立大学和弗吉尼亚大学。2003 年夏天,获得立项资助的第二批院校包括波士顿学院、佛罗里达农工大学、斯坦福大学、康涅狄格大学、得克萨斯大学、华盛顿大学、威斯康星大学。各所院校可以在 5 年内获得 500 万美元的经费资助,这些资助主要用于支持各所院校的教师教育改革。这些院校涵盖了美国不同类型的高等院校,具有较强的代表性。

2005 年,在安嫩伯格基金会和卡内基基金会的支持下,TNE 建立了学习网。其目的是鼓励上述 11 所院校外的其他院校也进行教师教育改革,并建立合作关系。学习网最初的目标是开展一些最基本的活动,以促进成员机构间的交流,使它们进一步参与教师教育改革。学习网也为其成员机构提供了一些有关教师教育改革的小额资助。3 年之后,安嫩伯格基金会还对成员机构的改革状况进行了调查,选择了其中的部分院校进行实地考察和个案研究,为后续的改革提供发展方向。

TNE 所倡导的大学本位的教师教育包括以下三个原则:(1)教师培养方案应强调对证据的重视;(2)文理学院应该充分发挥自身的作用,积极参与教师培养工作;(3)将教学视为一种临床实践专业。[①]

按照 TNE 的设想,参与改革的院校应当依据上文所述的两项改革原则推行本校的改

---

① 许明.美国"大学本位"教师教育改革的新尝试:"新时代教师计划"述评[J].比较教育研究,2010,32(4):76—81.

革,但由于这两项原则只涉及改革的基本方向和策略,并未对改革的具体细节予以规定,因此各院校可以结合自己的实际情况进行自主改革。①

TNE认为教学是一门具有学术性的临床实践专业,优秀的教学是一种临床技能。同时,教学需要经过学术性的训练,也就是说,教学要具有坚实的学术功底。与其他的临床实践专业一样,学生应掌握本专业的基础知识,这些知识包括教育史、教育哲学等。

TNE与实习相关的主原则大体包含五个方面的内容:① 教学法训练在教师教育课程中具有举足轻重的作用;② 应当将中小学和幼儿园作为教师教育的实习场所;③ 中小学和幼儿园的任课教师是教师教育师资队伍的重要组成部分,应吸纳他们进入大学的教师教育队伍;④ 为毕业生提供两年的驻校实习;⑤ 持续关注实习生的专业成长。② 具体而言,TNE在实习方面的改革主要体现在以下几个方面。

1. 注重临床教学实践

传统的教师教育更看重理论的学习,学生的教学实践能力较弱。参与TNE改革的院校的其中一项任务就是重组教师培养中的临床教学实践的各要素,强化临床教学实践。这不仅表现在实习时间的提前和延长,还表现在临床教学实践质量的提升,包括实习地点的选择、实习生角色的界定、对实习生的监督和指导、教师和行政管理者参与临床教学实践的效果等。在绝大多数情况下,参与TNE改革的院校在确保临床教学实践的学术性的前提下试图寻找各种方法,使实习生的临床教学实践能够得到由大学提供的学术资源的支持。

以印第安纳州立大学为培养小学教师制订的临床教学实践试行方案——TOTAL(Teachers of Tomorrow Advancing Learning)为例,该方案不仅重视实习,而且还要求实习生在正规实习之前就要参与临床教学实践,同时进行教学理论的学习。该方案要求实习生在正规实习的前一学期就深入中小学,先观察课堂并协助指导教师工作,然后开始进行小组教学,最后在期末进行若干次的全班教学,这些都是为其后的正规实习做准备。

与此同时,在临床教学实践学期的前8周,实习生需要在大学学习与中小学所设科目相对应的学科教学法课程,如数学、科学等学科的教学法,并力图将中小学教学实践中面

---

① POLIAKOFF A R, DAILEY C R, WHITE R. Pursuing excellence in teacher preparation: evidence of institutional change from TNE learning network universities[R]. Washington, D.C.: Academy for Educational Development, 2011.

② 许明.美国"大学本位"教师教育改革的新尝试:"新时代教师计划"述评[J].比较教育研究,2010,32(4):76—81.

临的问题与学科教学法课程结合起来。该学期的最后8周,实习生需要全程参与实习学校的各项工作,包括教学、评估、行政管理和在职培训等。为增强临床教学实践的学术性,该方案要求实习生除了接受中小学教师的指导外,也必须接受大学指导教师的指导,指导方式包括开研讨会、在实习学校接受现场指导等。同时,该方案还要求实习生参与旨在促进反思性实践和增强专业能力的博客论坛,在与同学、中小学教师和大学教师的学术探讨中实现学术能力的提高。①

2. 调整传统教师教育课程

参与 TNE 改革的院校不只增加了临床教学实践,更重视对教师教育课程的系统改革。实际上,临床教学实践的增加也必然要求其他教师教育课程作出相应的改革。例如,在前文中提到的印第安纳州立大学的 TOTAL 方案中,实习生要在临床教学实践学期的前8周学习学科教学法课程,这必然需要对教学大纲和课程进度进行大幅度的调整。

该方案中的学科教学法课程是与中小学课程相对应的,这不仅引起了大学教师教育课程内容和教学方法的变化,而且也导致了授课地点和授课者的变化。纽约大学的部分教师教育课程就是由大学教师与合作学校的教师共同教授的。本科生和研究生入学后学习的第一门课程——"教与学的探析"就是由被聘为纽约大学兼职教师的中小学教师教授,另一门"教师的社会责任"(关注预防儿童虐待、校园暴力、毒品与酗酒等问题)则由社会工作者和中小学教师共同授课,授课内容与中小学的实际情况结合得十分紧密。②纽约大学之所以组织这些课程,是为了让学生尽早了解中小学的实际情况,消除学生对中小学的距离感和陌生感。有些大学还要求学生学习一些特殊课程,参加社区实践。例如,戴顿大学要求所有学生在一年级时就参加"学习-生活社区"课程,这一课程通常以某一栋宿舍楼为单位,教师会组织学生开展各种活动,活动主题涉及艺术、可持续发展、能源和环境等主题。其目的在于培养学生相互学习和相互合作的能力,这也是教师必不可少的重要能力之一。③

3. 与中小学密切合作

参与 TNE 改革的院校认为,良好的教师教育应该是在"临床环境"中进行的,应该将

---

① 高展鹏,洪明.美国大学本位教师教育的新近变革:"新时代教师计划"(TNE)在大学教育学院的推进[J].外国教育研究,2012,39(9):59—66.
② 同①.
③ 同①.

中小学看作是"诊所",院校应与中小学建立密切的合作伙伴关系,在教师培养工作中与中小学开展密切的合作。①

为强化临床教学实践的重要性,TNE鼓励各院校与中小学结盟,建立长期稳定的临床教学实践基地。从参与TNE改革的院校的实际情况看,虽然所有的院校都在试图与中小学建立良好的关系,但不同的院校在这方面的情况却并不相同。

部分院校在精心的组织和管理下与中小学建立了良好的合作关系,而另外一些院校与中小学合作的时间较短,也较不稳定。纽约大学是较早与中小学建立合作伙伴关系的院校。早在20世纪90年代中期,纽约大学就与邻近的中学建立了联系。进入21世纪,纽约大学更是通过各种渠道与纽约市的公立学校广泛联系,与来自纽约市的约20所学校建立了合作伙伴关系,形成了"为教师的优秀而合作"的合作网络。该网络还因其探索性和创新性得到了美国教育部教师质量强化项目和私人基金会的大力支持。同时,纽约大学还根据各学科教师的短缺情况来选择合作学校,使培养目标具有针对性,这些合作学校也是纽约大学的实习基地。②

4. 将实习和入职教育结合起来

虽然TNE主要针对的是教师的职前培养,但它对教师的入职教育也十分重视,TNE试图将新教师入职前几年的专业发展纳入自己的培训计划中。大多数参与TNE改革的院校在改革方案中都涉及了教师入职教育方面的内容,这些院校与中小学的密切关系也保证了该计划实施的可行性和现实性。不少参与TNE改革的院校主张让新教师接受为期2~3年的入职教育,并将其作为教师教育的组成部分,这种培养模式也被称为"驻校实习"。

驻校实习是大学本位的入职培训计划的一部分,也是职前教师教育的组成部分,其在办学主体上区别于以地方教育部门和中小学为主导的入职培训。在TNE的培训计划中,指导实习生的实习指导教师通常就是指导刚进入教学岗位的新手教师的指导教师。

以杰克逊州立大学为例,在该校的新教师入职方案中,为杰克逊市公立学校新教师的专业发展提供支持的指导教师,同时也是杰克逊州立大学的实习指导教师。制订该方案

---

① 许明.美国"大学本位"教师教育改革的新尝试:"新时代教师计划"述评[J].比较教育研究,2010,32(4):76—81.

② 高展鹏,洪涛.美国大学本位教师教育的新近变革:"新时代教师计划"(TNE)在大学教育学院的推进[J].外国教育研究,2012,39(9):59—66.

的最终目标是让每个实习生都能够得到杰克逊州立大学教师和中小学教师的指导。杰克逊州立大学教育与人类发展学院院长强调,让大学教师获得中小学的工作经验是十分重要的,这也要求大学教育学院与中小学进行更加密切的合作,鼓励中小学的优秀教师成为大学教育学院的临床教师。[①]

5. 坚持大学本位的教师教育

美国的教师教育改革中,各种不同路径的改革模式纷至沓来,大致可分为:选择性或替代性模式、大学本位或大学化模式和驻校模式。选择性或替代性模式所表达的是对大学本位的教师教育的反对,凡是有别于传统大学教师培养的改革都可纳入这一模式,其中也包括大学自身对传统教师教育的改革,但就这一模式的实现情况来看,它主要是指大学以外的教师教育机构对教师教育的变革。

驻校模式是一种主要由学区实施的教师培养模式,其在组织结构、运作方式,以及教师候选人的筛选、录取、培养、入职指导与专业发展等方面,与大学化教师教育完全不同。[②] 尽管这种模式也常常需要大学教师的参与,但具有很明显的"去大学化"色彩。相比较而言,TNE 所主张的改革无疑是最接近于大学本位或大学化模式的一种改革。

在 TNE 看来,大学依然是教师教育的主要阵地。尽管为克服传统教师教育的弊端,TNE 也将中小学置于重要的地位,但无论是决策上还是实施上,TNE 都强调将大学作为教师教育的主体。这能够保证教师教育在大学这一高等教育平台上运行,从而确保教师教育的学术性和专业性。[③]

TNE 的改革主张并非都具有创新性,它并不是要将之前的教师培养方式全部推翻,再对传统教师教育进行改革。TNE 将过去分散在各大学教育学院的改革整合为全面而系统的改革方案,并通过基金会的资金支持推进改革,使大学获得了教师教育改革的动力和方向,为教师教育的发展探索出了一条新的道路。

---

① 许明.美国"大学本位"教师教育改革的新尝试:"新时代教师计划"述评[J].比较教育研究,2010,32(4):76—81.
② 周钧.美国教师教育的第三条道路:教师培养的驻校模式[J].全球教育展望,2010,39(9):75—78.
③ 高展鹏,洪明.美国大学本位教师教育的新近变革:"新时代教师计划"(TNE)在大学教育学院的推进[J].外国教育研究,2012,39(9):59—66.

三、教师认证机构及专业组织有关实习的标准与规定

随着教师教育改革的不断推进,越来越多的教师认证机构和专业组织参与到了教师资格认证、教师培养方案认证等工作中,为美国教师教育的发展起到了重要的推动作用。

(一) CCSSO 的教师教育政策及有关实习的规定

州首席教育官员理事会(Council of Chief State School Officers,CCSSO)由美国主管中小学教育的各州官员组成,该理事会在各州教师资格认证及教师培养方案认证等方面发挥着积极的作用。虽然CCSSO由各州负责中小学教育事务的主要官员构成,但其职能并不限于对教师和教师教育的管理,它在各州中小学教育管理和全国教育事务协调方面也起到了十分重要的作用。CCSSO不仅要管理各州中小学的教育事务,而且要寻求各州在重大教育问题上的共识,并负责向社会公众、专业组织、联邦政府和国会提出自己的政策思路。

21世纪初,美国各州纷纷采用了新的升学和就业标准,并开始设置共同核心课程。为使各州的教师培养工作也与这些新标准相衔接,CCSSO成立了师资培养任务小组,该小组于2012年发表了名为《我们的责任,我们的承诺》的报告。同时,在全国州教育委员会协会(National Association of State Boards of Education,NASBE)和全美州长协会(National Governors Association,NGA)的参与下,CCSSO于2012年阐述了有关教师资格认证制度和教师培养方案认证标准的新政策。

1. CCSSO 有关教师培养与管理的具体要求

(1) 教师资格认证制度的具体要求。

① 各州应当完善并强化教师资格认证标准,以确保教师候选人的教学与学生的升学和就业保持一致。

② 各州提出的评估方案要与修改后的教师资格认证标准保持一致,要包含对教师候选人能力的多样化评价,包括教师候选人对学生学业成绩和健康成长的潜在影响能力的评价。

③ 各州应创建多层级的教师资格认证制度,并体现教师候选人的实际工作能力。

④ 各州应改革当前的教师资格认证制度,使这一制度更为有效,为学生的升学和就

业提供有效的支持。①

（2）教师培养方案认证标准的具体要求。

① 各州通过行使州的权利来确保教师培养方案的质量，各州的教师培养方案应鼓励教师候选人考取本州的教师资格证书。各州将终止排名靠后的教师培养方案的实施，而对排名靠前、绩效突出的教师培养方案予以奖励。

② 各州应实施严格的教师培养方案认证标准，建立完善的入学和毕业标准。各州的教师培养方案应包括教师候选人对学科知识的掌握情况，并为教师候选人提供参与临床教学实践的机会，培养能够对学生学业成绩产生积极影响的教师候选人。

③ 各州的教师培养方案认证标准要使"培养的内容标准"与"升学和就业准备标准"保持一致。

④ 各州应当为教师培养方案的制订提供支持，使教师培养方案得到持续的改进。②

（3）数据收集方面的具体要求。

① 各州应了解各方面的信息并采取适当的行动。各州应与非传统的教师教育机构建立联系，在各机构之间和各州之间分享教师候选人的相关信息。

② 各州应运用多样化手段收集、分析数据，不断改进教师培养方案，确保教师的培养质量。③

2. CCSSO 教师培养方案认证标准的特点

2012 年 CCSSO 提出的教师培养方案认证标准具有如下特点：第一，学科知识、临床教学实践和教师候选人提高学生学业成绩的能力成为考量教师培养方案的重要因素，而教育和教学理论知识却并未受到重视。第二，支持驻校实习方案，鼓励教师候选人在有经验的教师的指导下通过临床教学实践获得教学技能，并在大学教师和中小学教师的共同指导下获得教学经验与教师资格证书。第三，重视临床教学实践，注重临床教学实践的质量而不是时间。支持临床教学实践的"两阶段模式"，使第二阶段能够发挥对第一阶段的纠正和提升作用。要求临床教学实践达到入职培训的效果，保证教师候选人进入教学岗位即可胜任教学工作。第四，注重教学见习，要求开展有广度和深度的教学观察。第五，

---

① CCSSO. Our responsibility, our promise: transforming educator preparation and entry into the profession[R]. Washington, D.C.: CCSSO, 2012.
② 同①.
③ 同①.

提高教师候选人的文化包容性,要求教师候选人能够为处境不利的儿童提供有针对性的服务。第六,重视实习指导教师队伍的培训,要求将对实习指导教师的培训作为教师培养方案认证标准的组成部分。第七,调整临床教学实践的资金分配结构,给参与实习指导的中小学教师更多的报酬。

3. CCSSO 有关实习的要求

CCSSO 2012 年发布的名为《我们的责任,我们的承诺》的报告中提出了"以临床实践为基础的培养途径"的概念。报告指出,教师候选人应当被培养成实践者,懂得运用自己的专业知识提高学生的学业成绩并促进学生的发展,懂得通过实践来构建自己的专业知识。这也要求各教师教育机构将实践置于教师培养的中心。

报告肯定了大多数州都要求教师候选人在完成学业之前必须参加一段时间的临床教学实践的做法。报告指出,高质量的培养体系应将临床教学实践贯穿于对教师候选人的培养中。报告对临床教学实践的概念进行了界定,指出临床教学实践包括传统上被称为实习的那些内容,以及与方法类课程相关的实践。同时,报告还指出,在临床教学实践上所花费时间的多少并不重要,重要的是教师候选人在临床教学实践中所获得的经验的性质和质量。如果教师候选人进行教学观摩,就应当有特定的观察事项。教师教育机构所提供的临床教学实践应当尽可能地模拟教师候选人在首份工作中有可能出现的教学情景。

报告还肯定了教学经验对教师培养的重要意义,指出教师候选人可通过多种方式获得教学经验,包括在线展示、视频展示、案例分析、同伴切磋和微格教学等。

报告对不同文化背景下的实习予以关注。报告认为,教师候选人需要具有较强的文化包容性,让每一位学生都能成为优秀的学生。报告指出,不同类型的实习对帮助教师候选人在不同教学岗位上进行有效教学具有十分重要的意义。

报告对美国的专业发展学校和驻校模式都予以支持,认为这种模式能够使教师候选人有充分的机会在经验丰富的教师的指导下通过直接与学生打交道获得教学技能。报告指出,对专业发展学校和驻校模式的研究表明,以临床教学实践为基础的教师培养方案所培养出来的教师候选人具有更高的教学效率和留任率。

报告对分阶段的实习模式表示支持。分阶段的实习模式是指教师候选人在临床教学实践的第一阶段进行传统的实习,剩余的时间再成为注册教师,并进行临床教学实践。报告认为,分阶段的实习模式有助于临床教学实践经验的不断深化,有利于教师候选人的培养,也有助于教师教育者在观察到教师候选人的实际表现与教师培养方案所存在的差距后,对教师培养方案进行调整。

总之,在 CCSSO 看来,不论采用什么样的培养模式,临床教学实践既是教师培养的核心,也是教师培养方案认证标准的核心。

报告也专门提及了实习指导教师的培训问题,认为教师培养方案应当包含对实习指导教师的训练,无论各州是否要求进行这种训练,教师教育机构都应当有自己的安排。各州也应当考虑把针对实习指导教师的培训作为教师培养方案的一部分。

此外,CCSSO 的报告还讨论了实习指导教师角色定位和资金支持的问题。报告认为,改变临床培养的资金结构要与实习指导教师的角色定位结合起来,应当明确界定大学实习指导教师和中小学实习指导教师的角色,将角色定位合法化,并给予实习指导教师相应的报酬。CCSSO 的报告认为,实习指导教师对教师培养方案的制订具有非常重要的意义,如果实习指导教师未参与教师培养方案的制订,实习就难以得到有效的实施。[①]

（二）INTASC 的教师认证标准

1987 年,在 CCSSO 的支持下,美国成立了州际新教师评价与支持联盟（Interstate New Teacher Assessment and Support Consortium,INTASC）,它是制定新教师资格标准的全国性专业组织,其目的是开发新教师评价模式和标准,并使之成为各州教师专业标准的依据,从而促使美国教师政策走向和谐统一,推动标准化的教师教育改革,提高美国教师质量。实际上,INTASC 是在 CCSSO 领导下工作的,其制定的标准是能够代表 CCSSO 的。

1. INTASC 提出的 10 项核心原则

1991 年,INTASC 成立了由琳达·达林-哈蒙德（Linda Darling-Hammond）为主席的教师资格证书任务小组,组员包括 17 个州的教育委员会与 NBPTS、AACTE、NCATE、NASDTEC、NASBE 和 NEA 的代表,它们共同研讨全国新教师任职的统一标准。1992 年,INTASC 发表了名为《新手教师认证与发展的示范性标准：用于州际互通》的报告,明确提出新教师必须遵循的 10 项核心原则,由此拉开了 20 世纪 90 年代制定全国新教师资格标准的序幕。INTASC 1992 年提出的 10 项核心原则包括:

---

① CCSSO. Our responsibility, our promise: transforming educator preparation and entry into the profession[R]. Washington, D. C.: CCSSO,2012.

（1）教师应掌握任教学科的核心概念、研究方法和学科结构，为学生创设便于理解和学习的情境。

（2）教师应理解学生学习和发展的特征，促进学生智力、社会能力和个性的发展。

（3）教师应理解学生学习的差异性，对不同的学生采用不同的教学方法。

（4）教师应了解并使用多种教学策略发展学生的批判性思维、解决问题的能力和操作技能。

（5）教师应善于利用个人或群体的动机和行为，创设有利于学生社会交往、主动参与学习和自我激励的学习环境。

（6）教师应有效地运用语言、非语言和媒介交流技术方面的知识，促进学生在课堂中主动探究、积极合作和互助交往。

（7）教师应以课程知识、学生、目标和课程标准为基础制订教学计划。

（8）教师应采用正式和非正式的评价策略对学生进行评估，以确保学生智力、社交能力和身体的持续发展。

（9）教师应成为反思型实践者，对自己的行为和这些行为对他人（包括学生、家长及学习共同体的其他专业人员）的影响与作用进行评估，积极寻求专业发展的机会。

（10）教师应与同事、家长和社会各机构保持良好的关系，以支持学生的学习，促进学生健康成长。

1992年INTASC提出的10项核心原则包含了教学内容、学生发展、学习风格、教学策略、动机与行为、信息技术、教学安排、评估、专业发展和人际关系等方面的内容。

从内容上看，这10项核心原则是基于NBPTS提出的5项核心主张制定的，其目的就是要使INTASC的新教师资格标准与NBPTS的优秀教师资格证书相呼应，使二者能够衔接起来。新教师可通过INTASC的评估获得初始教师资格证书，经过数年的教学实践后，教师可通过NBPTS的评估获得优秀教师资格证书。

受绩效评价兴起的影响，INTASC在制定新教师资格标准时以绩效评价为理论基础，要求依据学习结果，即学生掌握了什么、能够做什么，来评价新教师。

2011年，INTASC发布了名为《示范性核心教学标准：用于州际互通》的报告，确定了美国各州教师教学的共同原则与核心基础。示范性核心教学标准由4个优先领域、10项标准和163项三级指标构成。4个优先领域分别是学习者与学习、学科知识、教学实践和专业责任。163项三级指标包括绩效指标64项、必备知识指标55项、关键专业倾向指标

44项。INTASC提出的10项标准主要包括：

（1）学习者的发展：教师理解学生是如何成长和发展的，了解每位学生在认知、语言、社会、情感、身体等方面的学习模式和发展模式上的不同，为学生提供恰当的、有挑战性的学习经历。

（2）学习的差异：教师理解个体的差异和不同社群的文化，提供具有包容性的学习环境，让每一位学生都能达到高标准。

（3）学习环境：教师为学生创造支持个体学习和合作学习的环境，鼓励积极的社会交往、主动学习和自我激励。

（4）学科知识：教师理解所教内容的核心概念、探究工具和学科结构，为学生提供有助于其理解学科知识的学习经验。

（5）学科知识的运用：教师知道如何将概念联系起来，借助不同的观点让学生通过批判性思维、创造性思维合作解决问题。

（6）评估：教师理解和使用多种评价方法，让学生实现自我发展，对学生取得的进步进行监控，对学生的决策予以引导。

（7）教学计划：教师运用学科知识、课程知识、跨学科技能、教学法，以及有关学生和社会背景等方面的知识制订教学计划，为每个学生学习目标的达成提供支持。

（8）教学策略：教师理解和使用各种教学策略，帮助学生加深对学习内容的理解，形成合理运用知识的能力。

（9）专业学习和伦理实践：教师进行持续的专业学习，评价自己的教学实践，特别是评价自己对学生、家长、同事和社区人士产生的影响，并调整自己的教学实践以满足不同学生的需求。

（10）领导与合作：教师在学生的学习中扮演领导角色，通过与学生、家长、同事、社区人士和其他专业人士的合作，促进学生的成长和自身的专业发展。

与1992年的10项核心原则相比，2011年的示范性核心教学标准的变化主要包括：① 教学标准的开发具有连续性，教学标准不仅针对新教师，而且也面向在职教师，是面向所有学科和学段的教学实践的标准；② 强调教师的知识与技能，如问题解决能力、创造能力、跨学科综合能力等；③ 强调教师应注重学生之间的差异，关注学生的个性化需求；④ 强调教师的合作意识，教学不再仅仅是教师个人的行为；⑤ 强调教师的评价素养，要求教师拥有教育评价的知识与技能；⑥ 赋予教师新的领导角色，教师由课堂的管理者转变为学生的领导者,教师需要对学生的学习负责。①

2. INTASC 的评估程序与方法

《新手教师认证与发展的示范性标准:用于州际互通》于1992年发表后,报告中提出的10项核心原则逐渐获得各州的认同。为了确保教师候选人遵守这10项核心原则,15个州参与了INTASC教师资格考试的策划与实施。如果教师候选人想要获得永久性的教师资格证书,必须参加学科知识考试、教学知识考试并接受教学评价。

学科知识考试主要考查教师任教学科的知识水平,教学知识考试主要考查教师开展有效教学的基本知识,如教学原理、诊断和评估策略、言语学习方法等。

教学评价采用档案袋评价的方式,在新教师任职的前两年进行。第一年,新教师在有经验的教师的指导下开展教学,并将教得最好的一堂课拍成录像;第二年,新教师独立开展教学,将能够体现课堂教学表现的材料放入档案袋中。经验丰富的教师负责检查档案袋中的材料,并评价教师的教学质量。档案袋中的材料不仅应体现教师的教学过程,而且应记录教师思考的过程。一般来说,档案袋中应包含以下材料:① 教学中使用到的材料;② 学生的作业;③ 教学录像带;④ 课堂教学行为和评价的书面记录;⑤ 记录了教师教学思考的书面材料。

为了设计档案袋评价的有效模型,15个州于1994年共同参与了表现评价发展项目,由有经验的教师和教师教育者组成委员会,将INTASC提出的10项核心原则转化为系统的评价体系。

3. INTASC 的作用与影响

INTASC发布的报告中提出的核心原则和标准得到了教师教育界的广泛认同。在此基础上,各州逐步建立了以教师资格标准为基点的,从教师职前培养到教师资格考试制度,再到教师专业发展的完整而连贯的政策体系。INTASC也积极通过学术年会、技术援助、经费支持等方式帮助各州推行教师教育改革,有效地推动了各州教师教育政策的进一步完善。

美国向教师发放教师资格证书的法定权利归各州所有,虽然INTASC提出的核心原则和标准受到了教师教育界的欢迎,但各州对待INTASC的态度却并不相同。有些州(如威斯康星州)直接沿用INTSAC的标准作为教师资格认证的标准,还有一些州则结合本州

---

① 谌启标.美国中小学教师示范核心教学标准述评[J].课程·教材·教法,2011,31(10):106—110.

的实际情况对 INTASC 的标准进行了适当的修改。

作为教师专业标准,INTASC 虽然没有直接对实习作出规定,但其提出的核心原则和标准对教师教育机构和其他认证机构的实习工作产生了直接的影响。

(三) NCATE 的认证标准及有关实习的规定

在经历了 20 世纪 70 年代的危机之后,NCATE 在 20 世纪 80 年代进入了重建时期,但 NCATE 很快又面临了新的危机。20 世纪 90 年代,NCATE 的改革采取了与 INTASC 和 NBPTS 结盟的策略,使"三位一体"的教师质量保障体系最终形成。

1. 20 世纪 80—90 年代 NCATE 的改革

为改进和完善教师教育机构的认证工作,AACTE 于 1981 年成立了选择性认证委员会,该委员会进行了 1 年多的研究,于 1983 年完成了最终报告,NCATE 由此迈入了重建时代。

NCATE 重建后的变化主要反映在以下几个方面:① 因各州对本州的教师培养方案都要予以审核认证,且是法定的认证,NCATE 决定不再对教师培养方案进行认证,而是进行"单位认证"或"机构认证"。② 将认证质量置于首位,重视认证的质量和效果。③ 用"基于知识的标准"代替"课程标准"一词,实现从课程本位的认证标准向知识基础本位的认证标准的转变。④ 让更多组织和个人参与决策,邀请更多的专业组织的代表成为 NCATE 的成员。⑤ 加强对认证人员的培训。⑥ 注重发挥学科专业委员会的力量。[①]

1987 年,NCATE 对认证标准重新进行了修订,修订后的标准包括五个部分——标准 1:专业教育的基础知识;标准 2:与实践的关系;标准 3:学生;标准 4:大学教师;标准 5:治理和资源。在上述标准中,与实习有关的是标准 2 和标准 4,标准 2 直接涉及实习问题,标准 4 主要涉及大学实习指导教师的问题。因此,下文将主要对标准 2 和标准 4 的具体内容进行说明。

(1) 标准 2:与实践的关系。

标准 2A:临床和实地实习。教师教育机构应确保临床和实地实习能使实习生有效地履行专业职责。教师教育机构要系统地组织临床和实地实习,为实习生提供专业的指导和反馈,引导实习生运用所学的理论来诊断和解决问题。大学实习指导教师、中小学实

---

① HOUSTON W R, HABERMAN M, SIKULA J. Handbook of research on teacher education: a project of the association of teacher educators[M]. New York: The Macmillan Co., 1990: 129.

习指导教师和实习生应通力合作,共同完成实习任务。实习生的实习应该是直接的、真实的、全日制的,实习时间至少为 10 周。教师教育机构要认真选择实习场所,包括中小学和其他专业见习场地,使实习生有机会接触到不同文化背景的学生和属于特殊群体的学生,为实习生提供有助于其实现教师教育机构培养目标的实习。

标准 2B:与毕业生的关系。教师教育机构应保持与毕业生的联系,包括对毕业生进行跟踪研究、对新毕业生进行教学入门指导。教师教育机构应采用最新的评价技术对毕业生进行常规化的、系统的评估,了解毕业生在专业教育工作中的具体情况和成功之处,并利用评估结果调整和改进教师培养计划。教师教育机构应与学区合作,为第一年从教的毕业生和其他从事专业教育工作的毕业生提供帮助。

标准 2C:与中小学的关系。教师教育机构应与中小学保持积极的工作关系,这既有利于教师教育机构的发展,也有利于改进中小学的教育质量,因此应鼓励大学教师定期参与幼儿园和中小学的实践活动。①

(2) 标准 4:大学教师。

标准 4A:大学教师的资格和任务。大学教师应具有本专业领域的最终学位或在自己的专业领域出类拔萃,能够胜任本职工作。负责指导学生实习的大学教师要有在中小学工作的经历,兼职大学教师与全职大学教师的要求一致,来自实习学校的实习指导教师要有 3 年以上的实习指导经历。大学教师的构成应体现文化的多样性。②

20 世纪 90 年代,NCATE 对认证标准再度进行了改革,改革的内容主要集中在以下几个方面:① 建立并加强与各州的合作伙伴关系;② 进一步增强 NCATE 的专业代表性;③ 重视教师培养方案的专业知识基础,教师培养方案和课程设计应有教育专业知识作为支持;④ 教师教育机构应与中小学和大学的相关学院建立合作关系,共同提高教师教育的质量;⑤ 注重教师批判思维和反思能力的提升,让教师发挥教学专长。

1995 年 NCATE 制定的认证标准分为初任教师培养标准和高级教师培养标准两部分。初任教师培养标准包括专业教育的设计、学生、教师、机构四个部分。其中,专业教育的设计包括理论框架、普通教育、学科专业教育、专业教育和教学法教育、综合学习、教学质量、实践质量、专业社群等内容;学生包括入学资格、学生构成、对学生进步的监督和评

---

① 周钧.美国教师教育认可标准的变革与发展:全国教师教育认可委员会案例研究[D].北京:北京师范大学,2005:133.

② 同①.

价、学生能力的保证;教师包括资格条件、大学教师组成、大学教师专业任务、教师专业发展;机构包括机构的管理与绩效责任、教学与学术资源、行政运作资源。NCATE 的高级教师培养标准与初任教师培养标准所涉及的指标大致相同。①

2. 2001 年 NCATE 认证标准的内容

2001 年,NCATE 发布并实施了新的教师教育机构认证标准。此项标准主要涉及以下内容:教师候选人的知识、技能和专业性向;评估系统与对教师教育机构的评价;教学实习和临床实践;多样性;师资队伍的资质、成绩和发展;教师教育机构的管理与资源。各项标准的具体内容如下。②

(1) 教师候选人的知识、技能和专业性向。教师候选人必须具备帮助所有学生学习所需的知识、技能和专业性向(NCATE 特意强调"所有学生"包括有特殊教育需要或是来自不同种族、有不同文化背景和社会背景的学生)。

① 学科知识。教师候选人应牢固地掌握任教学科的知识内容,能够深入理解课程标准并通过对任教学科的探究和批判性分析来展示这些知识。

② 学科教学法知识。教师候选人要深入理解学科教学法知识,能够根据实际情况采用不同的方法和技术手段进行有效教学。

③ 专业性向。教师候选人要在与学生、家长、社区等的交往中表现出教师所应具备的专业性向。

④ 指导和评价中小学生的学习。教师候选人应对学生的学习进行准确的评价和分析,对学生的学习进行监控,并能够根据情况对教学进行适当的调整。

(2) 评估系统与对教师教育机构的评价。教师教育机构应通过评估系统收集和分析教师候选人的资格、成绩及学校运行的数据和资料,并根据评估系统的反馈信息对教师教育机构及其课程方案进行评价和改进。

① 评估系统。教师教育机构要建立与其办学目标吻合的评估系统。评估的手段和措施要准确、连贯、公平、有效,应通过多种途径对教师候选人的成绩进行评估,评估应贯穿教师候选人入学到毕业的整个培养过程。

② 数据的收集、分析和评价。教师教育机构要利用信息技术对反映专业培养情况的各种数据和资料进行收集、整理、分析和总结,以便不断提高办学质量。

---

① 洪明.美国教师质量保障体系历史演进研究[M].北京:北京师范大学出版社,2010:192—193.
② 同①:194—195.

③ 依据评价改进教师培养方案。教师教育机构要根据评估系统的评价信息对机构自身及其课程方案进行调整，并根据专业标准的变化不断加以改进。

（3）教学实习和临床实践。教师教育机构应与中小学合作，共同设计、实施和评价教师候选人的教学实习和临床实践，使教师候选人掌握必需的知识和技能。

① 与中小学建立合作伙伴关系。教师教育机构应与中小学共同设计、评价教师候选人的教学实践活动。

② 教学实习和临床实践的实施和评价。教师候选人教学实习和临床实践的实施和评价工作应由大学和中小学共同负责。教师候选人应参与多样化的教学实践活动，包括观察、指导、见习、实习、从事应用研究等活动。

（4）多样性。教师候选人应获取与大学教师、中小学教师和各学段学生群体的交往经验。这一标准是基于美国社会人口构成越来越多样化的趋势制定的，其目标就是使教师教育机构培养出来的新教师能够与多元化的美国社会相适应。

① 大学教师的多样化。教师教育机构教师构成应具有多样性，教师应具有不同的文化背景和社会背景，这既有助于教师教育机构实现多元化教育的目标，也有利于教师候选人在与具有多元文化背景的教师的交往中获得实际的经验。

② 教师候选人的多样化。教师候选人的构成也应具有多样性，只有这样才能适应中小学生的多样化特征。

③ 实习学校中小学生的多样化。实习是教师候选人获得实际教学经验的重要渠道。中小学生文化背景的多样化有助于教师候选人在与学生的交往中获得相应的能力与经验。

（5）师资队伍的资质、成绩和发展。教师教育机构的师资队伍必须符合要求。要对教师的表现进行系统评价，以促进他们的专业发展。这里所指的教师既包括大学教师，也包括中小学实习指导教师。具体指标包括：① 师资队伍的资质。如大学教师中博士学位获得者的比例，是否有突出的教学专长，是否具备基础教育的经验，以及实习学校中小学教师的资质和能力等。② 优质的教学。③ 优质的研究。④ 优质的服务。⑤ 与其他大学教师、中小学教师的合作。⑥ 教师教育机构对教师的评价。⑦ 教师教育机构对教师专业发展的支持。

（6）教师教育机构的管理与资源。教师教育机构要培养符合标准的教师，具体指标包括以下五个方面：

① 教师教育机构的领导力和权威。教师教育机构应有效地领导和管理本校的课程、教学和资源,在课程等方面与中小学和大学的其他院系进行有效的协调。

② 经费。教师教育机构应具有充足的教学、科研和服务经费。

③ 人事管理制度。教师的工作量不应超负荷。

④ 设施和设备。教师教育机构应配备教学和学习活动所必需的各种设施和设备。

⑤ 资源和技术。教师教育机构应拥有包括信息技术在内的各种资源和技术。

3. 2001 年 NCATE 认证标准的特点

NCATE 根据上述认证标准对教师教育机构进行认证,认证结果分为不合格、合格和优秀。NCATE 2001 年的认证标准具有如下特点。[①]

(1) 关注教师培养方案的理论基础。从 2000 年开始,教师教育理论框架成为 NCATE 认证的重要内容。各教师教育机构都必须建立完善的教师教育理论框架,阐述其教师培养的哲学思想,并指导教师培养方案的制订和课程的设置。NCATE 要求教师教育理论框架应包括五个方面的内容:① 教师教育机构的使命;② 教师教育机构的哲学思想和目标;③ 知识基础,包括理论研究、实践总结和教育政策;④ 与学生水平相适应的专业化标准;⑤ 常规的绩效评价体制。[②] NCATE 对教师教育理论框架的重视意味着 NCATE 愈发注重对教师培养工作具有导向和引领作用的教育理念的考查。

(2) 强调结果本位的评价方式。NCATE 从 2000 年开始将认证的重点转向结果本位的评价方式,重视学生学习的实际成效,这种评价方式也称为"表现本位认证"。结果本位的评价方式重在考查学生是否获得了从教所需的知识和技能并能有效地展示出来,教师教育机构是否能提供有力的证据证明学生已经获得了应有的知识和能力,学生是否能有效地帮助中小学生提高学习水平。新的认证标准不仅注重对学生的教学能力和教师教育机构的办学能力进行结果本位或表现本位的评价,而且还强调教师教育机构要建立完善的评价体系,收集、整理、分析各种反映专业培养情况的数据和资料,对机构自身的培养工作进行调整和改进。

(3) 重视教师知识的全面性和教师的反思能力。NCATE 2001 年的认证标准对教师所应掌握的知识提出了明确的要求,其中包括学科知识、学科教学法知识、普通教学法知

---

① 洪明.美国教师质量保障体系历史演进研究[M].北京:北京师范大学出版社,2010:198—202.
② 周钧.美国教师教育认可标准的变革与发展:全国教师教育认可委员会案例研究[D].北京:北京师范大学,2005:183.

识和专业知识。NCATE提出的教师知识框架吸收了美国教育家舒尔曼（Schalman）等人的研究成果。同时，NCATE还对教师的反思能力提出了要求，这是以往的认证标准所没有的，这也反映了20世纪80年代以来反思实践和反思性教学运动对教师教育领域的深刻影响。NCATE要求教师对学科教学法知识、普通教学法知识和专业知识进行反思，对教学实践和教学情境进行反思。此外，NCATE还要求教师提高批判性思维能力和解决问题的能力。[①]

（4）注重教师教育机构的多元主体合作。NCATE的认证标准十分重视大学等教师教育机构与中小学的合作伙伴关系。NCATE对教师教育机构教师资格提出的要求不仅面向大学教师，还面向中小学教师。这是NCATE在认证标准中首次将教师教育机构和中小学教师的合作置于如此重要的地位。在此之前，NCATE只是提出教师教育机构和中小学应共同指导和评估学生的实习，而2001年的认证标准则要求教师教育机构要与中小学达成合作伙伴关系并共同设计实习方案。这也是NCATE认证标准的一项重大变化。

（5）突出实践环节在教师教育中的地位和作用。NCATE自创建以来一直十分重视教师培养中的实践环节，但2001年的认证标准对教学实践的规定更为全面和具体。NCATE 2001年的认证标准不仅将教学实习和临床实践作为一项单独的标准，以体现教学实习和临床实践对教师教育的重要意义，而且还对教学实习和临床实践作了更详尽的说明。2001年的认证标准还提倡让学生在不同的场景中实习，让学生接触有不同文化背景的中小学生，接触有特殊需求的中小学生，接触不同年龄段的中小学生。这无疑是对实习提出了更高的要求。

在以上特点中，第5项是直接针对实习工作的，第3项和第4项也与实习工作相关。

4．NCATE的蓝带小组报告

为寻求更为专业化的实习制度发展路径与模式，NCATE于2010年专门组建了"蓝带小组"（Blue Ribbon Panel），就实习工作与临床教学实践问题展开研究，并于当年发布了名为《通过临床实践转变教师教育：培养高效教师的国家策略》的研究报告。在这份研究报告中，NCATE强调教师候选人应通过"做中学"将实践性知识和学术性知识结合起来，提出了临床实践型教师教育模式。

---

① 周钧.美国教师教育认可标准的变革与发展：全国教师教育认可委员会案例研究[D].北京：北京师范大学，2005：186.

(1) 临床实践型教师教育模式的概念和性质。

"临床实践"一词来源于医学,原指医学专业的学生在完成基本理论的学习后,进入医院直接参与检查、诊断、治疗病人的过程。临床实践型教师教育模式的核心理念是教师教育是一个类似于医学、护理或临床心理学的临床实践专业,强调应把"嵌入性经验"和"实验性经验"作为教师培养的重要组成部分。NCATE在借鉴了医学专业及其他专业临床实践的经验后认为,实习能够为教师候选人提供充足的临床实践的机会,能够帮助教师候选人通过观察、相互协助、监督、调研、自我反思等方式在学习共同体中获得专业知识与能力。临床实践型教师教育模式要求教师教育机构在实习环节设置严格而统一的实习学校认证标准和实习指导教师认证标准。①

NCATE认为,美国现行的教师教育模式在理念上已给予了临床实践相当高的地位,但在具体的实施过程中,由于实习学校的质量参差不齐,以及实习指导教师资格认证的缺失,实习工作受到了严重的影响。

NCATE要求通过设置多层次的实习目标与内容,制定严格而统一的实习学校认证标准和实习指导教师认证标准,促使政府、大学和中小学建立合作伙伴关系,搭建全国性的实习信息网络平台,最终形成一个具有整体性、连贯性的实习体系,以培养高效能的教师,满足教育改革的需要。②

(2) 临床实践型教师实习的基本目标。

临床实践型教师实习被分为校内实习与校外实习。校内实习要求实习生通过虚拟课堂将学习到的理论应用于实践,并尝试去分析、解决一些教学问题。校外实习则要求教师教育机构与实习学校通力合作,共同制订实习计划。教师教育机构应为实习生提供1年的校内实习机会,并配备专门的实习指导教师,使实习生可以像医学和法学专业的学生那样获得临床实践的机会。为达成培养高质量教师、满足教育改革需要的终极目标,NCATE进一步明确了临床实践型教师实习的四项基本目标。③

① 实习生应在有经验的实习指导教师的指导下,把所学的理论知识和实际教学有机结合起来,掌握学术性知识和实践性知识,成长为问题解决者和教育创新者。

---

① 周琴,刘燕红.美国"临床实践型教师教育"的教育实习模式探析[J].比较教育研究,2011,33(11):10—14.
② 同①.
③ 同①.

② 实习生的临床实践应遵循多元化的理念。NCATE 倡导实习生在充分了解实习学校需求的基础上为不同成长背景、不同能力、不同兴趣、不同认知方式的学生提供服务,以满足实习学校和学生的需求。

③ 实习重在帮助实习生形成专业发展所必需的实践性知识。因此,实习生应在与实习指导教师共同开展的教学或研究活动中实现理论与实践的有效结合,并在共同合作的过程中获得有效教学的实践经验,从而形成坚定的从教信念。

④ 实习生应在实习过程中提升自身的评价能力,包括基于教学标准作出评价、基于学生需要作出评价、对自身的专业发展作出评价。

总而言之,实习生必须掌握与教学相关的基础知识,并进行有效的教学实践,从而形成整合理论与实践的能力。实习生还必须学会使用多种评估手段推动学生的学习,并根据反馈信息调整自己的教学实践,以适应学生的学习进度。

临床实践型教师实习的目标在于通过实习提高教师教育的质量,进而促进教师素质的整体提升和教师的专业发展。为达到这一目标,NCATE 要求教师教育机构为实习生提供为期1年的"嵌入学校"的实习机会。

实习前期,实习生将在实习指导教师的引领下深入了解实习学校的各项规章制度,掌握学生的基本信息,参与各种日常教育教学活动,逐渐融入校园生活。

实习中期,实习生除了要在观摩讨论的基础上参加教学实践活动,还应与实习指导教师形成学习共同体,达成合作关系。①

实习后期,实习生要像正式教师那样独自参与学校的全部活动,包括组织家长会、参加在职教师的所有会议,全面负责任课班级的工作。②

(3) 临床实践型实习学校的认证标准及实习指导教师的任务。

就实习学校的认证标准而言,NCATE 认为实习学校首先应理解和接受教师教育机构的实习理念,并能够将其付诸实践。除此之外,实习学校要为实习生提供多元文化的教育情境和形式多样的临床实践机会。NCATE 基本认同专业发展学校的认证标准。该标准包括学习共同体、责任和质量评估、合作、多样性和公平,以及结构、资源和角色五个一级

---

① NCATE. Transforming teacher education through clinical practice: a national strategy to prepare effective teachers[J]. The Education Digest, 2011,76(7): 9.
② 周琴,刘燕红. 美国"临床实践型教师教育"的教育实习模式探析[J]. 比较教育研究,2011,33(11): 10—14.

指标。这五个一级指标将在本章有关专业发展学校实习模式的部分专门进行讨论,这里不再赘述。

NCATE 明确了临床实践型教师实习中实习指导教师的两大任务。第一个任务是促进实习生的专业成长,实习指导教师在教学活动中必须向实习生分享其丰富的教学经验,让实习生能够很快地具备教学能力。第二个任务是做好沟通协调工作,实习指导教师要扮演合作者的角色,引导实习生解决教学中的问题。当教师团队发生冲突时,实习指导教师应提出解决问题的方案,缓和实习生的情绪。

NCATE 认为实习指导教师责任重大,并非每一位教师都有能力胜任,即使是经验丰富的教师或专家型教师也未必能成为优秀的实习指导教师。另外,中小学教师主要的教学对象是儿童和青少年,而实习指导的对象是成年人,两者有很大差异。所以,对实习指导教师进行资格认证是整个实习过程中不可或缺的关键性环节。鉴于此,NCATE 成立了一个专门的认证机构——"教育者培养认证委员会",以制定符合临床实践型教师教育基本理念的认证标准,其中就包括实习指导教师的任职资格标准。

(4)临床实践型教师实习中的合作伙伴关系。

由于各相关主体职责不明确,教师教育机构与实习学校的合作关系很难持续,这是美国教师实习长期以来存在的顽疾。以专业发展学校为例,教师教育机构通常关注的是实习生的专业成长,实习学校则更加关注本校学生的学习成绩,这样的差异往往导致大学实习指导教师与中小学实习指导教师合作困难,彼此之间的利益冲突难以协调。[①] 因此,NCATE 对实习中各主体的职责进行了说明,要求彼此合作并形成合作伙伴关系。

首先,联邦政府和地方政府的职责主要在于经费投入和政策保障。例如,美国教育部设立了"教师素质的合作关系资助基金"用于支持实习工作,符合要求的教师教育机构均可申请资助。联邦政府还设立了联邦教学补助金,奖励到师资短缺的中小学实习并留校工作至少 5 年的实习生。地方政府的主要职责则是制定细致的实习制度。

其次,教师教育机构与中小学之间应建立平等的合作关系。NCATE 要求教师教育机构制订的实习方案既要满足机构自身的需求,又要符合中小学的实际情况。教师教育机构要变革奖励制度,将职级提升和任期要求应用于对实习指导教师的管理上;实习学校则要为实习生安排具有相应资质的实习指导教师,并对实习指导教师进行监督与考评,以确

---

① 李强.美国教师专业发展学校中教育实习的研究及其启示[D].长春:东北师范大学,2008:17.

保实习生得到良好的指导。以马萨诸塞州大学波士顿分校为例,该校借鉴其他专业实践型人才培养的经验,通过"波士顿教师驻扎计划"与波士顿的其他学校建立合作关系。加利福尼亚州立大学长滩分校与46个地方学区建立了战略合作伙伴关系,不仅使实习学校学生的成绩得到了提高,同时也使本校毕业生的就业率有所提高。[①]

(5) 临床实践型教师实习的信息支持系统。

信息技术在现代教育中发挥着越来越大的作用。为迎接数字化时代的挑战,NCATE强调教师教育机构要在确立合理的培养目标、课程设置、评价体系的基础上得到一定的信息技术支持,只有这样才能更便捷、更有效地实现既定目标,培养出具有实践能力和创新能力的教师。美国以往的教师实习中对信息技术的应用主要体现于在线教学资源,以及通过博客或论坛交流个人经验等。学校之间缺乏相互连通的、全方位的实习信息支持系统。

鉴于此,NCATE和其他专业机构的研究人员共同合作,搭建了一个全国性的教师教育信息数据库,并倡导在实习中充分运用信息技术进行专业指导和绩效评估。在NCATE的推行下,加利福尼亚州和路易斯安那州建立了实习信息数据库,将实习生的绩效评估结果和学生的学习成绩有机结合起来,对实习生的实习工作进行考核,以确保实习的整体效果。除此之外,实习生还可以通过观摩教学视频、在线学习等途径进行模拟实习。

同时,NCATE敦促美国教育部为学区和教师教育机构提供资助,推动教师教育在线学习平台的搭建。NCATE还积极倡导将北艾奥瓦大学及其合作学校开发设计的教育技术整合方案用于临床实践型教师实习。该方案运用现代信息技术搭建了教学案例研究及分析平台,以帮助实习生通过在线观摩积累教学经验。[②]

5. NCATE实习认证标准的演变历程

作为教师教育认证机构,NCATE在教师教育机构的方案认证和机构认证中都发挥着重要的作用。NCATE从20世纪50年代创建以来,其认证标准已经过多次的修正和重构。尽管每一个新的认证标准都会有内容和认证重点的变化,但总体来说,其认证标准是大致稳定的。中国学者的专项研究表明,NCATE 1957年的7项一级指标中有5项被保

[①] 周琴,刘燕红.美国"临床实践型教师教育"的教育实习模式探析[J].比较教育研究,2011,33(11):10—14.

[②] KRUEGER K, BOBOC M, SMALDINO S, et al. INTIME impact report: what was INTIME's effectiveness and impact on faculty and preservice teachers? [J]. Journal of Technology and Teacher Education,2004,12(2):185—210.

留到1970年的认证标准中,1970年的认证标准中有80%被保留至1990年的认证标准中,而1990年的认证标准几乎全部保留到1995年的认证标准中。2002年的认证标准变化最大,但还是保留了75%的1995年认证标准的内容。1957年与2002年的认证标准相比较,7项一级指标中有5项得到了保留。由此可见,NCATE认证标准的核心内容变化不大。①

实习在NCATE历年的标准中都没有缺席过,只不过重视程度或在整体结构中的排列顺序不同。纵观NCATE 20世纪50年代以来与实习有关的标准和政策的演进,我们可以发现,实习是NCATE长期关注的重要领域,而且有关实习的认证标准也发生了以下变化。

(1) 实习场所的变化。1957年,NCATE在社会各界反对实验学校呼声很高的情况下,依然坚持将在实验学校开展实习作为正规的实习路径;而20世纪70年代的认证标准则倡导在公立学校的真实教学情境中开展实习,实习场所实现了从实验室场景到中小学真实教学场景的转变。这一转变也说明,作为认证机构的NCATE虽然也有过一段对实习工作产生质疑的时期,但最终还是选择了将中小学作为实习的首选场所。这也说明,教育理论的正当性及其指导教育实践的有效性在当时受到了质疑,教学实践本身的重要地位被凸显。

(2) 实习方式的变化。NCATE 1957年的认证标准提出的实习方式包括观摩、教学、参与学校的各项活动,1970年的认证标准没有对实习方式提出具体要求。NCATE 1990年的认证标准提到了观摩和教学,1995年的认证标准在此基础上增加了带薪实习的内容。2000年的认证标准对实习的规定最为具体,其中实地实习包括观摩、协助中小学教师的工作、辅导中小学生、参加学校会议、参与学校所在社区的活动、开展应用性研究等,临床实践包括教学和见习等。

(3) 实习方案制订者的变化。NCATE在以往的认证标准中也要求教师教育机构和中小学共同指导和评估实习,但从2000年开始,NCATE首次在认证标准中要求教师教育机构与中小学达成合作伙伴关系,要求由教师教育机构和中小学共同制订实习方案。中小学实习指导教师首次在实习方案的制订和实施过程中被置于重要的位置,中小学在实习中的地位日益上升。

---

① 周钧.美国教师教育认可标准的变革与发展:全国教师教育认可委员会案例研究[D].北京:北京师范大学,2005:201.

(4) 实习情境设计的变化。NCATE 在 2002 年的认证标准中对实习的教学文化情境作出规定,要求教师教育机构为实习生提供在不同的教学文化情境中开展实习的机会,以便让实习生能够接触到各种不同类型的学生,为多元文化教育的发展奠定基础。不同类型的学生包括有不同文化背景的学生、有特殊需求的学生,以及不同年龄段的学生等。[1]

此外,NCATE 要求将临床实践作为教师教育的主要方式,要求教师教育机构和实习生分别对自己的培养成效和学习成效进行记录与自我评估,并将信息技术应用到实习中去,这些都是 NCATE 的认证标准中出现的新变化,这些发展和变化对美国教师教育产生了深远的影响。

(四) CAEP 的认证标准及有关实习的规定

随着美国教师教育的发展,美国教师职前培养的认证制度发生了根本性的变化,NCATE 和教师教育认证委员会(Teacher Education Accreditation Council,TEAC)两大认证机构已于 2013 年 1 月正式完成合并工作,组建了新的教师教育认证机构——教育工作者培养认证委员会(Council for the Accreditation of Educator Preparation,CAEP),并于 2013 年 8 月发布了新的教师教育认证标准。

1. CAEP 的成立及其主要职能

由于美国社会对教学的性质和教师这一职业一直持有不同的认识,加之认证工作十分繁杂,NCATE 的认证工作经常遭受非议与批评。有人认为 NCATE 的认证过程过于烦琐,耗费了教师教育机构大量的时间和精力,不利于教师教育机构专心从事教师培养工作;有人认为 NCATE 的认证标准在很多无关紧要的方面设置了过多的要求,加重了教师教育机构的负担。[2]

1997 年,TEAC 的成立得到了美国教育部的认可,NCATE 不再是美国教师教育认证领域的唯一一家权威机构。同一个专业教育领域存在两个具有不同认证标准和不同认证程序的认证机构使很多教师教育机构无所适从,也大大增加了认证的成本。为达成共识,共同组建一个具有代表性的教师教育认证机构,两大机构从 2010 年开始进行密集的磋商

---

[1] 周钧.美国教师教育认可标准的变革与发展:全国教师教育认可委员会案例研究[D].北京:北京师范大学,2005:189.

[2] 洪明.教师教育专业化路径与选择性路径的对峙与融合:NCATE 与 TEAC 教师培养标准与认证的比较研究[J].全球教育展望,2010,39(7):48—53.

和交流,并于 2013 年共同组建了 CAEP。

新成立的 CAEP 主要为美国具有教师教育职能的大学教育学院和为基础教育培养师资的其他各类机构提供质量认证。从课程类别来看,CAEP 的认证范围覆盖教师培养的校外课程、远距离课程、选择性路径课程等;从学位层次来看,认证范围涉及副学士、学士、硕士、后硕士和博士层次;从教师类别来看,认证范围涵盖教师和其他教育工作者。CAEP 的成立结束了美国教师教育认证领域两家认证机构并存的局面,使美国教师教育认证进入了一个崭新的时代。

2. CAEP 认证标准的主要内容

CAEP 制定的认证标准包括以下五个方面:

(1) 标准 1:学科和教育学知识。

教师教育机构应确保教师候选人对所学学科的重要概念和原则有深入的了解,确保教师候选人在毕业时能运用学科知识提高学生的学习水平,使所有的学生都努力达到升学标准。

(2) 标准 2:临床伙伴关系和实践。

教师教育机构应将良好的伙伴关系和高质量的临床实践作为培养工作的中心环节,确保教师候选人能够获得帮助学生学习和发展所需的知识、技能和专业性向。

(3) 标准 3:教师候选人的选拔。

教师教育机构应在各培养环节展示其对教师候选人质量的重视,包括招生、录取、课程设置、实习等。

(4) 标准 4:教师培养方案的影响力。

教师教育机构应展示教师培养方案对教师候选人的影响,包括教师候选人对中小学生学习和发展的影响,以及实习学校和教师候选人对教师教育机构培养工作的满意度。

(5) 标准 5:教师教育机构的质量保障和改进措施。

教师教育机构应搭建质量保障系统,广泛收集教师候选人对中小学生学习和发展有积极影响的证据,对基于证据的教师候选人工作有效性评估进行改革,运用调研结果和数据确立优先改革事项,改进教师培养工作,提高教师教育机构的培养效能,并对教师候选人影响中小学生学习和发展的能力进行评估。

3. CAEP 认证标准的特点

CAEP 的认证标准具有以下几个方面的特点:

(1) 注重与其他认证标准的对接。

近些年来,美国基础教育和教师教育的改革不断发展,美国试图打造世界一流的基础教育和教师教育体系,并在基础教育和教师教育领域制定了一系列的标准。CAEP 在教师应当达到怎样的标准方面已经不需要像其前身 NCATE 或 TEAC 那样只凭借自己的标准进行认证,而是可以直接对接现有的基础教育和教师教育领域的相关标准。因此,CAEP 在有关教师候选人知识、技能和专业性向的规定上直接采用了 INTASC 的 10 项核心标准,包括该标准中有关学习者与学习、学科知识、教学实践、专业责任等概念和内涵的界定。由此可见,美国教师教育认证机构在标准制定方面的重要性被淡化,这有助于缓和教师教育专业化阵营与保守主义取向的教育改革路径之间的冲突。

(2) 将实习置于教师培养的中心地位。

实习是教师培养的重要环节,实习为教师候选人提供了将理论知识应用于实践的机会。历史上,美国教师教育机构的实习学校也经历了从示范学校到实验学校,从合作学校到专业发展学校的变化,近年来又出现了注重临床实践的驻校模式。CAEP 的认证标准肯定了驻校模式,也肯定了 NCATE 一直以来在教师培养工作中对实践环节的重视。CAEP 认为良好的合作伙伴关系和高质量的实习是教师候选人形成推动学生学习和发展所必需的知识、技能和专业性向的关键,要求教师教育机构与中小学建立合作伙伴关系,为教师候选人提供实习的机会。大量研究表明,实习对提升教师质量具有重要作用,因此,CAEP 要求教师教育机构重视实习的深度、广度和多样性,要求教师教育机构和中小学共同参与实习方案的制订、实施和评价,共同选拔、培养优秀的实习指导教师指导教师候选人的实习,为实习的质量提供保障。

(3) 逐步提升美国教师教育的生源质量。

在美国这样一个崇尚实用主义哲学的国家,基础教育领域的教师在很长一段时间被看作是一种十分平凡的职业,很多一流的人才并不愿意从事教师这一职业,美国多年来一直为师资质量问题所困扰。CAEP 试图通过提高生源质量逐步解决这一问题。CAEP 将教师教育机构的最低录取标准定为平均绩点分数不低于 3.0,同时,CAEP 还对教师候选人的 ACT、SAT、GRE 成绩提出要求。这些具体而量化的要求对美国教师教育的生源质量的提升产生了积极的影响。

(4) 建立基于证据的质量保障系统。

自 2001 年开始,NCATE 更为注重教师候选人的表现及其对学生的影响,这反映了教师教育认证的结果本位的趋势和特点。CAEP 的认证标准延续了这一特点,将评估的重点放在教师教育机构的培养结果和教师候选人的表现上,考查教师候选人能否通过教学使学生实现升学目标。不仅如此,CAEP 还秉承了 TEAC 的评估思路,对教师教育机构建立基于证据的质量保障体系提出了要求。TEAC 要求教师教育机构广泛收集证据,了解教师候选人对中小学生学习和发展的影响情况。同时,CAEP 要求教师教育机构的质量保障体系要采取适合的、可检验的、有代表性的、可操作的评估手段,确保所提供的证据和数据的有效性,并将质量保障体系的建立作为质量评估的重要组成部分。这对教师教育质量保障体系的进一步完善是十分有利的。

（五）NBPTS 的认证标准及其对实习的影响

NBPTS 成立于 1987 年,主要负责政策制定和在职优秀教师的评选工作,NBPTS 在优秀教师的选拔和支持优秀教师专业成长方面发挥着积极的作用。

1. NBPTS 成立的背景

1986 年,卡内基教育和经济论坛的教学任务小组发表了名为《国家为培养 21 世纪的教师做准备》的报告。报告提出了六项改革主张:① 各州取消本科层次的教师教育,将教师教育提升到研究生层次。② 提高教师教育专业申请者的准入标准,申请者必须掌握基本的知识和技能。③ 接受研究生层次教师教育的学生若未接受过本科阶段的教育,则应重新学习本科阶段的课程。④ 政府和教师教育机构应采取措施鼓励学习优秀的学生和有能力的少数民族学生学习研究生课程。⑤ 成立 NBPTS,建立高水平的专业教学能力标准,并为达到标准的教师颁发证书。⑥ 州政府和地方政府应制定政策,鼓励教师教育机构和其他单位开发继续教育方案,为教师达到 NBPTS 的标准提供培训。

在卡内基基金会的资助下,NBPTS 正式成立。NBPTS 的成员绝大多数是具有丰富教学实践经验的中小学一线教师,其他成员包括学校管理人员、学校董事会领导、州长、州立法人员、教师组织代表、商界领导和社区领导等。NBPTS 成立后得到了联邦政府的大力支持。①

2. NBPTS 颁发的优秀教师资格证书

NBPTS 依据基础教育的改革目标提出了教师教育的改革目标,并把教师教育的改革

---

① 郭朝红. 影响教师政策的中介组织研究[D]. 上海:华东师范大学,2004:69.

目标作为实现基础教育改革目标的重要手段。NBPTS强调,应当让每一个学生都达到更高的学习标准。建立新的课程标准、重视考试、提高学校绩效等都是基础教育领域的改革目标,教师的教学和教师教育也要在此基础上进行重大变革,否则基础教育领域的改革是不可能取得成功的。因此,NBPTS成立后不久就制定了两项具体目标:一是建立评估认证系统,认证学校中的优秀教师并为其颁发优秀教师资格证书;二是建立标准制定委员会,为36个独立的学科领域制定优秀教师的标准。

NBPTS颁发的优秀教师资格证书具有以下特征:第一,教师可以自愿申请。虽然各州也设立了不同的教师资格证书制度,但 NBPTS 的标准更高且更为严格。第二,NBPTS颁发的优秀教师资格证书的有效期为 10 年。第三,不论是公立学校还是私立学校,凡是拥有学士学位、持有州教师资格证书 3 年以上,且有 3 年以上教龄的教师均可申请 NBPTS 的优秀教师资格证书。

至 2005 年,NBPTS 已经开发了 27 个学科领域的优秀教师标准,得到了各州的大力支持。美国 500 多个学区制定了相关的政策和法令,对 NBPTS 的优秀教师资格证书给予不同程度的支持。获得 NBPTS 颁发的优秀教师资格证书的教师被称为"NBCT 教师"。

3. NBPTS 对实习工作的支持

NBPTS虽然是美国在职教师教育领域的专业机构,与职前教育的实习没有直接的联系,但由于中小学实习指导教师都是由经验丰富且有一定教龄的教师来担任的,而 NBCT 教师通常都是在教学中成绩突出的佼佼者,因此,这些教师通常也在实习指导工作中扮演着重要的角色。美国东卡罗来纳大学就聘请了不少 NBCT 教师到大学任教,任期为两年,NBCT 教师的主要任务是与大学教师共同教授方法类课程,指导学生教学实践和实习活动,参与教师培养方案的制订和修改。NBCT 教师也会为希望获得 NBPTS 认证的教师提供指导。加利福尼亚大学专门组建了一个由 NBCT 教师组成的指导团队,对新手教师进行指导,这项工作也是加利福尼亚州新手教师入职指导计划的一部分。指导团队中的 NBCT 教师通常会离岗 1~3 年,进行全职的新手教师指导工作。此外,NBPTS 制定的认证标准实际上也是实习生专业成长的目标和方向,认证标准中有关优秀教师技能和素养的界定也与实习方案的制订有着重要的关联。从这个意义上说,NBPTS 的认证标准对理解、规范和指导实习工作有着重要的导向意义。

(六)ATE 的教师教育者标准及其有关实习的规定

教师教育者协会(Association of Teacher Educators,ATE)成立于1920年,该协会有

自己的刊物——《教师教育行动》和《新教育者》,也有自己的年会。其编写的《教师教育研究手册》在美国颇受欢迎,已连续再版。ATE 在美国教师教育政策的制定和管理方面发挥着积极的作用。该协会于 1992 年开始开发教师教育者标准,该标准主要面向大学中的教师教育者、中小学实习指导教师、其他各机构和部门负责培养或培训教师的教师。

1. ATE 的发展历史

ATE 成立之初被称为"全美实习监管主任协会",是美国所有教师教育专业组织中直接与实习工作相关的组织。该协会于 1921 年在亚特兰大召开了首届年会。为了广泛吸纳实习教育工作者参与到协会中来,该协会于 1922 年更名为"全美实习指导者协会"。

从 1924 年开始,该协会出版了年鉴并收录年会论文。美国著名教育家威廉·巴格莱(William C. Bagley)曾担任过该协会的荣誉会员。1942 年,该协会加入了教师教育合作委员会。1946 年,该协会又更名为"实习协会"。1958 年,该协会在肯塔基大学建立了首个临床基地,该基地是为开展示范性评估而建立的,评估的内容包括实习方案的设计和实施。肯塔基大学及其周边合作学校的实习工作起到了示范作用,肯塔基大学从 1966 年开始参与到了 NCATE 标准的研究和修订工作中。

1967 年,该协会成为 NEA 的下属机构,其办公室也迁到了位于首都华盛顿的 NEA 大楼。1969 年,该协会与 AACTE 和 NEA 共同建立了 ERIC 教师教育数据库。该协会的大部分主张也被 NCATE 的认证标准所采纳。

1970 年,该协会在芝加哥举办了 50 周年年会,在年会上,该协会正式更名为"教师教育者协会"(ATE)。教师教育者协会的成立旨在让教师教育工作者有更多个人发展的机会,使教师教育质量得以提升。

1974 年,ATE 从 NEA 中独立出来,成为完全自治的组织,并于 1975 年召开了年会,在协会事务方面不再与 AACTE 相关联。从 1975 年开始,为了更好地在教师培养质量认证方面发挥自己的作用,ATE 与 NCATE 展开了更为密切的合作,并成为 NCATE 的下属成员机构。

2. ATE 专业活动的主题及其演变

作为教师教育领域的专业机构,ATE 在教师教育专业发展方面发挥着积极的作用。由于 ATE 的前身是由实习工作领导者和实习指导者组成的机构,这就使得该协会在其早期十分重视教师教育的实习工作。随着该协会从实习指导者的协同性组织转变为教育工作者的协同性组织,实习工作不再是该协会唯一的工作内容,但其依然是该协会的重要工作领域之一。ATE历年的年会、工作坊、年鉴和报告的主题大致可反映出该协会的工作重点。ATE部分年份年会、工作坊、年鉴和报告的主题如表5-1所示。

表 5-1 ATE部分年份年会、工作坊、年鉴和报告的主题

时间	主题	形式
1935年	教师培训的实验室阶段与专业和主题课程的整合	年会
1939年	教师教育的主要问题	工作坊
1948年	专业实验经验：教师教育中正在发展的概念	年会
1949年	实习的评价	年鉴
1949年	为未来的教师改进专业培养方案	年会
1952年	实习指导之经验	年会
1952年	推进教师教育改革的途径	年鉴
1953年	教师教育课程的发展趋势	年鉴
1954年	专业实验经验的获得	年鉴
1956年	四大教学内容	年鉴
1956年	高质量的专业实验室经验：大学、公立学校、社区合作的事业	工作坊
1958年	专业教育领域教学之改进	年鉴
1958年	教师教育理论与实践之改进	工作坊
1959年	对教师的指导	年鉴
1966年	对教师的指导：选拔和任用的标准	报告
1968年	教师教育中的合作关系	报告
1968年	行为科学对教师教育的贡献	工作坊
1969年	教学的分析	工作坊
1971年	教师教育的研究与发展	工作坊
1975年	教师教育：挑战与变革的冲击	年会
1976年	走向80年代及未来	工作坊
2015年	绩效：让它富有意义	年会

资料来源：此表根据ATE官网提供的相关资料整理而成。

3. ATE的教师教育者标准

作为教师教育者的协作性组织，ATE制定的教师教育者标准从教学、文化包容力、学术能力、专业发展、培养方案、合作、公共咨询、教师教育专业、愿景九个方面界定了对教师教育者的评估领域，该标准从2008年开始实施。在标准的文本表述中，ATE对每一个领域的标准都作了较为详细的阐述，并提供了可供进一步阅读的研究性资料。同时，ATE制定的教师教育者标准在评估方面特别重视资料性证据，其每一项标准都要求教师教育者提供相应的支持性材料。ATE制定的教师教育者标准可总结为以下几个方面：

① 教师教育者能够进行展示教学，这种教学在教学内容、专业知识、技能和专业性向方面能够反映最新研究成果，能够运用技术与评估手段帮助更多教师积累教学实践经验。

② 教师教育者应具有文化包容力，能够促进教师教育中的社会正义。

③ 教师教育者应从事有助于促进教师教育发展的学术研究，并取得一定的成就。

④ 教师教育者应系统地探究、反思和改进自己的教学实践，以实现持续的专业发展。

⑤ 教师教育者应从事教师培养方案的开发、实施和评估工作，并通过专业机构的认证。

⑥ 教师教育者应与教师、学生和研究人员开展正规且富有意义的合作。

⑦ 为了让学生接受高质量的教育，教师教育者应为学生提供合理且富有建设意义的咨询服务。

⑧ 教师教育者应持续地促进教师教育专业的发展。

⑨ 教师教育者应为教学、学习和教师教育创造一种愿景，将技术、系统的思考和世界观等融为一体。

ATE 的教师教育者标准对教师教育者提出了全方位的要求，虽然它不是直接针对实习指导教师的，但就实习工作而言，无论是大学实习指导教师还是中小学实习指导教师，他们均属于教师教育者，因此该标准实际上也是对实习指导教师的规范和要求。

（七）AACTE 基于实习的教师入职评估系统

实习是教师教育的重要组成部分，因此 AACTE 十分关注教师入职标准的重建。edTPA 就是由 AACTE 推出的旨在影响美国教师资格认证取向的新的教师入职评估系统。TPA 是"Teacher Performance Assessment"的缩写，即"教师表现性评价"，在 TPA 前加上"ed"两个字母，一是为了凸显这一评估的教育性质，二是为了突出它与以往部分州在实践中推行的教师表现性评价的差异性，以表明它是新一代的教师表现性评估系统。edTPA 将实习作为教师入职评估的唯一对象，这是美国教师入职制度的重大变革，这也对美国职前教师的培养产生了重大影响。

1. edTPA 产生的背景

经过 20 世纪 60 年代激进主义思潮下的社会动荡，美国社会从 20 世纪 70 年代后期开始追求社会的高效平稳发展，具有自由化和市场化取向的新保守主义成为主导社会改革的重要力量，也成为美国教育改革政策的基本取向，提高学生学业成绩成为美国基础教育领域的首要目标。然而,在经历了统一国家课程、建立全国性教育考试制度等一系列改革之后,提高学生学业成绩这一目标始终未能实现。在寻找和反思原因时,教师的作用被提高到前所未有的程度。教师教育领域的不同阵营均将教师视为提高学生学业成绩最为重要的因素,这反映了美国基础教育改革对教师教育的重视,但对于什么样的教师才能够有效提高学生学业成绩,以及如何培养合格教师,学者们有着不同的看法。

教师教育专业化阵营认为教学是类似于法学或医学那样的专业,是有自己的专业核心知识和技能的。教师候选人只有掌握了这些核心知识和技能,才有可能成为合格的教师,才能对提高学生的学业成绩产生影响。20世纪80年代中期,由研究型大学教育学院院长和研究机构的主要领导人组成的霍姆斯小组曾提出延长教师培养年限、提高教师学历水平的改革主张,该小组代表的就是教师教育专业化阵营,但教师培养的高成本与不尽如人意的教师地位之间的现实矛盾严重阻碍了这一改革,霍姆斯小组提出的许多改革目标都未能实现。解制主义阵营则认为教师的合格与否主要取决于教师是否掌握任教学科的知识。教师只需要掌握任教学科的知识,在教学技能方面则无须经过专门的训练,或者只需要进行短期的训练。① 20世纪90年代以来大量的选择性教师培养路径中,相当一部分都属于解制主义阵营,其特点是注重以"低成本、短平快"的方式培养教师。

选择性教师培养路径虽然受到了联邦政府的大力支持,但也遭到了教师教育专业化阵营的抵制。在教师教育专业化阵营看来,选择性教师培养路径忽视了教学的专业性,是无法真正培养出合格教师的。教师教育专业化阵营和解制主义阵营的改革均未达到人们所期待的目标,美国教师教育改革陷入困境。美国教师教育当时面临的最大问题就是对合格教师的界定和鉴别存在争议。2001年,联邦政府颁布的《不让一个孩子落伍法》曾把合格教师的条件界定为拥有任教学科的学士学位并获得所在州的教师资格证书,但这显然无法满足美国基础教育领域需要大量高效能教师的现实需求。因为学习成绩优秀并不能保证教师候选人能有效地开展教学,而教师资格考试以笔试为主,不能反映教师候选人真正的教学能力。在这一背景下,美国教师教育专业化阵营的重要代表——AACTE支持和推动了教师入职评估系统(即edTPA)的建立,以期开辟一种能够直接考查教师候选人教学能力的途径。

---

① 洪明.当代教师培养解制路径的思想根基探析:美国"常识"取向教师教育改革思潮述评[J].比较教育研究,2009,31(8):77—81.

2. edTPA 的性质与内容

作为新一代的评估系统，edTPA 由斯坦福大学评估、学习与公平中心开发，由皮尔森公司提供技术支持，由 AACTE 提供专业上的支持。由于 AACTE 是美国教师教育领域的代表性组织，由该组织出面支持的 edTPA 代表了美国教师教育改革的重要方向。

鉴于各州以往实施的教师资格考试过于看重笔试，而笔试与教师候选人的教学能力没有直接的关系，很难考查教师候选人真实的课堂教学能力，因此，edTPA 以对教师候选人实际教学能力的考察作为评估的落脚点，从而对教师候选人的真实教学能力进行准确的判断。经过 4 年多的开发和实验，在吸取了部分已经推行了教师表现性评价的教师教育机构工作经验的基础上，AACTE 于 2013 年正式建成并开始使用 edTPA。

edTPA 吸取了教育研究的最新成果和长期的实践教学经验，是以教师表现性评价为理念建立起来的教师入职评估系统。它不仅吸纳了美国各州在教师表现性评价方面的改革经验，而且也借鉴了 NBPTS 的评估方式。从其设计原则方面来看，edTPA 注重有效教学的普遍性原则，既能反映不同学科的教学特点，又展示了各学科通用的教学原则。

作为基于表现的评估系统，edTPA 在设计上要求教师候选人以真实的方式展示自己对教学和学习的理解，延续了 CAEP 的认证标准。edTPA 不是用一把尺子来评估教师的能力，而是侧重考查教师候选人在真实的教学情景中能否证明其具备有效教学所需的学科知识和专业技能。edTPA 将对教师候选人学科知识和专业技能的评估与学生的学业成绩挂钩，将学生的学业成绩作为教师候选人表现性评价的重要依据。

edTPA 的上述要求意味着传统教师资格考试中那些针对教师候选人学科知识、教育学与心理学知识的笔试通通被取消，而教师候选人在实际教学中对这些知识的理解和运用则成为 edTPA 的考查重点。从 edTPA 所需收集的评估材料的性质和范围来看，该评估系统的评估重点是教师候选人在获取教师资格证书前的教学实践活动中所展示出的知识与能力。从这个方面来看，edTPA 实际上就是将实习或入职前的短期培训作为自己的评估范围，建立起新的基于表现的评价标准。

围绕着教师候选人的教学活动，edTPA 从教学设计、教学实施和教学评价三个维度建立了自己的评估框架，通过检视实习或短期培训期间教师候选人在完成这三大核心任务过程中的表现，评估其专业知识和技能水平。同时，每个核心任务又划分为五个评估模块，每个评估模块代表完成该项核心任务所需的专业知识或技能，如表 5-2 所示。

表 5-2　edTPA 的评估框架

核心任务	教学评估材料	评估模块
教学计划	教案； 教学资料； 学生作业； 评估计划； 对教学计划的评述	帮助学生理解教学计划； 满足学生的学习需求； 完善教学计划； 辨识性和支持性语言方面的要求； 对学生的学习情况进行评估
教学实施	未经编辑的教学录像； 对教学实施的评述	创造积极乐学的学习环境； 使学生投入到学习中； 在教学过程中深化学习； 运用与学科知识相适应的教学法； 分析教学的有效性
教学评价	学生作业样本； 教学反馈； 对学生学业成绩评估的评述； 评估标准； 学生的自我反思	分析学生的学习情况； 为学生的学习提供反馈信息； 鼓励学生使用教师的反馈信息； 在教学中鼓励学生使用学术语言； 运用一定的评估手段指导教学工作

资料来源：此表根据斯坦福大学评估、学习与公平中心于 2013 年发布的 edTPA 总结报告中所提供的相关信息整理编制。

edTPA 要求教师候选人将教学评估材料上传到网络平台，除了提交教案、教学资料、学生作业和教学录像外，edTPA 还强调对上述材料进行分析性评述。所谓分析性评述，是指教师候选人对教学内容的选择、课堂教学决策的形成、学生学业成绩的分析、教学效能的评价等方面进行说明。这种带有反思性的评述能体现教师候选人对教育教学工作的思考水平，是教师候选人展示自己教育教学知识与理论的方式。

3．edTPA 的主要特点

美国作为地方分权的国家，其各州在职前培养和入职认证方面行使着法律所赋予的权力，因此，edTPA 并不能直接地替代各州的教师入职评估系统，只有在各州愿意采纳它的情况下，edTPA 才会对教师的培养和入职工作发挥真正的效用。换句话说，AACTE 只是为各州的教师入职评估工作提出自己的建议，并通过寻求与各州的合作来实现自己的目标。对于那些已经实施了教师表现性评价的州来说，合作的阻力会比较小；而对那些尚未实施教师表现性评价的州来说，edTPA 只有展现出自己的特色并为人们所认可，才有可能被各州接受。与传统的教师入职评估系统相比，edTPA 具有以下几个方面的特点。

（1）衔接性——注重与教师教育和基础教育领域的各项标准相对接。

在美国基础教育和教师教育日益注重标准化的时代，edTPA 不仅注重与各州和其他教师教育机构的相关标准保持一致，而且也充分考虑了与基础教育领域的各项标准相衔接，并充分利用了近 20 年来美国在教师表现性评价方面的已有成果。

首先，edTPA 充分考虑了与当时主管教师资格考试的协同性组织 INTASC 的教师入职标准的衔接，并与各州开展合作，以保证 edTPA 的顺利推广。

其次，edTPA 与联邦政府制定的州共同核心标准（CCSS）进行了对接，以保证 edTPA 与教师教育和基础教育领域的标准相兼容。

再次，edTPA 还充分吸纳了 NBPTS 和加利福尼亚州在标准制定方面的经验，使 edTPA 能够借鉴教师表现性评价方面的成功经验。

最后，为与教师职前培养标准保持一致，edTPA 也参考了 CAEP 制定的标准，以保证该系统与最新的教师培养标准保持一致。总之，edTPA 的评估框架是在综合了 INTASC、NBPTS、CAEP 和 CCSS 标准的基础上确立的。

就 edTPA 本身而言，该系统与其他各类专业标准的兼容体现了它的衔接性。从整体上看，这也体现了美国教育标准日益走向一体化的趋势，体现了专业组织与行政机构标准的一体化，教师职前、入职和在职标准的一体化，教师教育与基础教育领域标准的一体化。

（2）专业性——追求评估系统在开发、设计、测试、实施各环节的科学性。

edTPA 由专业人员开发，无论是在设计、测试环节，还是在实施环节，edTPA 的开发团队均表现出对评估专业性的高度重视。在评估设计阶段，edTPA 成立了设计开发专家组，该专家组由具有专业知识和教师教育经验的大学教师、中小学教师、学科专家和评估专家构成。在 2011—2012 学年和 2012—2013 学年的实测中，来自 29 个州 430 所高校的 1.2 万名教师候选人接受了 edTPA 的评估。100 多名学科专家对评估内容的有效性进行了审核；150 多名评估专家参与了评分标准的制定，并对评分员进行了培训；650 多名评分员在接受培训后参与了实测。超过 5000 名来自大学、中小学、学区和社区的教师和管理人员在 edTPA 的网络平台进行了测试并提出了相应的建议。edTPA 不仅收集了来自教师和教师教育者的大量反馈意见，而且也吸取了 NBPTS、INTASC 和加利福尼亚州在教师表现性评价方面的经验。在 2013 年 edTPA 正式运行后，edTPA 工作团队对评估实施的早期状况进行了及时的跟踪调研，并发表了研究报告，对前期评估的信度、效度再次进行了验证,以确保评估的针对性、准确性和可操作性。

(3)表现性——将实习或短期培训中教师候选人的表现作为评估的核心内容。

edTPA将对教师候选人的评估限定在实习或短期培训活动范围内,要求教师候选人提供实习或短期培训期间真实教学背景下的活动记录和对活动记录的分析。与传统的教师入职评估注重对教师候选人学科知识、教育教学知识考试成绩和平均绩点分数等要素的评估不同,edTPA的评估排除了上述"输入性"要素,将实际教学的结果作为评估内容,强化了"输出性"要素,这正是教师表现性评价的特点所在。鉴于美国地方分权的教育行政管理体制中,州才是确立教师入职标准的主体,edTPA是否能被各州采纳以及在多大程度上被采纳,主要取决于各州的意愿。edTPA确立的评估框架和标准主要是根据当时有关教育和教师专业发展研究的最新成果建立的,对这一评估框架和标准的采纳并不妨碍各州在edTPA的评估框架之外另设自己的评估维度。以加利福尼亚州为例,该州不但采纳了edTPA的评估,而且还依据本州的情况另设了EAS和ALST两项考试。

(4)联动性——以教师入职评估改革带动职前培养改革。

edTPA建立了经过专门训练的评分员队伍,edTPA电子评分管理系统根据教师候选人任教的年级和科目随机挑选具有该学科专业背景和工作经验的评分员进行评分,最终成绩和评分报告可自动发送至教师候选人的专用网络账号和相应的安全数据库,以便教师教育机构的管理者和各州教育行政管理部门尽快了解本校或本州教师候选人的评估结果。edTPA的工作团队编写了内容全面的指导手册供教师候选人学习,在按照要求开展教学和收集相应评估材料的过程中,教师候选人不仅可以了解评估的基本要求和程序,而且也加深了对教学要求和教学过程的理解。同时,edTPA提供的评分报告包含对教师候选人教学优势和不足的评价,这为新教师入职后的专业发展提供了支持和帮助。对指导教师而言,edTPA提供的评估反馈信息可用来诊断教师培养工作的不足之处,为下一步的改革指明方向。

(5)技术性——将评估工作与网络信息技术紧密结合。

edTPA的开发团队充分运用网络信息技术,构建了功能强大的服务性网络平台。其技术工作得到了皮尔森公司的支持。同时,edTPA开发团队将Chalk&Wire、Foliotek、LiveText等成熟的资料袋生成系统纳入edTPA网络平台。教师候选人在这个平台上不仅可以获得大量的示范性评估材料供自己参考,而且还能免费获得制作和提交评估材料时所需的各种技术支持。由教师教育者、心理测验专家和学者构成的技术咨询委员会从技术层面上为 edTPA 的改进提供了大量的反馈信息。在此基础上，技术咨询委员会也向州教育行政部门提供了高强度的培训，以便让州教育行政部门的工作人员尽快掌握评估框架和标准，了解在评估过程中应该注意的问题。edTPA 的工作团队还通过网络和面授相结合的方式对学区和重点中小学的管理者和教师进行培训，使其能尽快运用 edTPA 开展评估工作。除此之外，edTPA 的工作团队还定期开展研讨会、培训班并提供实时的在线咨询，从而帮助评分员和教师候选人解决评估过程中遇到的技术问题。

（6）实践性——通过教学实践评估学科知识和教育教学知识的综合运用能力。

edTPA 要求对教师候选人的教学实践活动（包括实习和短期培训）进行考查，并未对教师候选人提出笔试或提供考试成绩的要求。因此，有学者认为 edTPA 忽视了学科知识、教育教学知识等许多传统教师入职评估所重视的内容，但 edTPA 的倡导者对此是持否定态度的。他们认为，edTPA 评估框架中的三大核心任务均包含对教师候选人学科知识、教育教学知识的要求。在教学计划中，edTPA 提出了辨识性和支持性语言方面的要求；在教学实施中，edTPA 对分析教学的有效性提出了要求；在教学评价中，edTPA 要求教师候选人在教学中鼓励学生使用学术语言。通过教师候选人提供的上述材料，评分员可清晰地判断出教师候选人是否掌握了教学所必需的知识与技能。只不过它不再像以往那样只是让教师候选人通过笔试直接呈现自己已经掌握的知识，而是要求教师候选人在实际的教学中运用这些知识，并分析自己的教学行为，这是对教师候选人更高层次的要求。因此，虽然 edTPA 的评估未涉及笔试，但它仍考查了教师候选人所应掌握的学科知识和教育教学知识。总的来说，edTPA 是一种通过教学实践考查教师候选人学科知识和教育教学知识综合运用能力的评估方式。

4. edTPA 面临的争议

实习向来是美国教师教育领域最少引发争议的部分。AACTE 推出的 edTPA 将评估的对象和范围限定在实习工作上，在很大程度上回避了教师教育专业化阵营和解制主义阵营在许多问题上的争论。edTPA 所采用的表现性评价方式是对美国表现性本位教师教育的新发展，使表现本位的教师教育从职后教育进一步扩展到入职教育和职前教育。伴随着表现本位的教师教育的发展和 edTPA 的应用，各种质疑之声也纷至沓来。对 edTPA 的质疑主要集中在以下方面。[①]

---

① SATO M. What is the underlying conception of teaching of the edTPA? [J]. Journal of Teacher Education, 2014, 65(5): 421.

(1) 评估范围过于局限。持这种观点的人认为,教师的真正价值在于能够促进学生的发展,师生间的互动在这一过程中有着十分重要的作用。同样,教师候选人与教师教育者、实习指导教师之间的互动也十分重要,这种活动并不一定局限于课堂内;而 edTPA 要求教师候选人提交的评估材料较为局限,仅限于备课、上课和评价这几个环节,无法全面检验教师候选人的各项能力。

(2) 评估尺度过于统一。持这一观点的人认为,在全国范围内推广 edTPA 会使教师资格认证和培养工作被统一化,而教师教育工作在很大程度上是地方性的,不同地区的教师培养工作具有不同的特点,用统一的评估系统去评估所有地区的教师培养工作会使教师教育工作失去了应有的弹性空间,且容易带来评估工作上的偏见。当然,这一观点是针对 edTPA 本身而言的,各州通常拥有选择的自由和空间,因此评估尺度的选择可以是多样化的。

(3) 评估要求过于超前。持这一观点的人认为,教师候选人与在职教师是有区别的。edTPA 要求教师候选人在表现性评价中展示出本人的知识水平与能力,这种要求对在职教师来说有一定的合理性,但对尚未进入教学工作岗位的教师候选人来说,这些要求显然过于超前了。因此,把对在职教师的要求与对教师候选人的要求等同起来是不合理的。

(4) 数据管理缺乏可信度。一部分人对 edTPA 开发团队委托皮尔森公司管理网络数据平台表示不满,认为将网络数据平台交由私营公司打理会使教师教育机构无法及时掌握有关教师资格认证的相关信息,而且由以营利为目的的私营公司管理教师候选人的材料是具有较大风险的。尽管持这种观点的人数不多,且私营公司参与学校管理和评估的现象在美国比比皆是,但 edTPA 还是因数据管理缺乏可信度遭到了部分人的质疑。

(5) 评估方式不利于多元文化教育。对 edTPA 反对最为强烈的是坚持多元文化教育的专业团体,全美多元文化教育协会(National Association for Multicultural Education,NAME)就对标准化的教师表现性评价公开表示反对,认为 edTPA 削弱了多元文化教育。针对多元文化教育专业团体的批评,AACTE 表示同意 NAME 的多元文化教育立场,同时也指出,寻求核心教学实践对美国教师教育改革至关重要,核心教学实践的进一步发展和相应的评估体系的建立能够确保教师候选人对学生的学习发挥积极影响。

5. edTPA 的前景分析

edTPA 是美国基于表现本位的教师入职评估系统,它也是美国教师教育领域寻求核心教学实践标准的产物。尽管 edTPA 遭遇了多方面的质疑与批评,但其发展势头十分强劲。

从评估系统本身看,edTPA 收集了教师候选人在实习或短期培训期间的各类教学评估材料,对教师候选人在备课、上课和评课方面的实际表现进行了评估。与笔试相比,这些教学评估材料能更准确地反映教师候选人的能力,这是不言而喻的。此外,edTPA 对教师候选人在学科知识和教育教学知识的评估上也很有特点,它抛弃了考查学科知识和教育教学知识的笔试,展现了对教师候选人综合能力的重视。

四、选择性教师培养路径与教师实习

选择性教师培养路径不仅包括大学教育学院正规的教师培养模式之外的替代性教师培养模式,如社区学院、教师培养中心等教师教育机构的教师培养模式,而且还包括大学内部的不同于以往的教师培养模式。选择性教师培养路径中的实习工作也因此具有多样性。

(一) 选择性教师培养路径的兴起与发展

选择性教师培养路径的产生发端于中小学对教师的巨大需求。早在 20 世纪 70 年代,美国有些州就开始尝试采用新的途径来招募教师并发放教师资格证书,毕业于由州认定的教师教育机构不再是发放教师资格证书和招募教师的先决条件。这些新的途径一般都较为注重教师候选人的教学经验,而对其教育类课程的学习情况并不重视。

1983 年,美国新泽西州等 8 个州实施了选择性教师资格证书方案。到 2006 年,除阿拉斯加州和北达科他州外,所有州都将选择性教师培养路径作为本州的教师培养模式之一。1998—1999 年,有 2.4 万人通过选择性教师培养路径成为教师;2005—2006 年,有 5 万人通过选择性教师培养路径成为教师。到 2006 年,美国的 619 个教师教育机构向教师候选人提供了 124 种选择性教师培养方案。2003 年,新泽西州有 40% 的教师候选人通过选择性教师培养路径成为教师。

选择性教师培养路径得到了美国教育部的大力支持。20 世纪 80 年代末,老布什总统就对选择性教师培养路径表示赞赏。他曾在 1991 年发表的《美国 2000 年教育战略》中明确强调:"为了帮助非教育专业的各类人才进入师资队伍,总统要求国会向州政府和学区拨款，以建立各种师资培训机构。"[①]1996年，NCTAF在《什么最重要：为美国未来而教》报告中也指出，急需教师的地区在招聘教师时应采取一定的激励措施，为刚毕业的大学生、半路转行的人士、已在学校中工作的准专业人员、军队和政府部门的退休人员开辟从事教学工作的通道。同时，NCTAF认为选择性教师培养路径也要制定严格的质量标准。

选择性教师培养路径主要是对20世纪50年代到70年代形成的大学教育学院教师培养模式的一种补充。20世纪80年代，伴随着对美国传统的大学本位教师教育的批评，社会上出现了多种选择性教师培养路径。一是取消教师教育，授予文理学院毕业生教师资格证书，这是大多数文理学院所主张的；二是将在大学进行的教师教育改为在中小学进行，将大学本位的教师教育改为中小学本位的教师教育；三是将教师培养提升到研究生层次，取消本科层次的教师教育。第一种主张显然是解制主义阵营的观点，这一主张的支持者认为应当用市场化的手段来对待教师教育，取消有关教师教育的各种人为的规定。第三种主张是教师教育专业化阵营的观点，这一主张虽然在推行过程中遭到解制主义阵营的反对，但随着教师学历水平的整体提高，将教师培养提高到研究生层次也成为一种趋势。第二种主张的支持者相对较多，不过真正主张完全放弃大学本位教师教育的人并不多，更多的人主张在大学本位和中小学本位之间取得平衡，强调大学和中小学的合作。

选择性教师培养路径在形成之初是解决美国教师短缺的一种权宜之计，旨在在教师数量不足的情况下通过快速、便捷的方式培养教师，这种具有补偿性质的教师生成路径在产生之初并未受到人们的充分关注。

如果追溯起源，选择性教师培养路径早在第二次世界大战结束后不久美国推行的将复员军人推向教学岗位的"转向计划"中就已初露端倪。20世纪50年代早期，大量还未就业的文理学院毕业生涌入师资不足的中小学，这也是选择性教师培养路径的先声之一。实际上，在教师培养制度形成之前，选择性教师培养路径才是居于正统地位的。17世纪，哈佛大学毕业生也会在正式就业前做一段时间的兼职中小学教师，他们无疑是当时用人单位求之不得的高质量人才。

不过，20世纪80年代以来的选择性教师培养路径已经在新的历史条件下形成了新的特点，逐渐成为已获得学士学位的非教育专业人才从教的综合性路径。同时，其发展规

---

① 易红郡.借鉴美国教师教育认定制度，推动我国教师教育改革[J].教师教育研究，2002(1)：74—78.

模日益扩大,大到有与传统的教师培养模式分庭抗礼甚至取而代之之势。

(二) 选择性教师培养方案的基本概况

选择性教师培养路径的出现带来了各种新的培养和评估方式,而选择性教师培养方案在入学条件、学习成本、课程设置、考核与就业、培养模式等方面也均不同于传统的教师培养方案。

1. 选择性教师培养方案的概念和类型

选择性教师培养方案主要面向社会各领域、各阶层的人士,包括退伍军人、青年志愿者、刚毕业的非教育专业的大学生等。选择性教师培养方案可根据主办机构、参与对象、方案规模、方案内容分为不同的类型,各类方案在功能、实行环境等方面都有所不同。有专门为有意愿在中小学教书的非师范类学士学位获得者设计的后学士学位培养方案,有为持有临时教师资格证书的教师制订的培养方案,还有为有意愿教书的特殊人群制订的培养方案。

美国教师教育问题专家费斯特里泽(C. E. Feistritzer)对选择性教师培养方案的概念进行了研究,认为这一概念主要用来描述范围极广、形式极为多样的教师培养方案。[①] 费斯特里泽曾在2003年对1983年以来美国各州的选择性教师培养路径进行了系统的分析,发现很多选择性教师培养方案具有一些共同的特征,主要表现为:要求教师候选人有学士学位,要求教师候选人边教学边完成教育课程的学习等。

2. 选择性教师培养方案的准入条件

传统教师培养方案中,申请者需要通过SAT或ACT考试才能入学,而选择性教师培养方案没有制定统一的入学标准。一般来说,申请者只要具备以下一些条件就可以入学:具有学士或学士以上学位,有一定的工作经验和专业背景,有较为丰富的社会阅历,愿意在师资短缺的地区承担较为困难的教学工作,善于与有不同文化背景的学生建立良好关系,等等。

在是否要对申请者进行入学考试方面,各州做法不一。有些州要求申请者必须通过GPA考试,且总分要达到2.5分以上;有的州要求申请者通过学科专业能力测试;有的州

---

① FEISTRITZER C E. The evolution of alternative teacher certification[J]. Educational Forum, 1994, 58(2): 132.

要求对申请者进行个性测试和交流能力测试。例如,若有申请者想通过某些州的选择性教师培养方案成为数学教师,首先必须拥有数学或相近专业的学士学位,在入学前还要通过学科专业能力测试。据统计,2005年美国有63%的州要求申请者通过基本技能测试和教育理论测试,56%的州要求申请者通过学科专业能力测试,67%的州要求申请者参加面试。

各州对申请者工作经验方面的要求也不尽一致。有的州要求申请者具有一定的工作经验,而有些州则没有工作经验方面的要求。例如,华盛顿州要求申请者至少具有5年的相关工作经验。

有些州对申请者的入学要求和毕业要求都是较高的,以肯塔基州的东肯塔基大学为例,该大学的选择性教师培养方案面向有意愿从教的非教育专业人士,其入学条件是:获得学士学位或硕士学位;GPA成绩达到3.0分;GRE语言和数学考试成绩均达到350分;提供专业简历1份;提供有关个人生活、工作及教育经验的3封推荐信;完成2份由学校布置的书面作业;通过教育学院研究生委员会的面试。申请者在入学的第一个学期还要通过数学和计算机技能考试。东肯塔基大学还要求学生在毕业前通过教学实践考试、教育学原理考试和基础教育考试。

选择性教师培养方案所需的学费根据方案的性质和主办机构的不同而不同,学费一般为每学年150~3000美元。选择性教师培养方案的经费来源主要有两种:一是学生承担所有的培养费用;二是学生与州政府、地方学区和联邦政府共同承担费用。

3. 选择性教师培养方案的课程设置和评价方式

不同教师教育机构选择性教师培养方案的课程设置各不相同。例如,特拉华州的选择性教师培养方案要求学生获得15个教育专业学分,具体课程包括有效教师策略、青少年发展与课堂管理、阅读、多文化教育等。这些课程主要在大学或学院中进行,也有一部分是通过远程教学或现场教学来完成的。美国2005年的相关统计数据显示,在大学或学院校内开设的选择性教师培养课程占58%,在学区开设的课程占19%,以现场教学的形式开设的课程占18%,以远程教学的形式开设的课程占11%。例如,在得克萨斯州选择性教师培养方案中,学生既可以选择在校内上课,也可以选择通过远程教育进行课程的学习。

绝大多数参加选择性教师培养课程的学生在学习期间大多从事带薪的教学实践工作。学生只要完成了课程的学习,通过了学校负责人、督导教师、大学或学院导师、州人事部门的专业评价,就可获得教师资格证书,并获得全职教师的职位。教师教育机构一般通过教学观察、书面测验、论文审阅等方式对学生进行评价。评价的内容包括基本技能评价、专业知识或教育学知识评价、理论水平评价、其他学科知识评价、对特殊人群的教育评价等。

(三)选择性教师培养路径下的教师实习

与传统的教师培养方案相比,绝大多数选择性教师培养方案都存在着忽视教育理论知识的倾向,在教学内容上大大压缩了教育理论课程的学习时间。在选择性教师培养方案中,学生通常都是利用周末或假期的时间学习教育理论课程,课程内容也是与实际教学密切相关的,包括教学规划、课堂管理、课程评价等。例如,肯塔基州的东肯塔基大学开设的教育学硕士课程从暑期开始,学生要完成48小时的教育理论课程学习。[①] 有的选择性教师培养方案甚至没有安排教育理论课程,例如在普林斯顿大学制订的选择性教师培养方案中,大部分课程都是由教学实践、反思和讨论环节构成的,学生只能自行阅读教育学教材和心理学教材来学习教育理论。[②]

在弱化教育理论知识的同时,选择性教师培养方案强化了实践的重要性,更为注重学生实际课堂教学与管理能力的形成。学生在学习之初就要进入中小学课堂进行见习和实习,如在科罗拉多州立大学教育学院的选择性教师培养方案中,学生需要参加5种实践活动,包括在乡村学校实习、在初中实习、在高中实习、在城区参加实践活动、进行社区服务。[③]

不同的选择性教师培养方案对实习的要求也并不相同。在一些教师培养项目中,学生在经过一个暑假的培训后就可以成为注册教师,学生可以在承担全日制教学工作的同时完成其证书课程的学习。在一些学区本位的教师培养方案中,新教师可获得临时教学许可证,在教学的同时可以通过学习学区或大学的证书课程获得教师资格证书。在驻校模式中,学生在实习指导教师的指导下逐步承担教学任务,完成实习课程。纽约市的一些教师培养方案要求学生建立档案袋,对自己的课程学习和教学实践情况进行记录;一些教

---

① 姚艳杰.美国选择性教师培养途径述评[J].基础教育参考,2007(4):30—32.
② 刘保卫.美国大学本位教师教育的新路径:普林斯顿大学教师培养方案研究[J].比较教育研究,2007(11):23—26.
③ 连莲,许明.对美国选择性教师教育的反思和前瞻[J].外国教育研究,2003(10):48.

师培养方案则要求学生开展行动研究，对自己在教学实践中遇到的问题进行记录和反思，或者完成论文的写作。纽约市的教师培养方案在见习和实习的时间安排上一般都远远超过纽约州规定的时间。

（四）选择性教师培养路径下各类组织的教师实习

选择性教师培养方案名目繁多，选择性路径的办学主体也多种多样，除大学外，还包括州教育署、地方学区、地区性服务中心、社区学院等。选择性教师培养路径对传统教师培养模式的替代除了体现在培养环节，还体现在有关教师教育的各个方面，如教师资格认证环节、教师培养认证环节、教师实际培养环节和教师教育研究与政策制定环节等。下文将对选择性教师培养路径下各类组织有关实习的立场、观点及具体做法予以讨论。

1. ABCTE 与教师实习

2001年，全美教师质量委员会（National Council on Teacher Quality，NCTQ）和教育领导委员会（Education Leaders Council，ELC）共同成立了美国优质教师证书委员会（American Board for Certification of Teacher Excellence，ABCTE）。ABCTE 是具有典型解制倾向的新型教师资格认证组织，得到了联邦政府的资金支持。鉴于 NCTQ 的强大影响力，ABCTE 的教师教育政策和教师资格认证标准已经被美国教育部接受。

（1）ABCTE 的教师资格证书。

在联邦政府的支持下，ABCTE 的发展十分迅速。2004年6月，只有爱达荷州的11位人士获得 ABCTE 的教师资格证书；而发展到2009年，已有9个州将获得 ABCTE 的教师资格证书作为教师的入职条件。至2010年，已有9000多人获得 ABCTE 的教师资格证书。

ABCTE 的教师资格证书可分为两大类，包括教学证书通行证和熟练教师证书。

教学证书通行证可被理解为获得教师入职资格证书的通行证，其主要面向的是新手教师。具体来说，教学证书通行证为两种人获得教师资格证书提供了便捷的途径，一是那些拥有本科学历且希望成为教师的职场人士，二是已经拥有临时或应急教师资格证书且希望获得正式教师资格证书的教师。

教学证书通行证的优点在于申请该证书不需要太多费用，并且可在全美范围内通用。ABCTE 对申请者的报名条件也未做太多的要求，凡具有本科学历且没有犯罪记录的人都可以提出申请，申请合格者可参加 ABCTE 的教师资格考试。

ABCTE 颁发的教学证书通行证主要包括初等教育、特殊教育、英语、历史、数学、通用科学、生物学、物理学、化学这九个学科领域。ABCTE 为每个学科领域制定了相应的标准,提出了知识掌握的具体范围和要求,有些学科领域还被划分为多个分支领域。以初等教育为例,该学科领域被划分为阅读与英语语言文学、数学、科学和社会科学,阅读与英语语言文学又被细分为语言技能、阅读技能、阅读理解、研究技能。除此之外,ABCTE 还规定了每个学科领域的核心知识和能力。

为鼓励更多人从事教学工作,ABCTE 深入各个学区,与社区结成密切的伙伴关系,向社会广泛宣传 ABCTE 的教师资格考试政策。在注重开展宣传推广工作的同时,ABCTE 还为申请者提供灵活多样的认证咨询服务和考试辅导。同时,ABCTE 充分利用现代网络多媒体技术,采用教学准备小组、专家指导等各种活动方式。

申请者如果能够通过 ABCTE 的学科知识考试和专业教学知识考试便可获得教学证书通行证,在认可和接纳教学证书通行证的州,申请者还可获得教师资格证书。当然,由于颁发教师资格证书的权力归各州所有,获得 ABCTE 的教学证书通行证并不意味着就一定能获得州颁发的教师资格证书,各州可自行决定是否承认 ABCTE 的教学证书通行证。有些州虽然承认 ABCTE 颁发的教学证书通行证,但通常也会对该通行证的使用范围提出一些限制性条件。例如,密苏里州规定教学证书通行证不能在早期儿童教育、初等教育和特殊教育领域使用。在中等教育领域,教学证书通行证的持有者想要获得州教师资格证书必须满足以下条件:本科期间 GAP 成绩达到 2.5 分以上,通过密苏里州的政审,具有至少 60 个学时的教学经验。由此可见,决定教学证书通行证是否能够通行的权力还是归各州所有。

为使教学证书通行证能够真正被各州和广大教师接受,ABCTE 十分重视挖掘和宣传教学证书通行证不同于传统教师资格证书的优势,指出了该通行证以下几个方面的优点。

第一,成本低。教学证书通行证的考试和认证费用仅为 560 美元,比其他类型的教师资格考试的费用低得多,如 NBPTS 的优秀教师资格认证就需要 2000 多美元。

第二,形式灵活。申请者可在网上进行注册,还可以在网上咨询有关考试的问题。学生可在 1 年内参加考试,若成绩不合格还有数次补考机会。未通过考试的学生可在半年内再次参加考试,所需费用降为 389 美元。

第三,含金量高。ABCTE 提供的课程可让学生掌握有效教学的方法。据 ABCTE 的统计数据显示,很多学校的校长普遍反映,持有教学证书通行证的教师的教学工作比一般教师更富有成效。

第四,意义重大。美国有上百万名学生得不到高水平的教育,教学证书通行证则能够让更多学生接受高质量的教育。

除了教学证书通行证,ABCTE的教学资格证书还包括熟练教师证书。熟练教师证书相当于高级教师资格证书或优秀教师资格证书。颁发该类证书的目的是培养更多的优秀教师,并对他们进行认证,以进一步提高美国教师的质量。

熟练教师证书面向的人群非常广泛,该证书面向所有有经验的教师,包括公立学校教师、私立学校教师、星期日学校教师等。[①]

获得熟练教师证书的教师需要牢固地掌握学科知识,开展高质量的教学(可由公正客观的课堂观察者作出评价),对学生的学习产生积极的影响,及时完成校长和学区安排的工作。ABCTE坚信,熟练教师证书是优秀教师专业教学水平和知识水平的证明,获得熟练教师证书的教师应当是那些堪称模范的优秀教师。想要获得熟练教师证书的教师除了需要通过考试外,还要提供能证明自己的教学使学生取得进步的实据。[②]

2006—2007年,ABCTE在全国范围内选择了一些学区进行调研,同时还邀请了一些对绩效工资、教师评估和学生成绩评估感兴趣并有相关工作背景的人士(包括校长和优秀教师)加入熟练教师咨询委员会。

(2) ABCTE的教师资格考试。

ABCTE的教师资格考试采用的是线上笔试的形式,分别包括数学、物理、生物、化学、英语语言艺术、通用科学、特殊教育、美国史、世界史、阅读、专业教学知识和综合学科知识等12门考试科目。2015年左右,考试科目略有调整,由原有的12门调整为10门,专业教学知识和综合学科知识这两门考试被取消,增加了初等教育这一考试科目,美国史和世界史则被合并为历史。

ABCTE为开发教师资格考试试题动员了众多中小学教师、大学教师和教育行政管理者。考试的范围以ABCTE所给出的各学科的知识范围为基础,教师可以在网上获得考试范围并提前进行准备。考试的题型大都为多项选择题,题库中的试题会根据需要不断更新,如2006年9月,ABCTE就删除了题库中专业教学知识方面的试题,补充了60道新

---

① 洪明.美国教师资格认证的改革与创新:ABCTE的机构性质和证书设计探析[J].外国教育研究,2010,37(8):20.
② 同①:21.

试题。①

与其他类型的教师资格考试相比,ABCTE 的教师资格考试的特点在于该考试直接与教师资格证书挂钩。ABCTE 本身就是认证机构,通过了考试也就获得了教师资格证书,若教师候选人所在的州认可 ABCTE 的教师资格证书,教师候选人就可以直接获得该州的教师资格证书。

从总体上看,ABCTE 在全盘计划中未提及实习,也未对教师的教学实践能力提出要求,这也使 ABCTE 受到了各方的批评。许多反对者认为 ABCTE 的教师资格考试不能准确地反映教师的教学能力。肯尼斯·M. 蔡克纳就指出,ABCTE 的标准非常危险,很难想象,多项选择题做得好就能成为好教师。② 面对来自各方的批评和自身存在的问题,ABCTE 改变了原有的方案,开始关注教师的教学实践经验,并根据各州教师的实际情况和各州的认证要求,为新手教师安排实习指导教师。虽然 ABCTE 在教师资格认证工作中忽视了实习的重要性,但通过分析其认证内容与认证过程,我们能够了解到排除了实习的教师资格认证是如何考查教师能力的。

2. TEAC 与教师实习

从 1997 年起,伴随着全美对教师教育问题的激烈争论,在联邦政府的大力支持下,美国成立了新的教师教育认证机构——TEAC。TEAC 的出现不仅对传统的教师教育认证标准和程序提出了挑战,而且也改变了美国教师教育认证的基本格局。作为选择性认证机构,TEAC 的认证模式在设计理念上与 NCATE 有很大的不同,它为教师教育机构的自主办学提供了更大的空间,有利于推动教师教育机构建立自己的质量保障体系。

(1) TEAC 认证的质量原则。

TEAC 在美国的教师教育领域开辟了一种新的认证模式。TEAC 认为,美国教师教育认证的关键问题不是标准的制定是否完善,也不是目标的制定是否妥当,而是教师教育机构能否达到这些标准和目标,能否找到确凿的证据来证明教师教育机构已经达到了这些标准和目标。TEAC 的主要任务就是让这些教师教育机构提供证据证明自己已经达到了自己所选定的标准。因此,TEAC 没有提出具体的教师教育认证标准,而是允许各教师

---

① 洪明.美国教师资格认证的改革与创新:ABCTE 的机构性质和证书设计探析[J].外国教育研究,2010,37(8):21.

② 洪明,丁邦平,黄忠敬.让教师在专业实践中成长:国际教师教育学者沙科纳教授访谈[J].全球教育展望,2006,35(3):3—6.

教育机构自行决定采用何种标准，教师教育机构可以自己制定标准，也可以采用本州的标准，或者采用其他认证组织的标准。TEAC所要做的工作是对各教师教育机构是否达到了自己所选定的标准进行审核。

显然，TEAC的这种认证模式为教师教育机构的自主办学提供了较大的空间，它避免了具有强制性的认证标准对教师教育机构产生的影响。如果教师教育机构将强制性的认证标准作为办学方针，会使其不得不放弃认证标准之外的许多对教师教育而言非常重要的办学路径。

TEAC虽然没有制定具体的认证标准，但提出了保证教师教育质量的三项认证原则，即认证的质量原则。

原则1：提供有关学生学习的证据。这是TEAC认证模式的核心主张。TEAC重在考查学生学习专业教育课程的证据，尤其是学生在掌握学科知识和教学技能方面的证据。

原则2：提供有关有效评估学生学习的证据。这是TEAC认证模式的核心价值。这类证据包括两方面：一是为评估方法的合理性和可靠性提供理论说明，二是提供能够证明所使用的评估方法合理可靠的证据。

原则3：提供有关制度化学习的证据。这是TEAC认证模式的核心活动。这一原则要求教师教育机构证明本机构的教师教育已经建立了完善的质量保障体系。

（2）TEAC的认证要点。

只有质量原则并不能确保认证的有效进行，为准确评估教师的培养质量，TEAC提出了"容量指标"这一概念，该指标包括课程、教学人员、设施和设备、财政和管理、学生服务、学校常规工作、学生反馈七个方面。TEAC要求教师教育机构从这七个方面提供证据，以证明自己有实力保证教师教育的质量。

TEAC的认证模式注重以下四个要点：第一，不主张教师教育机构采取同一种教师培养模式，支持教师教育机构通过多种途径实现高质量的教师教育。第二，认证过程以质询为主。TEAC认为，对教师教育机构的认证应该基于有思想、有深度的质询，要考虑教与学二者之间的关系。问题的设计不应该只符合认证机构与州教育部门的要求，还要反映出不同教师教育机构的独特使命与目标。第三，认证的目的在于确保教育的质量，认证的重点在于向TEAC提供能够证明学生水平的证据。因此，TEAC将考查的重点放在教师教育机构为保证教育质量而采取的教育手段上。第四，注重节约。TEAC认为整个认证过程应当是高效的，应尽可能减少对各类资源的消耗，及时对教师教育机构进行认证，杜绝不必要的活动或花销,以免加重教师教育机构的负担。

(3) TEAC的认证条件与认证流程。

申请TEAC认证需要教师教育机构满足以下条件:通过州或地区的教师教育认证;符合TEAC的目标和质量原则;同意TEAC公开发布认证的结果;向TEAC提供其所需的任何信息或资料。满足上述条件的教师教育机构可向TEAC提出认证申请。申请TEAC认证的基本流程如下:

① 提出认证申请。教师教育机构如果认为本机构符合TEAC的认证标准,就可以向TEAC提交认证申请,填写申请表(可从网站上下载)。除填写申请表外,教师教育机构还要提交本机构已经通过州或地区教师教育认证的证明材料、毕业生获得州教师资格证书的证明材料、本学年教学活动安排的相关材料,并交纳认证费和会员费。每个教师教育机构需要交1000美元的认证费和每年2000美元的会员费。此外,教师教育机构要承担与认证工作有关的全部费用,包括认证人员工作期间的食宿费、交通费和工作报酬(每位认证人员的工作报酬约为1500美元)。TEAC将根据认证标准决定是否接受教师教育机构的申请。对于不符合认证标准的,TEAC将退还全部费用。

② 递交专业建设概述。教师教育机构需要在成为TEAC会员后向TEAC提交专业建设概述。TEAC则会定期召开会议,指导会员准备专业建设概述。TEAC要求教师教育机构的所有相关人员都参与到专业建设概述的撰写中。专业建设概述一般有50多页。TEAC在收到专业建设概述后,将就专业建设概述的内容进行审核,如果发现有问题,TEAC会将专业建设概述退回教师教育机构,教师教育机构按要求修改后需重新提交。只有专业建设概述通过了审核,TEAC才会对该机构进行正式的认证。

③ 开展认证工作。TEAC在正式接受教师教育机构的认证申请后,将由认证小组主席具体负责该机构的认证工作。认证人员主要由各大学或学院的教师和管理人员、州教育部门的工作人员和幼儿园、中小学的教育工作者构成。所有的认证人员都要接受TEAC的专门培训。在认证过程中,认证人员要考查专业建设概述中所提到的目标是否得以实现。在认证之后,认证人员需要将认证报告同时递交给教师教育机构、TEAC和TEAC认证小组主席。教师教育机构可在两周内对这一报告作出回应。

④ 由认证委员会给出最终认证结果。认证小组将最终的认证报告、专业建设概述、认证小组的建议和从网站上搜集到的外界评论呈交给认证委员会,由认证委员会作出最终决定,并告知教师教育机构认证结果。如果教师教育机构最终通过了认证,TEAC将公

布这一结果并告知该机构提交年度报告的时间。那些通过认证的教师教育机构需要每年按时交纳会员费,并递交年度报告。一般来说,从提出认证申请到最终得到认证结果通常需要 8~10 个月的时间。

(4) TEAC 认证工作的优势与不足。

TEAC 认证工作的优势主要表现在两个方面。第一,TEAC 的认证确保了教师教育机构的办学自主权。TEAC 将教师教育机构能否提供足够的证据来证明自己的教师培养工作达到了预期的目标作为考查的重点。因此,TEAC 的主要任务就是对这些机构所提供的证据进行鉴定,至于教师教育机构采用什么样的标准和目标,TEAC 未给出明确的要求。这种认证方式对确保教师教育机构的办学自主权有重要的意义。

第二,TEAC 的认证有助于促进教师教育机构建立内部的质量保障体系。TEAC 力图通过特定的认证方式确保教师教育机构自身具备有效的质量保障体系,使教师教育机构能够通过自身的质量保障体系对所发现的问题及时进行补救。从这一角度看,TEAC 的认证在评估理念上是注重过程性和发展性评价的,这比只注重结果的终结性评价更能促进教师教育机构的改革与发展。

当然,TEAC 也存在着一些不足之处,并受到了来自多方的批评。首先,从认证的组织机构来看,TEAC 认证的代表性受到了人们的质疑。琳达·达林-哈蒙德指出,NCATE 是由教师、行政管理者、教师教育者、家长、社区代表、政策制定者组成的,与 NCATE 相比,TEAC 不具有广泛的代表性。其次,从认证标准来看,NCATE 与 INTASC、NBPTS 建立了合作关系,共同使用表现本位的认证标准,并不断地对标准进行完善(一般每 5 年修订一次),而 TEAC 没有制定自己的认证标准,其标准是由各教师教育机构自行选定的,TEAC 只是对各教师教育机构是否达到自己选定的标准进行鉴定,这难免会使人们对认证工作的客观公正性产生怀疑。

TEAC 的认证工作也遭到了一些教师教育团体的反对。他们认为美国教师教育领域近些年来出现的包括 TEAC 在内的组织所发起的一系列改革走向了错误的方向,这些改革不利于社会公正,具有分离主义的倾向。[①] 对 TEAC 的这类批评针对的不只是 TEAC 本身,它也反映了美国教师教育的各个阵营在基本理念上的重大分歧。

由于 TEAC 允许各教师教育机构自行决定采用何种标准,因此 TEAC 对实习工作没

---

① 洪明.美国教师质量保障体系历史演进研究[M].北京:北京师范大学出版社,2010:255—274.

有作出专门的规定。在认证标准中,TEAC只是将实习视为教师培养活动中的一种,实习工作并没有得到特别的关注,甚至有被忽略的倾向。在TEAC制定的认证标准中,实习既没有被作为二级指标或三级指标,也没有被专门论述过,只是在说明其他问题时被提及过。例如,TEAC在说明第三条质量原则时指出:"教师培养方案如果要阐述自己的特色,例如在实习和临床课程方面的特色,那就必须说明其在资源组织、建设管理和设施设备方面的情况,以证明自己的教师培养方案的确有这样的特色。"①总之,TEAC的认证标准并没有对实习进行专门的规定。

从总体上看,TEAC的评估理念是现代教育评估的重要趋势之一,我国高等教育的评估工作近年来也逐步接受了这一理念。TEAC的评估理念和认证标准后来也被NCATE所接受,TEAC与NCATE最终合并,共同建立了新的教师教育认证机构——CAEP。有关这方面的内容,本书在前文已经进行了阐述,这里不再赘述。

3. TFA与教师实习

"为美国而教"(Teach For America,TFA)是1990年成立的一个全国性青年志愿者团体,在芝加哥市设立了办公室。其创办者是普林斯顿大学毕业生温迪·科普(Wendy Kopp)。TFA主要面向的是大学毕业生,特别是著名大学的毕业生,在经过短期培训后,TFA的志愿者将到美国的边远地区和贫困地区从事为期两年的教学工作。两年之后,志愿者可以选择继续留任,也可选择离开教学岗位。②志愿者任教期间的工资由学区支付,安置费、培训费等则由基金会、当地政府和全国性组织支付。③

TFA在美国享有盛誉,其教师培养模式也获得了空前的成功。到2000年,参与TFA的人数约有900人,2005年则突破了2000人。由于报名参加TFA的人数逐年递增,其入选标准也越来越严格,申请者的入选率也比较低,这意味着TFA志愿者的综合能力都是比较高的。2001年,近5000人报名加入TFA,录取人数为951人;2005年,报名人数增加至17350人,录取人数为2226人;2007年,报名人数为18172人,3026人被录取。芝

---

① TEAC. Teacher education accreditation council[EB/OL].(2012-05-17)[2020-10-03]. http://www.teac.org/accredi-tation/updates-to-the-guide.

② 徐春妹,洪明.解制取向下的美国教师培养新路径:"为美国而教"计划的历程、职能与功过探析[J].外国教育研究,2007(7):24—28.

③ KUMASHIRO K K. Seeing the bigger picture:troubling movements to end teacher education[J]. Journal of Teacher Education,2010,61(1):56.

加哥大学、普林斯顿大学、杜克大学等大学的很多毕业生都成为了 TFA 的志愿者。①

TFA 还与多家机构合作成立了一个名为"为所有人而教"(Teach For All)的组织,该组织旨在帮助其他有需求的国家开展类似的项目。在 TFA 项目中,对志愿者的培训已与教师教育机构的培养方式完全不同,因此,以教师教育机构传统实习的概念和术语对其进行描述是比较困难的。下文将通过介绍 TFA 培训志愿者的具体方式来说明其与大学教育学院传统实习相类似的教学实践活动。

TFA 的培训模式一般包括岗前短期培训和两年教学服务期间的额外课程的学习。志愿者的岗前短期培训一般为 5~8 周。志愿者在参加完教师指导下的教学实践训练后,就会分别前往各个学校开始他们为期两年的教学志愿者服务活动。这就涉及招募志愿者、对志愿者进行培训和指导等多个环节。

(1)志愿者的招募。

为吸引一流大学的毕业生任教,TFA 安排了已经加入 TFA 两三年的校园大使在美国的一流大学开展招募和宣传活动。其宣传的方式多种多样,如贴海报、在学生会或学生社团活动时发布信息等。TFA 希望通过拓宽宣传的渠道动员有领导能力的学生报名参加。

一般来说,负责招募的校园大使会要求申请者填写申请书,校园大使会通过电子邮件与志愿者进行交流或进行面对面的交流。校园大使根据申请书的内容将符合条件的申请者推荐给下一轮面试的负责人。在整个招募过程中,项目工作人员会通过推荐信、论文、简历及面试的表现了解申请者的具体情况,以及申请者参加项目的原因和目的。

(2)志愿者培训。

为了使没有教学经验的志愿者胜任艰巨的教学工作,提高任教学校学生的学习成绩,TFA 十分重视对志愿者的培训和指导。在岗前短期培训中,TFA 会邀请有经验的教师和教育研究者为志愿者提供教学方法上的指导,并通过让志愿者参加教学实践活动和大量教师专业发展活动获得教学经验和技巧。

在岗前短期培训的前两个星期,会有经验丰富的教师在教学理论和方法上对志愿者进行指导。教师会指导志愿者如何做一名教师、如何进行测试、如何进行课堂管理、如何

---

① Teach for America. Why teach for America? [EB/OL]. (2014-05-12)[2020-10-08]. https://www.teachforamerica.org.

营造班级的文化氛围、如何与学生沟通等,并传授五步教学法的使用方法。

五步教学法是经过 TFA 反复检验的较为有效的教学方法,适用于各个学科。五步教学法的具体步骤是:① 介绍课程目标(1~2 分钟);② 讲解新课(15 分钟);③ 带领学生完成新课的练习(15 分钟);④ 学生自己做练习(10 分钟);⑤ 根据课程内容安排测试。

接下来的 6 个星期,志愿者会被安排到不同的暑期学校中,上午给成绩较差的学生上课,下午与其他教师一起讨论如何改进教学,不断练习五步教学法并总结经验。

TFA 也十分重视对志愿者领导力的培养。TFA 会为学生的学习制定长远的目标,鼓励学生为目标努力;TFA 还会要求志愿者有目的地对工作进行规划并高效地完成自己的工作任务。在培训中,教师会指导志愿者学会分解目标,将目标具体化,并灌输"教师是课堂领导者"的理念。教师会向志愿者强调,教师不仅要教课,还要掌握方法并制订计划。作为课堂领导者,教师还需要根据学生的情况分配任务,这也是领导力的一种体现。

TFA 在培训的过程中还强调志愿者应在教学中不断地给学生信心和动力,帮助学生掌握学习的方法,只有让学生掌握了学习的方法,学生才能学得快乐。

(3) 对志愿者的跟踪指导。

在接受完岗前短期培训后,志愿者就要前往边远地区或贫困地区任教。在两年的志愿者工作中,TFA 会对志愿者进行跟踪指导。为了帮助志愿者解决在工作中可能出现的种种困难和问题,TFA 在每个地区都安排了项目主任,项目主任需要为志愿者提供工作和生活上的支持,对志愿者进行培训和辅导。

TFA 每年都会安排有经验的教师到志愿者的班级听课,了解志愿者的教学方法,帮助他们取得进步。教师会观察课堂中志愿者和学生的表现,然后告诉志愿者他在课堂中观察到了什么,并结合志愿者对自己的课堂表现的分析,与志愿者共同讨论如何解决目前存在的问题、如何让学生在学习上取得进步、如何让志愿者取得进步。

从总体上看,TFA 的这种教师培养模式与教师教育机构中传统的实习已经有很大的不同。在 5~8 周的岗前短期培训中,教育教学的理论学习与实习、见习等活动是结合在一起的。在两年的实际教学工作中,志愿者在从事的教学工作的同时还会接受教师的跟踪指导。因此,我们也很难区分志愿者的这段教学经历是实习还是在职工作。通过 TFA 的培养方式,我们可以发现,将职前教育与入职教育两者结合起来,模糊两者的界限,是美国选择性教师培养路径的重要特征之一。

4. UTEP 与教师实习

芝加哥大学教育学院曾因拥有杜威这样的著名教育家而声名远扬,杜威创办的实验学校更是让芝加哥大学的教育改革在 20 世纪的前一二十年走在了世界前列。让人们没有想到的是,世界知名的芝加哥大学教育学院却于 1996 年关闭了。其原因是多方面的、复杂的,但芝加哥大学教育学院过于追求定量实证研究,脱离了现实教育的需要,是其关闭的重要原因之一。2003 年,在面向基础教育改革的芝加哥学校研究协会的推动下,城市教师教育计划(Urban Teacher Education Program,UTEP)开始启动。这是芝加哥大学在教育学院被关闭之后首次重新涉足基础教育领域。总的来看,UTEP 的教师培养模式与教师教育机构的传统教师培养模式大相径庭。

(1) UTEP 产生的背景。

芝加哥学校研究协会是芝加哥大学为响应芝加哥市 1988 年颁布的《学校改革法》而成立的组织,该组织由芝加哥大学部分学院的教师和芝加哥的中小学管理者和教师组成。[①] 从性质上看,它已不是纯粹的高校组织,而是大学与中小学共同参与的协作性组织。该组织接受由伊利诺伊州教育委员会、芝加哥公立学校委员会、城市教育委员会、教育工会、校长及管理者协会等组织组成的指导委员会的指导。芝加哥学校研究协会的活动还得到了美国教育部和比尔·盖茨基金会、全美科学基金会等在内的近 20 个基金会的资助。

芝加哥是美国第三大城市,与美国其他大城市一样,芝加哥集聚了大量的有色人种。在《学校改革法》颁布之前,芝加哥只有 3% 的高中生的阅读水平居于全国平均阅读水平之上,只有 7% 的高中生的数学成绩超过全国平均水平。在大学入学考试中,芝加哥高中毕业生的平均成绩大约要比全美平均成绩低 30%。同时,芝加哥的高中辍学率高达 50%。[②] 美国教育部前部长著名教育家威廉·贝内特(William J. Bennett)曾宣称,芝加哥的公立学校系统是全美最差的。1988 年芝加哥《学校改革法》的颁布所要解决的正是基础教育质量薄弱的问题,其改革的主旨就是下放教育权,引导社会力量办学,鼓励竞争,提高学生的学习水平。

为了补充芝加哥公立学校改革所需的师资力量,芝加哥学校研究协会扩充了自身的

---

① The University of Chicago. About CCSR [EB/OL]. (2014-10-05) [2020-09-18]. http://ccsr. uchicago. edu/about.

② 孙孝花. 社区参与:芝加哥中小学的一种管理模式[J]. 世界教育信息,2005(1):28—30.

职能，于2003年推出了UTEP。

（2）UTEP的入学标准。

为了培养高质量的教师，UTEP拓宽了教师候选人的选拔渠道，扩大了选拔范围。在保证教师候选人选拔工作的灵活性的同时，UTEP也对教师候选人的选拔提出了严格的要求。

UTEP主要面向芝加哥大学的本科毕业生、硕士毕业生和该校的本科四年级学生。由于UTEP的影响力逐渐扩大，除芝加哥大学外，UTEP也吸引了哈佛大学、麻省理工学院等著名大学的优秀学生。

为保障生源质量，UTEP在入学标准方面对申请者提出了多项要求。在学业水平方面，申请者需要完成大学通识课程的学习，并且GPA成绩应达到3.0分以上。同时，申请者要有较强的阅读、写作和思考能力。一般情况下，申请者的ACT成绩要达到22分以上，SAT的阅读和写作成绩要达到1030分以上。在实践经验方面，与教育相关的工作经验是选拔的重要参考依据。同时，拥有在贫困学校工作经历的申请者可被优先录取。在专业性向与能力方面，申请者需要做事细心，有较强的领导能力。在价值观方面，申请者应坚持教育公平的理念并为之努力奋斗。在从教意愿方面，申请者应当有在芝加哥公立学校任教的意向。

（3）UTEP对教师候选人的培养。

为了保障教师培养质量，UTEP设计了教师培养方案，将教师候选人的培养周期设定为5年，具体可分为教育基础学习、驻校实习和入职教育三个阶段。

① 教育基础学习。UTEP要求教师候选人在第一学年完成教育基础学习，包括学术科目学习、实地观摩考察、参与课外辅导和塑造教育信念四个方面[1]。

第一，学术科目学习。UTEP通过开设有关学科知识的课程和教学方法类课程，引导学生从哲学、社会学、心理学、历史学、公共政策学等不同视角探讨并分析教育问题。

第二，实地观摩考察。UTEP安排教师候选人到芝加哥公立学校和特许学校进行教学观摩和考察。每位教师候选人每学年至少要完成12次教学观摩或考察。

第三，参与课外辅导。教师候选人需要到中小学进行课外辅导，以获取教学经验。教师候选人需要到特许学校为3名学生提供每周两次的课外辅导，并记录教学过程。课外

---

[1] The University of Chicago Urban Teacher Education Program. Foundations of education[EB/OL]. (2014-08-19)[2020-11-05]. http://utep.uchicago.edu/page/year-1-foundations-education.

辅导结束后,教师候选人需要与导师和同伴分享经验,接受教学指导。

第四,塑造教育信念。教师候选人需要在阅读小说、传记或观看电影后与同伴探讨教师地位、教育公平等问题,分析种族、阶级、性别和文化对教师和学生的影响,体会教育的理念和精神,重新审视自己的职业选择,了解教师这一职业的意义,学会与学生、家长和同事建立良好的关系。

② 驻校实习。完成教育基础学习的教师候选人将作为实习生到公立中小学参加为期1年的驻校实习。驻校实习的经历也是教师候选人获得教师资格证书的必要条件。

教师候选人首先要在公立学校担任为期5周的课堂教学助理,在实践中进一步学习与任教学科有关的知识和教学方法。从8月到次年6月,教师候选人需要到特许学校和附近的公立学校分别完成为期半年的驻校实习。教师候选人每周要和实习指导教师一起工作四五天,这些实习指导教师都是公立学校的优秀教师。[①] 实习指导教师负责对教师候选人的教学进行考核和评估。实习期间,实习学校要举办专业教学研讨会,让教师候选人与实习指导教师和其他教师候选人共同反思教学实践工作。在驻校实习的后期,教师候选人将全面接管班级,独立承担课堂教学工作和评价工作。

完成驻校实习后,教师候选人需要参加转向教学研讨会,这是为教师候选人正式进入公立学校所做的最后的准备。除提供入职指导以外,转向教学研讨会还为教师候选人提供与公立中小学校长和其他管理人员见面的机会,为教师候选人的就业提供周到的服务。

③ 入职教育。教师候选人在完成为期两年的职前教育后会正式进入芝加哥公立学校工作。在教师候选人就业之后,UTEP还会继续提供3年的教学跟踪指导,开展课堂观摩、校友研讨、领导力培训等一系列活动,使入职后的教学工作与职前的培养工作有机结合起来。为了更好地支持新教师的入职教育,UTEP还成立了校友基金会,为毕业生参加学术会议和专业发展研讨会提供资金支持。

(4) UTEP的课程设置及其特点。

虽然UTEP的课程设置每年都有调整,但其主要课程基本保持不变。从整体上看,UTEP提供的课程主要包括教育专业课程、学科专业课程、实习与教学实践。根据课程目标与功能的不同,教育专业课程又可细分为教育基础课程、学科教学技能与方法课程和教

---

① The University of Chicago Urban Teacher Education Program. Residency[EB/OL]. (2014-10-19)[2020-11-05]. http://utep.uchicago.edu/page/year-2-residency.

师职业教育课程。与传统大学教育学院由教育理论研究者讲授课程不同，UTEP 开设的教育专业课程主要由具有中小学教学经验的教师讲授，而学科专业课程主要由芝加哥大学的教师讲授。同时，UTEP 还要求教师候选人到芝加哥的公立学校进行观摩和考察，参加专业教学研讨会、实践反思研讨会等活动。UTEP 和公立学校的教师共同指导教师候选人的实习和教学实践活动。

正如前文所述，UTEP 是为了推动芝加哥公立学校教育改革而启动的，其目标是培养更多能够适应芝加哥公立学校教学要求的教师。这一目标不仅贯穿了 UTEP 教师培养的全过程，也体现在其课程设置中。UTEP 的课程设置注重教师候选人教学能力的训练、教育理念的塑造，以及教育情感的培养。总的来看，UTEP 的课程设置具有如下特点。

第一，关注教育的社会基础与多元文化。UTEP 在设置课程时充分考虑了芝加哥教育环境的多样性和复杂性，开设了与教育的社会基础和多元文化有关的课程，注重引导教师候选人对相关问题进行研究。这类课程促进了教师候选人教育理念的塑造和教育情感的培养，使教师候选人能更好地适应芝加哥公立学校的教学需求。这样的课程设置也有助于推动芝加哥公立学校的教育改革。

第二，教育专业课程比重较大且实用性强。与大学本位的教师教育和选择性教师培养路径不同，UTEP 不再开设通识教育课程，学科专业课程所占的比重也比较小。[①] 相比之下，UTEP 开设的教育专业课程比重较大，这些课程对教师候选人教学能力的培养有着较为重要的作用。

第三，与中小学教学实践联系密切。实习与教学实践是 UTEP 教师培养的重要环节，教师候选人每学期都需要到芝加哥公立学校参加教学实践和研讨会。这样的实践活动使教师候选人有机会将所学的教学技能与方法应用到教学实践中，并及时获得有针对性的反馈。同时，教授学科教学技能与方法的教师还将部分课程安排在合作的中小学，并让中小学教师参与课程设计、教学和协同教学等工作，这样的安排加强了课程设置与中小学教学实践的联系。

第四，注重知识的融会贯通。UTEP 通过开设顶点课程为教师候选人提供整合已有知识和能力的机会，使教师候选人将所学的知识融会贯通，提高其运用所学知识与技能解决实际问题的能力，使教师候选人在进入教学岗位前做好能力和情感上的准备。

---

① 为保证教师培养质量，弥补在职前培养阶段对教师候选人通识教育和学科专业教育的不足，UTEP 提高了入学标准，重点选拔具有良好的通识教育和学科专业教育基础的教师候选人。

（5）UTEP 的主要特点。

综观芝加哥大学 UTEP 产生的背景及其发展历程，我们可以发现，UTEP 是在美国大力提升基础教育阶段学生学业成绩的大背景下创建的一种新型教师培养模式，它与传统的教师教育机构的教师培养模式有着明显的不同，人们将 UTEP 称为"后教育学院时代的美国教师培养模式"。从培养方案和培养过程看，UTEP 具有如下特点。

① 职前教育与入职教育的整体性和层次性。与许多传统的教师培养方案不同，UTEP 并未将教师的职前教育作为唯一的目标，而是注重教师培养的整体性和连贯性，将教师候选人的教育基础学习、驻校实习和入职教育融为一体，实现了职前教育和入职教育的一体化。除此之外，UTEP 职前教育阶段与入职教育阶段的教师培养方案也具有鲜明的层次性，体现了从知识学习、实践锻炼到入职工作的教师成长规律，体现了 UTEP 基于教师成长过程的培养思路。

② 培养目标的定向性。UTEP 教师培养的主要目标是为芝加哥公立学校培养中小学教师，且侧重培养芝加哥最为紧缺的学科教师。这一目标也使 UTEP 有意识地控制教师培养规模，倡导小而精的教师培养模式。

③ 培养过程的实践性和培养方式的个性化。注重教师教育的实践性是美国乃至全球教师教育改革的趋势之一，这一特征也体现在 UTEP 上。在 UTEP 的教师培养方案中，教师候选人大部分时间都是通过在教学实践中学习成长为教师的，即使在第一年的教育基础学习阶段，UTEP 也要求教师候选人参与实地观摩考察和课外辅导，这些实际上也属于教学实践活动。由此可见，实践性贯穿于 UTEP 教师培养的全过程。除此之外，UTEP 的教师培养模式注重对教师候选人进行个性化培养。指导教师可根据教师候选人的特点因材施教，教师候选人也可在教学观摩、驻校实习等活动中进行实践反思，实现具有个性化的专业发展。

④ 对教育信念的塑造和对教育公平的追求。UTEP 的教师培养模式并不重视传统意义上的教育理论的学习，其更为注重的是对教师候选人教育信念的塑造，尤其是对教育公平的追求。芝加哥公立学校的生源构成较为复杂，因此，提升学生学业成绩这一国家性目标在芝加哥主要表现为提高少数民族学生的学业成绩，这成为芝加哥教育部门和公立学校共同的教育目标。该目标也体现在 UTEP 的教师培养模式中。UTEP 将具有教育公平的价值观作为选拔教师候选人的基本条件，将教育公平的理念贯穿在课程学习和实习过程中。UTEP 主张教师候选人选择贫富差异较大的两所学校开展实习，这并不只是为了

让教师候选人体验不同教育环境下的教学工作,让教师候选人理解并体会教育公平的价值和意义才是 UTEP 的初衷。

⑤ 将教师培养与基础教育办学结合起来。在 UTEP 的教师培养工作中,芝加哥大学下属的特许学校均是 UTEP 的实习学校,它们在教师培养中发挥着重要的作用。特许学校是美国以"公校私营"的方式经营管理的公立学校,将芝加哥大学自己经营管理的特许学校作为实习学校的做法,使实习成为特许学校的内在组成部分。这样的做法也避免了其他公立学校因教育理念和 UTEP 存在冲突而与其合作破裂的情况。在 UTEP 的教师培养工作中,课程教师、实习指导教师和入职指导教师有共同的教育理念,这确保了教育理念贯彻实施的全程性和连贯性。

⑥ 与中小学及大学其他院系关系密切。注重建立与中小学及大学其他院系的密切关系是 UTEP 的特色之一。与 UTEP 合作的实习学校并不仅限于芝加哥大学的特许学校,其他公立学校也是 UTEP 的重要合作伙伴。这些学校都为 UTEP 提供了实习的场所和实习指导教师。与此同时,UTEP 还与芝加哥大学的其他院系建立了密切的合作关系,共同培养中小学教师。各个院系会为 UTEP 提供相应的课程,不同院系的专家和学者也会参与 UTEP 的决策和管理。

(6) UTEP 带来的积极影响。

芝加哥公立学校改革的成功离不开 UTEP 在教师培养方面付出的努力。从总体上看,UTEP 带来的积极影响主要表现在以下几个方面。

第一,UTEP 促进了学生学习成绩的提高。随着芝加哥公立学校改革的不断推进,中小学生的数学、科学和阅读成绩有了很大提高。2014 年,芝加哥公立学校学生的高中毕业率达到了 82%,比 2007 年提高了 25%。芝加哥学生学习成绩的整体提升与 UTEP 有一定的关系。虽然 UTEP 培养的教师在类别和数量上还较为有限,并且学生学习成绩的提升也受到多方面因素的影响,但教师的教学对学生学习成绩的影响通常是最为明显和直接的。

第二,UTEP 培养了一批高水平的中小学教师。据统计,2003 年整个芝加哥公立学校系统只有 165 名全国教学委员会鉴定合格的教师;到了 2007 年,这一数字已经增加到了 645 名。① UTEP 显然在教师培养工作中发挥了重要的作用。

第三,UTEP 在很大程度上解决了美国基础教育领域教师流失率过高的问题。中小

---

① 马敏.近十年来美国芝加哥公立学校教育改革述评[J].全球教育展望,2011(3):59—65.

学教师在美国的社会地位普遍不高,一些中小学教师的从教热情也并不高,这就造成了中小学教师流失率过高的局面。美国教师入职后 5 年内的平均流失率是 50%,芝加哥教师入职后 5 年内的平均流失率更是达到了 70%,而 UTEP 培养的教师入职后 5 年内的平均流失率只有 10%。[①] 这一成绩的取得在美国是令人震撼的,因为即便是 TFA 和 TNE 都没有取得这样的成绩。

综观 UTEP 的教师培养方案,我们可以发现,在教育基础学习、驻校实习和入职教育三个阶段中,实习的设计不仅是相对独立的,而且也是相互衔接、逐渐递进的。为期 1 年的驻校实习是其教师培养方案的主体部分,这一阶段的实习既与教育基础学习相关联,又与入职教育相衔接。在教育基础学习阶段教师候选人就要学习教学方法类课程,深入中小学进行实地观摩和考察,并从事课外辅导工作。所有这些活动都为驻校实习奠定了基础。而在入职教育阶段,UTEP 还继续为其毕业生提供 3 年的教学跟踪指导,并开展课堂观摩、校友研讨、领导力培训等一系列活动,这些活动与驻校实习阶段的实习活动又具有一定的关联。UTEP 对教师的培养不仅是以实习为中心,而且还把不同阶段的实习活动很好地串联了起来。与 TFA 相比,无论是在教育理论知识的学习方面,还是实习方面,UTEP 培养的教师候选人所接受的训练都更为充分。

5. NCTQ 与教师实习

NCTQ 由教育领导委员会和福特汉姆基金会共同组建。NCTQ 以提高美国教师质量和推进教师教育改革为宗旨。NCTQ 认为,高质量的教师是提高学生学业水平的保证,只有提高教师质量才能提升学校教育质量。与教师教育专业化的倡导者相反,NCTQ 在教师培养和认证问题上是持反专业化立场的,因此,NCTQ 的教师教育理念是具有解制取向的。NCTQ 对大学本位的教师教育基本持否定态度。NCTQ 认为,教师教学所需的技能主要来源于课堂教学实践,职前的教育理论课程对教学水平的提高影响甚微。

(1) NCTQ 制定实习标准的背景。

虽然 NCATE 和 ATE 都制定了实习方面的标准,但在 NCTQ 看来,这些标准存在两个方面的缺陷:一方面,NCATE 和 ATE 不能保证通过其标准的教师培养方案在实习工作方面是高质量的,因为它们制定的标准在实习方面的表述是十分模糊的;另一方面,

---

① The University of Chicago Urban Teacher Education Program. Statement regarding NCTQ[EB/OL].(2014-06-08)[2020-11-01]. http://utep.uchicago.edu/page/university-chicago-urban-teacher-education-program-statement-regarding-nctq-ratings.

NCATE 和 ATE 的标准都没有阐述实习本身的特点,在实习方面的指导性陈述并不充分。

正因为如此,NCTQ 制定了一套实习标准,并于 2009 年对美国教师教育机构的实习状况进行了调查。NCTQ 在全美范围内选取了 134 个教师教育机构的教师培养方案作为调查对象,调查范围覆盖美国所有的州。

(2) NCTQ 实习标准的框架与内容。

NCTQ 实习标准的框架主要包括实习的总体规划和实习的评估、总结与反馈。[①]

① 实习的总体规划。

第一,实习生的工作任务。实习生需要完成 1 个学期的全职实习工作并接受实习指导教师的指导。实习期间,实习生的工作包括备课、上课、课堂管理、评定学生成绩、参加教学业务会议和家长会等。

第二,实习的目标。实习目标主要分为长期目标和短期目标。长期目标主要针对学生的长远发展,包括制订教育计划,拟定适合学生长远发展的目标,记录并评估学生的成绩和进步状况。短期目标针对整个教学过程,主要包括:确定单元目标,以提高学生的学业成绩并促进学生的长远发展;制订适合学生实际情况的教学计划;利用学生学业的相关数据来进行短期教学设计,并恰当地组织课堂教学。

第三,实习的基本要求。实习时间至少为 10 周,如果是参加多次实习,每次实习的时间至少为 5 周。实习地点必须是所在州的中小学或高等教育机构的附属学校。在实习期间,除了实习课程外,实习生不能选修大学的其他课程。实习生在实习期间不得在校外做全职工作或兼职工作。不管是秋季班还是春季班,实习生都要按照中小学的时间安排参加实习。[②]

第四,实习的主要参与者。实习的主要参与者包括实习生、实习学校、实习指导教师和实习督导员。

● 实习生。学生在实习前必须经过教育评估和现场测试,只有表现良好的学生才能成为实习生。这就要求学生不仅要在平时的学习中扎实掌握知识与技能,而且还要做好面对现场测试的准备。

● 实习学校。实习地点通常安排在中小学,实习学校的选择以教育薄弱的贫困学校

[①] 杨静.美国实习教育标准研究及其启示[J].成都师范学院学报,2013(2):38—40.
[②] 同①.

为主。选择贫困学校作为实习学校一方面能满足其对教师的迫切需求,另一方面也能为实习生提供富有挑战性的教学环境。

● 实习指导教师。实习指导教师是实习生学习的对象。实习指导教师不仅要完成实习管理工作,而且要帮助实习生解决教学过程中遇到的各种问题,并对实习生作出评价。实习指导教师可以通过自荐或校长提名的方式来选拔。一般来说,实习指导教师要有 3 年以上的全职教学经验,持有所指导的学科领域的教师资格证书,有与实习相关的工作经验和较强的沟通能力,能够对实习生进行监督并能承担相应的职责,能对实习生进行合理的评估。

● 实习督导员。实习督导员一般由大学委派,其主要职责是对实习生的表现进行考查。实习督导员需要具备良好的维系人际关系的技巧,掌握相关的教学方法和督导工作所需的知识,具有勇于挑战和敢于负责的态度。同时,实习督导员还应当善于观察,能够及时反馈信息,能够有效地进行专业沟通,并协助他人完成工作。实习督导员必须经过训练和考查才能担任督导工作。此外,中小学校长也是特殊的实习督导者。中小学校长需要对实习工作承担责任,为实习生讲解学校的各种规定,并为实习生提供建设性意见。①

② 实习的评估、总结与反馈。

评估者应对实习生的实习工作进行评估并记录实习生的表现,定期对实习生个人目标的实现程度进行反馈。实习指导教师、实习督导员和教师教育机构都承担着评估者的角色。实习期间,评估者应定期向实习生提供口头或书面形式的反馈信息。实习结束后,评估者应在综合考量实习生的各项能力后给出实习成绩。实习评估是一个综合性的评估系统,除了实习指导教师、实习督导员和教师教育机构对实习生的评估,该系统还包括实习指导教师对实习督导员进行评估的评估系统,以及实习督导员对实习指导教师和教师教育机构进行评估的评估系统,它们共同组成了有关实习工作的完整的评估体系。②

(3) NCTQ 实习调查的结论。

依据 NCTQ 的实习标准,在调查的 134 个大学本位的教师教育机构的教师培养方案中,有 101 个属于较差或差的级别,约占总体的 75%,只有 7% 的教师教育机构实习质量

---

① 杨静.美国实习教育标准研究及其启示[J].成都师范学院学报,2013(2):38—40.
② 同①.

尚佳。因此,在 NCTQ 看来,绝大部分大学本位的教师教育机构的实习质量是比较差的。NCTQ 还在此基础上对大学本位的教师教育机构的实习工作作了如下描述。

① 合格的实习指导教师数量有限,而教师教育机构每年安排的实习生过多,这会导致过多的教师候选人获得教师资格证书,其人数超过了各中小学对教师的实际需求。与此同时,许多完成实习且获得教师资格证书的教师候选人并没有当教师的意向。

② 教师教育机构缺乏清晰而严格的实习指导教师选拔标准。虽然几乎所有被评估的教师教育机构都制定了选拔实习指导教师的标准,但大部分标准都没有对其教学能力或管理能力提出具体的要求。

③ 教师教育机构在处理与学区的关系时表现出强烈的无力感。教师教育机构通常需要学区提供实习岗位,这种依赖性造成了学区和教师教育机构地位上的不平等。

④ 教师教育机构没有充分为实习生提供指导和反馈。调查表明,实习生在第一年教学中的表现通常并不好,这也是教师教育机构实习工作没有做好的表现。在实习期间,实习生需要得到中小学实习指导教师和大学实习指导教师两方面的指导。大学实习指导教师通常会采取定期参观、听课和召集会议的方式对实习生进行指导,但是实习生并没有得到太多有价值的帮助。大多数教师教育机构的实习指导教师对实习生的观察和评价并没有达到足够的频次。几乎有 1/3 的实习指导教师在听课后没有召集会议或进行书面反馈。

同时,NCTQ 也为实习工作的改革提出了两项建议:一是缩小小学教师的培养规模,二是教师教育机构必须要加强对实习指导教师的培训。

(4) NCTQ、NCATE 和 ATE 实习标准的比较。

NCTQ 曾将自己制定的实习标准与 NCATE 和 ATE 制定的相关标准进行过比较。NCTQ 认为 NCATE 和 ATE 有关实习方面的标准都存在着不少缺点。例如,NCATE 没有对实习指导教师的资格进行说明,ATE 虽然对实习指导教师提出了要求,但其要求过于简略,回避了很多细节问题。NCTQ 还认为,NCATE 和 ATE 都没有对实习的时间作出规定,既没有考虑实习生当前所学的课程是否合适,也没有说明实习应当什么时候开始,如实习时间是由教师教育机构依据自己的时间表自行确定,还是依据实习学校的时间表来确定。

NCTQ 编制的 NCTQ、NCATE 和 ATE 的实习标准比较一览表如表 5-3 所示。

表 5-3　NCTQ、NCATE 和 ATE 实习标准的比较

序号	比较角度	NCTQ	NCATE	ATE
1	实习的时长与性质	实习总时长不少于10周,在每所学校的实习时间不少于5周,且为全日制实习	未提出相关标准	未提出相关标准
2	中小学实习指导教师的选拔	通过自荐或校长提名的方式选拔	由教师教育机构和中小学共同选拔中小学实习指导教师	由大学教师和中小学共同选拔中小学实习指导教师
3	中小学实习指导教师的标准	至少拥有3年教学经验,有能力对中小学生的学习产生积极的影响,有能力指导实习生,掌握观察、反馈、专业交流等技能	应获得相应的教学和指导领域的许可	具体标准由教师教育机构和中小学共同制定
4	实习生资格	实习生在实习前要进行方法类和实践类课程的学习	未提出相关标准	评估者需要对实习生的实习准备情况进行评估
5	对实习生的要求	评估者应对实习生的能力进行评估,对实习生的能力要求包括实习生运用正式和非正式的评估手段对学生的学习成绩进行分析的能力	实习生应为所有学生的学习提供帮助,包括不同种族、不同社会群体的学生	未提出相关标准
6	大学实习指导教师的职责	每学期至少听实习生上5次课,每次听课后要召开会议并给出书面反馈	未提出相关标准	实习生应在专业学习的进展方面得到大学实习指导教师口头和书面的反馈,让实习生了解自己是否达到了方案和课程的要求
7	顶峰计划	开发了顶峰计划,相关工作人员从一开始就清晰地记录实习生的实习情况,以便判断实习生是否达到了实习的要求	未提出相关标准	未提出相关标准
8	实习时间安排	实习时间应与中小学作息时间相协调	未提出相关标准	未提出相关标准
9	实习期间的活动	实习生先跟随实习指导教师进行教学观摩,再逐步开始独立教学并负责班级的日常管理	实习生应参加旨在促进教学和学习的各类活动	实习生应在实习期间获得现场经验,并持续分析教学、学习、学校教育条件和学生发展等各方面内容
10	大学实习指导教师的选拔	具有丰富的教学知识,有指导实习生的能力,具有观察、反馈、组织专业会议的能力	未提出相关标准	精通教师发展、实习指导和评估方面的知识
11	对实习学校的评估	每学期期末,由实习生和大学指导教师对实习学校进行评估,评估应成为正规评估程序的一部分	未提出相关标准	未提出相关标准

续表

序号	比较角度	NCTQ	NCATE	ATE
12	实习环境的选择	应为实习生提供在常规环境下实习的机会,也应当让实习生有机会教授来自低收入家庭的学生	实习生应教授具有不同背景的学生,包括不同民族、不同语言、不同性别和不同社会地位的学生	实习生应在不同的实习环境中实习,教授具有不同社会背景的学生

以上比较反映的是 NCTQ 的立场和观点。就本书所展示的 NCATE 和 ATE 的标准看,NCTQ 的上述比较还是存在不少偏差的。在 NCTQ 认为对方没有制定标准的那些领域,NCATE 或 ATE 实际上已经作出了相应的规定。例如,关于实习时间的规定,NCATE 在其早期标准中已经规定得很具体了。又如,NCTQ 主张实习生在实习前要进行方法类和实践类课程的学习,有关这方面的内容,NCATE 在历年的标准中也不断强调过,只是表述的方式与 NCATE 不同。NCATE 不仅强调在正式的实习之前要有见习类活动,而且还强调了教育理论知识的学习,强调了教育理论知识和实践之间的联系。NCATE 和 TEAC 合并之后成立的 CAEP 在 2013 年的标准中也强调了理论与实践、临床环节与学术环节的联系。

由此可见,NCATE 不仅一直注重实习、见习和前期模拟教学训练等实践活动的联系,而且也注重实习与理论学习的关联。因此,NCTQ 对 NCATE 的评价并不完全合理。然而,对于如何以可量化和可操作的方式实施这样的标准,NCATE 并无明确的规定,而 NCTQ 意识到了这一问题并在标准中明确提出了相关要求,这也是一种进步。

五、教师实习的主要类型和模式

（一）反思性教学实习模式

杜威是最早将反思与实践联系在一起,并对教学工作的性质进行系统阐述的哲学家和教育家。杜威对教学工作的反思性质的论述通常被视为反思性教学思想的重要思想源泉,对反思性教学思想的发展有着重要的影响。20 世纪 80 年代以来,"反思"(reflection)一词越来越多地被人们使用,这主要是受美国教育家唐纳德·舍恩(Donald Schon)的影响。在《反思实践者：专业人员在行动中如何思考》一书中,舍恩把反思性教学描述为教师从自己的教学经验中学习的过程。在杜威、舍恩等人的影响下,反思性教学对美国的教师实习工作也产生了重要影响。

1. 反思性教学实习的内涵

在教师教育理论和实践领域,反思性教学思想已经被越来越多的学者及教育工作者接受、讨论和改造。人们对反思性教学的理解也更为丰富,更加多样化。[①] 实际上,美国学者对"反思性教学"这一概念的理解并不完全一致。"反思性教学"这一概念在人们的使用中通常具有以下几种含义:

(1) 将反思看成是教师在教学实践中思考教学活动的价值和意义的过程,鼓励教师通过记录自己的观察和思考成为新型教师,形成批判性分析的能力,使自己具有开放的心态和自我反省的意识。

(2) 认为教师的教学反思主要依赖对复杂的课堂教学过程的理解。成为反思性教师的关键在于形成一种新的思维方式,这种思维方式是可以通过对已有经验的研究和思考获得的。

(3) 将反思性教师视为一种具有个人教育哲学的教师,反思性教师要对自己和他人的教育思想进行批判性检验,并形成自己对教学和学习的清晰且富有逻辑的观点。

美国学者琳达·瓦利(Linda Valli)对反思性教学的类型进行了划分。琳达·瓦利的划分方法较好地概括了各种不同性质的反思性教学的特点,对全面理解反思性教学的性质具有重要的参考价值,在学术界和教师教育领域产生了较大影响。总的来看,琳达·瓦利将反思性教学划分为以下五种类型。[②]

(1) 技术性反思。技术性反思经常是受规则支配的,其反思质量通常是由教师对研究成果方面的知识的掌握程度和教师将研究成果应用于教学的能力来决定的。运用这一类型的反思需要教师接受外在的标准,并利用这一标准对自己的教学执行情况进行判断。教师对具体的教学问题的思考,如教学时间分配、激励学生学习、评估学生作业等,都属于技术性反思。在技术性反思中,教学方面的相关规定已经被事先确定好了,教师只需要对如何使自己的教学行为更好地符合外在的标准进行反思。

(2) 行动中对行动的反思。这种反思包含两层含义,一是"对行动的反思",二是"在行动中反思"。前者指教师在教学后对已发生的教学行为进行回溯性的思考;后者则是指在教学过程中产生的那些即兴的思考。在这种类型的反思中,与研究者的意见相比,教师

[①] 洪明."反思性教学"的内涵和意义探析[J].中国大学教学,2001(6):29—32.

[②] 洪明,黄宇星.美国学者对"反思性教学"的分类及其启示[J].教育评论,2002(5):100—102.

的意见更受到重视,因此,这类反思突出的是实践和技能性知识的价值。以这类反思为定向的教师教育一般不向教师提出明确的标准或规则,而是要求教师记录自己的教学经验,以帮助其更好地回顾课堂中曾经发生的事件,并对这些事件进行仔细的思考。同时,这类反思也要求教师广泛阅读其他教师的案例研究。这类反思的倡导者坚信,教师面临的教学情境越是独特,就越需要教师作出符合实际情况的教学决策,而不是规则化、标准化的教学决策。

(3)缜密性反思。如果说在行动中对行动的反思中,最重要的是技能性知识和个人经验,那么缜密性反思强调的则是以多样化的知识资源作为教师决策的基础,这些知识资源包括教学研究、教学经验、其他教师的建议、个人的信念和价值观等。在这些资源中,并没有哪一种是占主导地位的,教师所要做的就是在参考各种观点甚至是相互冲突的观点后尽可能作出最好的决策。因此,对缜密性反思而言,其质量主要取决于教师权衡各种观点的能力。

(4)个性化反思。在这类反思中,教师需要思考自己究竟要成为哪种类型的教师。教师不仅要对个人的发展进行思考,而且还要对学生的各方面情况进行思考。教师所关心的并不仅限于学生的成绩,教师应当对学生的个人愿望、兴趣爱好等各个方面都予以关注。个性化取向的教师教育能够帮助教师理解其自身教育经验的局限性并克服自己的惰性。

(5)批判性反思。批判性反思重点关注的是社会中的不平等,这类反思的倡导者鼓励教师成为社会的改革者和活动家,努力改进那些不平等的教学实践。这类反思的质量取决于教师将一定的道德标准应用于教学实践的能力。

以上五种类型的反思都具有自身的优势与不足,适用于不同的情境与问题。以技术性反思为例,典型的技术性反思通常应用于实习生或新手教师的教学过程中,对实习生或新手教师的教学水平的考查一般是依据具体的评估标准来进行的,这种类型的教师教育可以使实习生和新手教师获得基本的教学技能,使他们能够在教学中保持合适的教学节奏、适时安排复习时间、对学生的回答及时进行纠正。

在实习活动中,教师培养方案的制订应当注重发展实习生各种不同类型的反思能力,将各种类型的反思结合起来加以应用。需要注意的是,不同类型的反思之间是有一定的内在顺序和逻辑的。其中,技术性反思是其他反思类型的前提和基础,其使用范围也更为广泛。通过技术性反思掌握教学的技术性知识和技能能够为缜密性反思提供必要的基础。相比之下,批判性反思比技术性反思更为复杂、深刻,也更难以把握。例如,大部分的实习生会将其反思集中在诸如课堂控制、知识传授等与教学过程有关的问题上,而也有一些实习生会探究更为深刻的问题,如性别平等、教育公平等。

也有美国学者认为,教师反思的内容或范围大致可分为四个问题领域。按照从小到大的顺序,这些问题领域分别是:教与学的过程、学科知识、蕴含于教学之中的政治和道德伦理原则,以及在广阔的社会背景下的教育制度。不过对实习生而言,由于他们刚接触教学工作,因此其反思的内容通常与其所关注的问题或遇到的难题有关。①

另有学者认为,提升实习生的安全感是培养其反思能力的先决条件。实习生学习教学和专业发展的过程也是其个人成长的过程。实习生通常会首先关注自己在一个新环境的生存问题。因此,实习指导教师在情感方面的支持会为实习生带来安全感,实习生只有在获得了安全感之后才能进行反思性的经验学习。②

2. 反思性教学实习的基本内容

反思性教学取向的实习通常要求实习生对教与学的过程进行反思,将反思贯穿于实习的全过程,其具体内容包括反思教学设计、学生的个体差异、小组教学、教学研究、学习动机、有效教学行为、纪律与课堂组织等。例如,马里兰大学制订的研究生实习方案对实习生的要求包括对教学模式的反思;休斯敦大学也要求实习生记录所观摩的课程中教师在教学中的时间分配和师生的互动模式,并在课后反思不同教师的课堂管理风格。

实习生反思的内容也常常会扩展到道德、社会等更加广阔的领域。这种反思通常包括学校教育、文化多样性和社会对教师决策的影响。例如,肯特州立大学的教师培养方案要求实习生运用心理学、社会学及批判的探究模式来反思教学实践,从而更好地解决教学中的复杂问题。

当然,以上两类反思在实际的教学中常常难以严格区分。因此,不少教师培养方案也提到了多元视角的反思。以密歇根州立大学的教师培养方案为例,该大学提出了多元视角方案,该方案有意识地引导实习生进行不同层次、不同水平的反思,诸如技术性反思、个性化反思、批判性反思,进而帮助实习生发展他们的思维能力。密歇根州立大学鼓励实习生进行个性化反思,发展自己特有的专业意识,进而运用这种专业意识创建个性化的课堂

---

① 杨秀玉.实习教师的反思:理论研究与来自美国教师教育实习项目的探讨[J].外国教育研究,2009(12):74—79.
② 同①.

环境。美国不少教师培养方案都对实习生提出了这方面的要求。这种个性化反思涉及多方面的内容,如个人的教学风格、个人的专业成长等。

3. 反思性教学实习的策略

在典型的具有反思性教学实习取向的教师培养方案中,实习生通常被要求正确看待理论与实践之间的关系,不能盲目地把理论研究当成处理教学问题的唯一途径,不能不经过思考就轻信或盲从研究理论和研究成果。

在佛罗里达大学的教师培养方案中,实习与研讨课被紧密地联系在一起。实习生不仅可以通过研讨了解研究的过程与结果,而且还能深入教育研究的历史情境。在其教师培养方案中,实习生要勇于面对"教育研究在教学实践中到底发挥了什么样的作用"的问题,并且要给出自己的答案。[①]

总之,在技术性反思、行动中对行动的反思、缜密性反思、个性化反思和批判性反思中,技术性反思主要是通过外在理论对教学行为进行反思,而行动中对行动的反思、缜密性反思、个性化反思和批判性反思则对反思的目的有着更为复杂的理解,这些类型的反思要求实习生通过对各种冲突、矛盾的观点进行审慎的思考和选择来完善其教学实践,或者通过对个体经验的反思来改变其教学行为。

(二)专业发展学校实习模式

20世纪80年代中期至90年代,随着霍姆斯小组《明日之教师》和《明日之学校:专业发展学校设计之原则》报告的发表,美国掀起了针对专业发展学校的研究热潮。"专业发展学校"的概念最早就是由霍姆斯小组提出的。在霍姆斯小组提出了建立专业发展学校的主张后,美国各地给予了积极的回应。马萨诸塞州的布鲁克林市是最早建立专业发展学校的地区。在其带动和影响下,美国不少大学和中小学纷纷合作建立了专业发展学校,专业发展学校由此在美国得到迅速发展。据统计,1994年美国只有100多所专业发展学校,到了1998年便发展到1000多所。专业发展学校逐渐成为美国教师职前教育的主要模式,并开始在国际上产生重要的影响。

1. 专业发展学校的性质和实习理念

专业发展学校是以中小学为基地,由大学教育学院与中小学合作创建的新型学校,旨

---

① 杨秀玉.实习教师的反思:理论研究与来自美国教师教育实习项目的探讨[J].外国教育研究,2009(12):74—79.

在促进职前教师培养和在职教师的专业发展,兼有改进学校教学实践和提高学生学习成绩的任务。① 专业发展学校的宗旨是完善教师教育的培养计划,加强教育理论与实践课程的整合;促进大中小学协作分工,共同承担教师教育的职责,提升教师培养质量。同时,专业发展学校也十分注重在职教师的专业发展,强调从整体上提高中小学的教育质量。②

专业发展学校十分强调教学实践的重要性,将实习作为教师实践活动的重要组成部分,强调在大学和中小学之间架起沟通的桥梁,为教育理论和教学实践提供对话的平台。专业发展学校的倡导者认为,如果没有优秀的中小学为教师教育机构的学生提供实习和见习的机会,教师教育就不可能是优秀的;如果教师没有接受过良好的教师教育,中小学就不可能成为优秀的学校;若要改进教育制度的某一部分,就必须改进整个教育制度。③

专业发展学校注重构建"合作—互补—实践—反思"的运行体系,在专业发展学校的多项职能中,通过实习来促进教师的职前培养是其核心任务。在专业发展学校看来,每个教学实践者都对教学有一种基本的认识,这种对教学的认识是在学校中形成的,实习生要想学会教学必须要参与教学实践。④ 因此,"教中学"和"做中学"是专业发展学校开展实习工作的重要理念。

专业发展学校并不是建立新的教育机构,而是对中小学职能的扩展。大学教育学院通过与中小学合作,使实习生在实践中得到中小学教师和大学教师的指导。专业发展学校要求实习生在具体的教学情景中开展教学实践,并反思自己对教育和教学的理解。在中小学教师和大学教师的指导下,实习生应通过具体的教学实践的锻炼达到一定的要求,通过考核后才能成为教师。专业发展学校的这一主张使实习成为教师培养中不可或缺的一个环节。

2. 专业发展学校的评价标准

怎样的学校才算是符合要求的专业发展学校?为规范专业发展学校的建设,经过3年的探索,NCATE 于 2001 年确立了专业发展学校标准。该标准提出了一系列有关专业发展学校建设的基本概念、观点和思想。该标准主要包括以学生为中心、在实践中学习、

---

① 曾鸣.美国 PDS 的教育实习及启示[J].天津市教科院学报,2004(2):52—55.
② 胡惠闵,汪明帅.美国教师专业发展学校与教育实习改革的经验与启示[J].全球教育展望,2011,40(7):49—53.
③ 同②.
④ ZEICHNER K M. Rethinking the practicum in the professional development school partnership[J]. Journal of Teacher Education,1992,43(4):296—307.

重新定位角色、资源重组与共享等十个方面,并在此基础上给出了评价专业发展学校的具体指标。该标准包含学习共同体、责任和质量评估、合作、多样性与公平以及结构、资源和角色五个一级指标,每个一级指标又包含若干个二级指标。除此之外,该标准还将上述各种指标分为初级水平、发展中水平、标准水平和先进水平四个等级,这些等级的划分为实习的评估提供了可操作的依据。以下是五个一级指标的主要内容。[①]

(1) 学习共同体。专业发展学校应以实践为基础,形成包括中小学生、大学督导教师、实习生、实习指导教师等成员的学习共同体。

(2) 责任和质量评估。专业发展学校应明确自身的职责,参照教学的相关专业标准及地区、州和国家的相关标准,对学生和实习生进行评估。

(3) 合作。专业发展学校应与合作伙伴开展合作,积极参与实习工作。

(4) 多样性与公平。专业发展学校应为所有实习生提供同等的实践机会,并基于学生的学习情况对实习生的专业能力进行评价。

(5) 结构、资源和角色。专业发展学校应在明确其职责的前提下充分利用各项资源支持中小学生、实习生和其他专业人员的学习和发展。

3. 专业发展学校的实习活动

在专业发展学校的教师培养模式中,教师的培养周期通常为1年左右,一般是从第一年的8月到第二年的7月。专业发展学校的实习活动通常分为见习和教学实践两个阶段。

见习期间,实习生的主要任务是熟悉中小学各年级的教学情况,实习生每周有两天时间跟随中小学实习指导教师学习。在实习生逐渐融入班级后,专业发展学校鼓励实习生和中小学实习指导教师共同设计、实施和评价新的教学方案。大学教师也会给实习生授课,为实习生讲解课程实施等方面的专业问题。这种培养方式突破了在大学教室内给学生上教育学课程的传统教师培养模式。同时,专业发展学校也会为实习生提供一些有关教育技术、儿童语言、识字等方面的课程。

见习结束后,实习生便正式进入教学实践环节。在教学实践环节,实习生需要像正式教师那样按照学校的日程安排开展教学工作。实习生至少要在两个不同学段的班级进行实习。以小学教师培养方案为例,实习生通常要在低年级和中年级各进行8周的教学

[①] 胡艳,邹学红. 美国教师专业发展学校标准评析[J]. 教师教育研究,2010(3):76—80.

实践。

在教学实践中,实习生要像正式教师一样参加学校的全部活动,参与研讨会及教学实验。在实习指导教师的指导下实习生要在多日的教学观摩的基础上,进行每周1天的教学。专业发展学校鼓励实习生反思自己的所教与所学,在与其他教师的交流中积累丰富的实际教学经验。

与传统的教师培养模式相比,专业发展学校的教师培养模式延长了学习年限,尤其延长了实习的时间。专业发展学校注重为实习生提供充足的实习时间和接触多样化教学环境的机会,以确保实习生有更多的观察、研究、实践的机会。专业发展学校的实习活动明显区别于以观察、模仿为主要手段的学徒式的传统实习模式。这种实习模式能够使实习生得到经验丰富的大学教师和中小学教师的共同指导,并通过研讨会、小组教学、集体备课等活动获得真实的教学体验。①

位于得克萨斯州圣安东尼奥市的三一大学在1987年创办了4所专业发展学校,并实施文科教学硕士(Master of Arts in Teaching,MAT)方案,改变了四年制的教师培养模式。三一大学要求实习生在专业发展学校实习1年,这一做法使实习生得到了很好的锻炼,这些实习生也受到了用人单位的欢迎。从三一大学毕业的新教师通常能胜任学校的各项教学工作,并获得多项奖励。

4. 专业发展学校的管理和运作

由于各所专业发展学校情况各异,因此这些教师专业发展学校还没有形成一个统一的管理模式,但从总体上看,专业发展学校具有一些共同的属性,其管理模式和运作方式也大同小异。在专业发展学校中,中小学教师、大学教师和其他相关人员会组成合作小组,共同承担教学研究工作和实习生的培养工作。合作小组通常包括1~4名有经验的中小学教师、2~3名大学教师、1~10名研究生、若干名本科生及其他人员。合作小组的所有人会共同围绕学校的实际问题实施教育改革、设计改革计划和教师培养方案。专业发展学校的管理机构通常包括学组、联络小组、指导委员会、多方协作委员会四种基本类型。②

(1) 学组。

学组是由中小学教师组成的学习型组织,组员们会共同探索专业发展学校中的各项

---

① 曾鸣. 美国PDS的教育实习及启示[J]. 天津市教科院学报,2004(2):52—55.
② 樊红伟. 美国教师专业发展学校研究[D]. 保定:河北大学,2004:15—17.

实践活动,共同剖析同一个班级的教学场景,为课程目标和教学标准的确立提供支持。

(2)联络小组。

联络小组通常由大学教师和中小学教师组成。联络小组中的大学教师通常每周都会参与专业发展学校的各类活动。联络小组的形成也为中小学教师提供了和大学教师合作、交流的机会。

(3)指导委员会。

指导委员会主要负责专业发展学校的日常管理,负责安排实习生的实习,规划实习生的专业发展活动。指导委员会通常包括大中小学的联络员、中小学教师、大学教师、中小学校长和其他行政管理人员,有些专业发展学校也会邀请一些家长或社会组织加入指导委员会。由于指导委员会的成员中一般只有一两位大学的代表,因此指导委员会通常定期在中小学举行会议。

(4)多方协作委员会。

由多所大中小学构成的专业发展学校通常由多方协作委员会管理和协调。由于专业发展学校经常包括一个学区中的多所中小学和大学,因此多方协作委员会是较为常见的管理机构。

5. 专业发展学校的特点

虽然美国各所专业发展学校的教师培养模式并不完全相同,但它们的发展思路是一致的,即中小学教师与大学教师组成合作小组,共同负责实习生的培养。其主要特点如下。

(1)注重实践。

与传统的实习模式不同,在专业发展学校的实习模式中,实习生不是单纯地在实习指导教师的指导下教几节课,而是像正式教师一样参与中小学的全部活动。他们平时会作为教学助手辅助、观察和学习实习指导教师的教学与管理,参与各项教研活动。同时,实习生还要进行每周1天的教学工作,独立承担所在班级的管理工作。实习生还要在实践中提高自己的班级管理能力和人际交往能力。在专业发展学校,实习生所做的每件事都是与中小学的真实生活相联系的,这些实践活动为实习生提供了宝贵的实际教学经验。此外,实习生每周都要回学校进行实习讨论和小结,这使他们既有机会全面了解教师的所有职责,又有大量的时间讨论和反思自己的所教与所学。除了校内的教学实践,实习生在实习期间还要参加社会活动并开展调查研究,访问当地的学校委员会、课程委员会、家长协会和教师组织,调查青少年的各种问题。

(2) 强调合作。

合作是专业发展学校的核心理念。从严格意义上来讲,专业发展学校不是一个真正的学校,它是一个全新的概念,它打破了中小学和大学之间长期以来的隔阂,把教师教育甚至整个教育改革看成是多方的共同责任。为了保证合作关系具有实效性,专业发展学校通常会制定严格的评估制度,如恩波利亚州立大学教育学院的专业发展学校就制定了36项实习评估标准。① 为了保证管理的有效性,专业发展学校的日常管理一般由指导委员会负责。

(3) 重视反思。

在专业发展学校中,实习生不再只是跟个别实习指导教师学习教学方法,而是接触更多不同类型的教师,整个专业发展学校乃至学校所在的社区都会对实习生的成长产生积极作用,这为培养实习生的反思意识提供了有利的环境。因此,实习生的实践活动不是经验型的,而是探索型、研究型的,具有很强的反思性。专业发展学校还十分重视培养实习生的自我评价能力,要求实习生在实习时经常反省自己,不断修订教学计划,提高自己的教学水平。例如,很多专业发展学校要求实习生在每堂课后用日记的形式写下自我评价或将自己的优缺点记录在教案中,主动请实习指导教师对每节课进行评价并提出改进建议。大学实习指导教师也会为实习生录制课堂教学录像,讨论实习生课堂教学的优缺点。②

(4) 双向流动。

专业发展学校以中小学为实习基地,大学与中小学共同完成教师的职前培养。在专业发展学校的教师培养模式中,中小学的在职教师需要到大学继续进行学习,来自大学的实习生则要到中小学进行实习,这种双向流动的机制使大学与中小学的合作更为稳定。同时,加强大学与中小学的合作能够使中小学的实际问题与需要及时体现在教师教育的课程中。这种双向流动的机制使大学指导教师有机会走进中小学,对实习生和中小学教师进行指导,并从基础教育中汲取营养。同时,中小学教师也有机会走进大学校园,接受

---

① Emporia State University. The teachers college professional development schools[EB/OL]. (2010-05-18)[2020-10-06]. http://www.emporia.edu.

② 胡惠闵,汪明帅. 美国教师专业发展学校与教育实习改革的经验与启示[J]. 全球教育展望,2011,40(7):49—53.

大学教师的指导,与即将进入教师岗位的大学生进行交流。从总体上看,这种机制促进了双方课程与教学上的沟通与互动,有效促进了整体教学质量和教师素质的提高。

(5) 共同研究。

专业发展学校以科学的实践观和反思观为理论基础,其主要目标是搭建一个教育理论与实践相结合的平台。专业发展学校在实习工作中融观察、教学、科研为一体,大学与中小学共同研究现实中的教育问题,共同探索解决问题的方法,把理论、实践和研究结合在一起,这为实习生提供了更为多样化的教学实践活动。

(6) 反馈调节。

教师专业发展学校的产生为中小学和大学提供了交流合作的平台,加强了二者之间的联系与沟通。这也有助于大学教师和中小学教师更好地指导实习生的实习活动。中小学教师可以把实习生的实习情况和存在的问题反馈给大学,大学可根据情况及时调整教师培养方案和实习计划,并针对问题采取相应的措施,制订解决方案。同时,实习生和大学教师也把新的教育理论带到了中小学,给中小学带来了新思想、新知识、新技术。

(三) 城市教师驻校模式

进入21世纪,美国的教师教育改革有了新的发展,继传统教师培养模式和选择性教师培养路径之后,出现了一种新的教师培养模式——城市教师驻校模式(Urban Teacher Residency,UTR)。该模式力图弥补传统教师培养模式和选择性教师培养路径的不足,注重满足各州和各学区对教师的不同需求。从整体上看,波士顿学区的城市教师驻校计划实施较早,且具有一定的代表性。由于波士顿学区的城市教师驻校计划成效不错,许多州纷纷效仿,奥巴马政府也较为重视城市教师驻校模式,大力宣传该模式并在财政上予以支持。奥巴马在2009年威斯康星州麦迪逊市的一次讲话中说道:"我们在招募和培养新教师方面做了很多很好的工作……这意味着我们要像波士顿那样,要为有才能的年轻人创造选择性的教学路径,完善培养方案,为未来的教师提供为期1年的驻校实习,让他们能接受高效能的指导教师的一对一指导。"[1]

1. 城市教师驻校模式产生的背景

20世纪中叶以来,美国教师教育经历了从传统的大学本位教师培养模式到选择性教

---

[1] GRIFFITHS J L. The effects of a year-long student teaching model on the self-esteem and preparation of the new teacher[D]. San Rafael: Dominican University of California,2010:12.

师培养路径的发展过程。传统的大学本位教师培养模式以师范院校或大学教育学院为主体,是在高中阶段义务教育普及并需要大量合格教师的迫切要求下产生的。它是美国最主要、最基本的一种教师培养模式。在这种培养模式中,师范院校和大学教育学院通过开设通识课程、学科课程和教育专业课程并安排学生在实习学校进行一段时间的实习来培养教师。大学本位教师培养模式较为注重学生对系统的理论知识的掌握和学分、课时等各项因素。随着美国新自由主义和新保守主义在20世纪80年代的全面崛起,提高教育质量和学生的学习成绩成为基础教育改革的主要目标。随着全社会对公共教育质量的高度关注,人们认为传统的大学本位教师培养模式并不注重教师培养的实际成效,所提供的课程脱离了教学实际。

从20世纪80年代开始,各种试图替代传统的大学本位教师培养模式的改革不断涌现。有关这方面的情况,本书在前文中已经作了较为充分的介绍。虽然选择性教师培养路径大大降低了教师培养的成本,有些选择性教师培养路径还取得了不错的培养效果,但总体来说,这种快餐式的教师培养模式存在巨大的隐患。其不足之处主要表现为学生的教育理论知识薄弱,学生的实际教学能力普遍较差,难以保证课堂教学的有效性。①

随着社会对教师质量与教育公平的关注不断提高,师资的结构性缺失越来越受到重视。这一问题主要表现在两个方面。一是城市和农村的公立学校缺少优秀教师,教师的留任率低,且部分学科师资不足。造成这一状况的原因是,这些学校与郊区私立学校相比教学环境差、教育资源短缺、教学设备落后、教师工资待遇低,难以吸引并留住优秀教师。② 二是美国的各个学区对师资的要求各不相同,各学区都希望招聘到符合本学区标准的教师,而传统的大学本位教师培养模式和选择性教师培养路径无法满足各学区的要求。这些问题的产生推动了城市教师驻校模式的出现。

2. 城市教师驻校模式的准入机制

由于各学区对教师培养的现状并不满意,不少学区开始独立进行师资的培养。各学区在培养方式上进行了大胆创新,开辟了教师培养的第三条道路——城市教师驻校模式。以波士顿学区为例,该学区的督导认为,美国城区的中小学面临着越来越复杂的处境,而大学教育学院却不能成功地为城区的中小学培养教师。因此,波士顿学区决定由学区自行培养本学区的教师。

---

① 周钧.美国教师教育的第三条道路:教师培养的驻校模式[J].全球教育展望,2010,39(9):75—78.
② 同①.

波士顿学区创建的教师培养模式包括教师候选人的筛选、录取、培养、入职指导等环节。该模式主要是为具有本科学历的教师候选人提供研究生层次的教育。由于整个培养过程主要在学区内的中小学完成,因此这种培养模式被称为"城市教师驻校模式"。目前,波士顿、芝加哥、丹佛、费城、纽约、孟菲斯等学区都采用了这种驻校模式。

由于创设城市教师驻校模式的目的是为学区内的中小学培养教师,因此教师候选人的筛选与录取也需要满足学区的需求。以波士顿学区的城市教师驻校模式为例,波士顿学区注重教师候选人的多样性,这种多样性主要体现在教师候选人的年龄、种族、工作经历和生活经历等方面。波士顿学区在选拔教师候选人时主要考查其知识、能力和品行,如教师候选人是否有良好的工作态度,是否能够承担责任,是否是终身学习者,是否有扎实的学科知识基础,是否有组织能力和创新精神等。选拔的环节包括面试、讲课、参与课堂观察并撰写观察报告等。①

3. 城市教师驻校模式的性质与内容

在城市教师驻校模式中,学区成为一种新型的教师教育机构,学区不再完全依赖师范院校或大学教育学院为其培养教师,而是独自承担本学区部分教师的培养任务。这种模式使教师培养的场所从"象牙塔"转向中小学的真实课堂,解决了大学本位教师培养模式中大学课程与实习内容分离或理论与实践分离的问题,突破了大学本位教师培养模式所秉承的"应用理论"的传统,即教师候选人在大学学习理论,然后去中小学实践或应用所学到的理论。②

在城市教师驻校模式中,学区通常会到中小学精心挑选指导教师,并对指导教师进行培训,使优秀的中小学教师成为教师候选人的指导教师。这也突破了由大学教师培养教师候选人的传统模式。同时,学区也为指导教师提供各方面的资源,支持指导教师的专业发展。

在以往的教师培养模式中,中小学与大学建立合作伙伴关系是最为常见的,而学区和基金会通常是被排除在外的,但城市教师驻校模式则较为重视学区、大学和基金会的合作。以波士顿学区为例,波士顿学区与马萨诸塞大学波士顿分校合作,后者认可前者所设

---

① SOLOMON J. The Boston teacher residency: district-based teacher education[J]. Journal of Teacher Education,2009,60(5): 478—488.
② ZEICHNER K M. Rethinking the connections between campus courses and field experiences in college and university-based teacher education[J]. Journal of Teacher Education,2010,61(1/2): 89—99.

计的教师培养方案和课程,教师候选人完成课程的学习后可获得学分,毕业后可获得马萨诸塞大学的硕士学位。同时,波士顿学区通过与基金会合作获得经费支持。①

为了减轻教师候选人的负担,不少学区为教师候选人提供学生贷款。例如,波士顿学区允许教师候选人在学习期间向学区申请贷款,毕业后通过供职于本学区中小学的方式来免除还贷责任,教师候选人工作3年便可免除全部贷款。一般来说,学生贷款和培养经费的60%由学区承担,30%由联邦政府承担,10%由基金会承担。②

由于城市教师驻校模式主要服务于学区,因此其课程内容主要根据学区的需要来设置。以波士顿学区为例,其课程内容正是根据该学区提出的七个有效教学维度来设计的。这七个有效教学维度包括公平与高期望、教学计划与实施、任教学科知识、监控与评估学生学业进步、反思、合作与个人专业发展、形成伙伴关系等。为了做好在本学区中小学工作的准备,教师候选人需要对将要执教的学区的政策、文化、学生和学校的情况有所了解。③

4. 城市教师驻校模式的特点

作为一种新兴的教师培养模式,城市教师驻校模式适应了美国基础教育改革对师资的独特需求。同时,城市教师驻校模式具有对自身情境或背景的依赖性,因此,这种模式也是有一定的局限性的。总的来看,城市教师驻校模式具有如下特点。

一是以实践为中心,注重理论与实践相联系。城市教师驻校模式注重在教学实践中培养教师候选人。教师候选人大部分时间都在中小学实习,小部分时间会围绕着教学实践问题进行理论的学习,并使理论课程的学习与教学实践相联系。在芝加哥学区,如果理论课程的主要内容是学习如何设置教学计划,教师培养方案则会要求教师候选人与指导教师共同制订适合本班的教学计划。

二是注重在实践共同体中培养教师候选人。受情境学习理论与认知理论的影响,城市教师驻校模式将教师候选人置于实践共同体中学习如何教学,这种实践共同体通常由中小学教师和教师候选人组成。正因为如此,城市教师驻校模式一般都比较注重将教师

---

① Urban Teacher Residency United. Overview of teacher residencies[EB/OL]. (2010-03-13)[2020-10-07]. http://www.utrunited.org/EE-assets/docs/Conceptual Grounding Core Principles2.pdf.

② BERRY B, MONTGOMERY D, CURTIS R, et al. Creating and sustaining Urban Teacher Residencies: a new way to recruit, prepare, and retain effective teachers in high-needs districts[R]. Washington, D.C.: Aspen Institute, 2008.

③ 同①.

候选人置于结构化的教师团队中,让教师候选人接受不同的指导教师的教学指导。

三是注重师徒制的培养模式。以芝加哥学区为例,教师候选人每周有4天的时间在指导教师的课堂中学习,课后还经常得到指导教师的辅导。除此之外,指导教师每周至少要用两个小时的时间与教师候选人一起讨论教学方法。

四是注重建立教师候选人的教师身份认同。根据情境学习理论和认知理论,身份认同对教师候选人的专业成长有非常重要的意义。教师候选人需要在学习的过程中通过对新身份的认同来改变对自己的认识。只有教师候选人完成这一转变,其教学能力才有可能提高。因此,教师候选人不仅要学习指导教师是如何做的、如何想的,还要认同自己的教师身份,确立教师应有的信念。

城市教师驻校模式是为解决美国城区特有的问题而创设的,这种模式迎合了美国基础教育改革的现实需要,对解决区域性教师数量不足和质量不高等问题具有一定的积极作用,但城市教师驻校模式也并不是解决所有教师教育问题的良方。

首先,城市教师驻校模式是在为特定学区培养特定教师的实践中产生的,它的出现是为了解决美国城区教师数量不足和质量不高的问题,因此,这种教师培养模式并不具有普遍意义。

其次,由于城市教师驻校模式主要是在中小学培养教师,教师候选人通常是通过实践获得成长和进步的,这使得教师候选人在教育理论方面有所欠缺,不利于教师候选人学术能力的提升。

最后,城市教师驻校模式较为关注文化情境和教学策略,在课程设计中重视教师候选人对多元教学情境的理解和各类教学策略的把握,却未对其任教学科知识的学习加以强调。虽然这些教师候选人通常都是具有本科及以上学历的大学毕业生,在学科知识方面有一定的基础,但这并不能保证教师候选人能够扎实地掌握任教学科的知识,不利于其专业发展。[1]

六、入职指导教师及其培训方式

入职指导教师对新教师教学能力的提升有着相当重要的影响。在美国,大部分新教

---

[1] 周钧.美国教师教育的第三条道路:教师培养的驻校模式[J].全球教育展望,2010,39(9):75—78.

师认为,入职指导教师对他们的帮助远大于大学教师。入职指导教师不仅要具备丰富的专业知识、娴熟的教学技巧、良好的班级管理能力,而且还要具有帮助新教师的热忱。①

(一)入职指导教师的产生和发展

入职指导教师在美国通常是指承担新教师入门指导工作的中小学教师,其职责是帮助新教师顺利实现从新教师到成熟教师的转变。② 美国新教师入职指导制度最早可追溯到20世纪60年代。早在1963年,科南特就在报告中提出了新教师的入职指导问题,入职指导开始在美国出现,并逐步成为美国教师教育的重要组成部分。③ 21世纪初,美国有30多个州明确要求新教师必须接受入职指导,各州也会为新教师的入职指导提供资助。④ 随着入职指导在美国教师教育中的地位不断提升,入职指导教师的职责和作用也越来越为美国教师教育所重视。在不少教师培养方案中,实习和新教师的入职指导呈现出一体化的倾向。

随着美国教师教育的发展,入职指导教师的重要性不断凸显,但美国长期以来并没有对入职指导教师的培训提出严格的要求。有些州虽然提出了入职指导教师培训计划,但往往也是流于形式,缺乏明确的举措。进入21世纪后,上述状况有所改观,入职指导教师的培训工作日益受到重视。

(二)入职指导教师的选拔与培训

在入职指导教师的选拔方面,各州选拔入职指导教师的标准主要涉及教师的教学经验、专业资质、交往能力、教学能力、专业性向等。有些州要求入职指导教师持有特定学科的教师资格证书,有些州则要求入职指导教师有3~5年的教学经验,路易斯安那州甚至要求入职指导教师拥有10年的工作经验。新泽西州要求入职指导教师持有与新教师同一学科领域的教师资格证书;康涅狄格州要求入职指导教师具有团队合作能力,能够协助新教师实现专业成长;南卡罗来纳州要求入职指导教师具备良好的人际交往能力,能与新

---

① 姜勇.美国实习辅导教师培养改革述评[J].外国教育研究,2008(5):54—57.
② 新教师是指工作年限为1~3年的新手教师。一般来说,获得初级教师资格证书的新教师如要申请专业教师资格证书,通常需要接受至少1年的入职指导。
③ 许明,黄雪娜.从入职培训看美国新教师的专业成长[J].教育科学,2002(2):51—55.
④ 孙曼丽.从"能力本位"到"表现标准本位":"二战"后美国外语教师教育的发展与变革研究[D].福州:福建师范大学,2012:195.

教师就课堂教学的设计与反思展开专业对话。

教学能力也是衡量入职指导教师资质的重要指标。阿肯色州要求入职指导教师必须通过NBPTS的专业认证,特拉华州要求入职指导教师必须获得令人满意的教学评价,蒙大拿州要求入职指导教师证明自己能够对学生的学习产生积极影响。[①]

专业性向也是许多州选拔入职指导教师时考虑的重要因素。新泽西州要求入职指导教师展示其良好的工作态度,南卡罗来纳州则要求入职指导教师展示高水平的知识和技能。

在入职指导教师培训方面,美国入职指导教师的培训时长一般为两年,大致分为初级培训与专业发展培训两个阶段,现以加利福尼亚州等六个州的情况予以说明。加利福尼亚州等六个州的入职指导教师培训体系如表5-4所示。

表5-4 加利福尼亚州等六个州的入职指导教师培训体系

州名	初级培训内容	专业发展培训内容
加利福尼亚州	指导新教师所需的知识和技能	形成性评估体系的使用
伊利诺伊州	形成性评估体系的使用	进行自我评估,反思个人作为教师和入职指导教师的专业发展
马里兰州	入职指导教师的职责、指导成人学习的策略、新教师的多样化需求	示范教学、协调各种教学资源
北卡罗来纳州	入职指导教师的角色和责任	深化各种指导知识和技能的学习
罗得岛州	入职指导教师的角色、成人的学习策略	新教师专业发展计划指导、表现评估、教学专业标准
南卡罗来纳州	教学专业标准、基本指导技能	优秀入职指导教师培训

通过表5-4我们可以看出,美国各州的入职指导教师培训已逐渐制度化、系统化,对入职指导教师的培训主要围绕三个方面展开。一是帮助入职指导教师了解自己的职责,规范入职指导教师的角色与行为,帮助入职指导教师熟悉本州的教学专业标准、学习标准、新教师入门标准、成人学习策略、教师专业发展等内容。二是让入职指导教师掌握指导新教师所需的知识与技能,帮助入职指导教师熟悉形成性评估体系和指导策略,与新教师建立信任,为新教师提供教学示范,指导新教师制订专业发展计划等。三是促进入职指导教师自身的专业发展,包括深化各种知识与技能、进行反思实践等。

---

① New Teacher Centre. Review of state policies on teacher induction[EB/OL]. (2012-04-01)[2020-08-08]. http://www.newteachercenter.org/policy/policy-map.

(三) 入职指导教师专业标准

提升入职指导教师的专业能力是培训入职指导教师的重要目标。在这一目标下,美国倾向于将入职指导教师的专业能力划分成以标准为中心的多个层级,为评估入职指导教师的专业化水平提供依据。以北卡罗来纳州为例,该州认为,想要实现给每个学生配备"有效教师"的教育目标,就必须通过建立高质量的新教师入职体系帮助新教师掌握专业知识和技能,而高水平的入职指导教师是建立高质量的新教师入职体系必不可少的核心要素。因此,该州针对入职指导教师制定了五项入职指导教师专业标准,并以标准为中心对入职指导教师的能力进行了划分,将入职指导教师的能力划分为接近标准、达到标准、优秀、卓越四个层级,每一个层级都列出了对入职指导教师能力的具体要求。北卡罗来纳州制定的入职指导教师专业标准如表5-5所示。

表5-5 美国北卡罗来纳州的入职指导教师专业标准

序号	一级指标	二级指标
标准1	支持新教师展示其领导力	相互信任的指导关系、领导力、交流与合作、最佳实践、伦理标准、关注新教师与学生
标准2	支持新教师创设尊重具有多元文化背景的学生的教学环境	与学生建立良好的关系、家校关系良好、尊重多样化课堂、创设有利于学习的课堂氛围、关注所有学生的需求
标准3	支持新教师掌握任教学科的知识	本州学习标准、国家21世纪学习标准、学科知识与课程
标准4	支持新教师促进其学生的学习	教学实践、专业实践、学生评估
标准5	支持新教师反思自身的教学实践	指导新教师如何进行时间分配、指导新教师反思教学实践、指导新教师收集数据

(四) 新教师中心的入职指导教师培训

新教师中心于1998年在加利福尼亚大学圣克鲁兹分校成立。新教师中心是一个全国性的非营利组织,该组织开发的入职指导教师培训方案得到了亚利桑那州、南卡罗来纳州等多个州的支持,该方案也成为全美入职指导教师培训的指导框架。

1. 入职指导教师的培训内容

新教师中心的入职指导教师培训方案是立足于新教师入职指导方案中指导教师的指导实践设计的。美国各州现有的新教师入职指导方案中,入职指导教师的工作主要以形成性评价与支持体系为核心,入职指导教师需要带领新教师共同收集并分析教学表现数据,以促进新教师的专业成长。

鉴于此,新教师中心把形成性评价与支持体系作为制订入职指导教师培训方案的重要依据,并对其进行了阐释。新教师中心认为,形成性评价与支持体系大体包含四个方面:① 了解周围环境。入职指导教师支持新教师了解学生、了解自身,研究学校、家庭和社区。② 建立并反思专业目标。入职指导教师指导新教师使用合作评估工具,与新教师合作评估教学实践。③ 通过探究促进教与学。入职指导教师指导新教师分析学生作业,设计有效的教学方案;入职指导教师还要与新教师互相观摩听课,共同讨论问题。④ 交流、合作与协调。入职指导教师帮助新教师学习与学生家长交流,学习与学校管理者合作。

新教师中心培训工作的层级化主要体现在培训内容的逐年升级。以全职入职指导教师培训方案为例,该方案要求入职指导教师参加为期 3 年的培训。第一年的培训内容为基础类课程,入职指导教师需要学习如何与新教师建立并保持有效的指导关系,指导新教师有效教学是其学习的重点。入职指导教师将学习通过多种数据评估新教师的教学实践,向新教师提供有意义的反馈。入职指导教师可以运用课堂本位等教育理论指导新教师,帮助他们提升教学技巧,从而对学生的学习产生积极的影响。第二年的培训内容是指导知识与技能方面的课程。课程包括对入职指导教师领导力的培养、新教师的课堂语言能力的发展等。此外,该课程较为重视入职指导教师对新教师沟通协调能力的培养。第三年的培训内容为入职指导教师高级课程。该课程注重带领入职指导教师在研究自己的指导工作与教学实践的基础上不断改进自己的工作。①

2. 入职指导教师培训方案

新教师中心将入职指导教师分为全职和兼职两类,并为这两类入职指导教师分别开发了指导教师学术系列培训方案与专业学习系列培训方案。② 这两种培训方案的具体内容如表 5-6、表 5-7 所示。

---

① New Teacher Centre. Mentor academy series[EB/OL]. (2014-10-08)[2020-08-08]. http://www.newteachercenter.org/services/mentor-academy-series.

② New Teacher Centre. Professional learning series[EB/OL]. (2014-10-10)[2020-08-08]. http://www.newteachercenter.org/node/2026#year1.

表 5-6　指导教师学术系列培训方案

培训主题	模块	具体内容
第一年：探究实践	教学指导与形成性评价	① 明确入职指导教师的角色； ② 与新教师建立信任并完善教学实践； ③ 深化有效教学实践和教学指导知识的学习； ④ 评估新教师的教学实践并选择合适的指导策略； ⑤ 支持新教师了解学生的水平和学习需要； ⑥ 帮助新教师创设积极的学习环境； ⑦ 与当地管理者开展持续的交流与合作
	指导有效教学	① 学习高水平的指导策略，如备课、听课、评课和分析学生作业； ② 使用当地的专业标准指导听课与评课，提供有价值的反馈意见； ③ 学习如何指导新教师收集听课数据； ④ 学习如何指导新教师分析听课数据，以改进教学
	探究实践	① 学习如何让新教师参与探究合作； ② 学习怎样帮助新教师通过使用各种数据指导教学工作； ③ 培养与新教师共事的能力
	评估成长与拓展实践	① 培养在复杂学习情境下的教学指导能力； ② 学习个别化教学指导方式； ③ 帮助新教师分析自己与学生的成长； ④ 对自身发展和教学有效性进行深度评估
第二年：教育平等	营造平等的课堂教学氛围	① 探究教育平等的意义； ② 支持新教师带领所有学生参与深度学习，缩小学习机会差距； ③ 提升指导能力，帮助新教师营造好的课堂教学氛围，培养新教师的情感能力和社会交往能力； ④ 采用州共同核心标准，重视课堂语言能力的培养
	促进语言发展	① 提高新教师促进学生语言和写作水平的教学实践能力； ② 支持新教师根据州共同核心标准开展教学，提高学生的语言和写作水平； ③ 根据新教师和学生的学习需求提升教学技能，使用案例教学提升指导技能
第三年：探究指导实践	关注所有学生	① 理解教育平等始于教学平等； ② 帮助新教师开展个性化教学，满足学生的多样化需求； ③ 深化教学实践与指导实践，帮助新教师备课、上课，满足学生的各项学习需求
	引领未来	① 了解教师入职培养方案是怎样转变学生、新教师和入职指导教师的教育经历的； ② 评估个人作为教学领导者和入职指导教师的专业发展； ③ 明确个人的专业成长方向； ④ 提升自身的各项技能，支持有效的教学与学习
	探究入门	① 把探究作为一个强有力的学习过程； ② 尝试多种评估工具，参与专业学习社区，深化教学实践； ③ 设计和改进探究方案，使其对新教师的教学实践产生积极影响； ④ 了解有助于指导实践探究的各种数据资源

续表

培训主题	模块	具体内容
	探究与合作	① 与同事合作调查相同的探究领域； ② 尝试有助于建立专业学习社区和支持个体学习的各种研究手段； ③ 改进探究方案，关注其对入职指导教师工作、新教师教学、学生学习和新教师入职指导方案的影响； ④ 通过对相关文章和资料的探讨，丰富和深化个人的重点探究领域
	探究研讨	① 对收集的数据进行反思并对其进行研究和利用； ② 通过合作把研究成果开发成产品； ③ 将产品展示给其他同事； ④ 强化数据驱动下的合作研究的价值

资料来源：此表根据新教师中心官网提供的相关资料整理而成。

表5-7 指导教师专业学习系列培训方案

培训主题	模块	模块陈述	具体内容
第一年：指导有效教学	教学指导	介绍指导语言与技能，合作评估教学实践	① 使用指导语言和案例进行有效的教学指导； ② 建立与新教师相互信任的合作关系； ③ 使用专业标准对教学实践进行评价
	听课和开会	指导新教师根据专业标准收集教学数据并对其进行分析	① 反思和分析指导经历； ② 使用指导语言； ③ 与管理者就新教师的评估进行交流、合作和协调
	利用数据指导教学	分析学生作业，实现个性化教学，关注所有学生的发展	① 通过听课和会议分析并反思自己的指导经历； ② 分析学生作业，利用其指导教学实践； ③ 拓展指导语言的使用范围
	设计有效教学	提升指导技能，帮助新教师开展个性化教学，促进学生的学习	① 反思和分析教学指导经历； ② 支持新教师基于学科标准开展个性化教学； ③ 反思自己的专业发展方向
第二年：关注所有学生	营造平等的课堂教学氛围	提升指导质量、教学质量和学习质量，支持平等教学	① 选择适当的策略，满足新教师的需求； ② 支持新教师分析种族、语言和文化对学生学习的影响，实现有效教学； ③ 支持新教师营造平等的课堂教学氛围
	提升教学水平，促进语言发展	加强指导实践	① 支持新教师提升学生的读写能力和语言水平； ② 支持新教师根据州共同核心标准开展教学实践； ③ 支持新教师参与探究活动，提升其教学实践能力和学生的学习能力
	开展个性化教学	对具有不同学习风格的学生采用不同的教学策略	① 通过使用形成性评价帮助新教师满足学生的多样化需求，实现平等教学； ② 提升个人的指导技能，如计划教学、评估教学实践、提供反馈等方面的能力； ③ 支持新教师与他人的交流和合作
	作为领导者的指导	塑造领导者的角色，评估自身的发展和新教师的成长	① 通过专业探索和合作提升集体效能感； ② 提升个人的领导力和组织能力，注重营造平等的教学环境； ③ 评估自己的指导工作对新教师教学与学生学习的影响

资料来源：此表根据新教师中心官网提供的相关资料整理而成。

3. 入职指导教师培训案例——以南卡罗来纳州为例

南卡罗来纳州是新教师中心的合作伙伴之一，该州根据以上培训方案开展本州的入职指导教师培训工作。南卡罗来纳州的入职指导教师培训立足于该州新教师入职指导方案中的"指导教师引领的形成性评价体系"。该体系是南卡罗来纳州新教师入职指导方案的核心，旨在促进新教师的专业成长和学生学业水平的提高。该体系主要包括四个部分：① 新老教师通过观摩课堂、收集教案、课堂评估等多种渠道收集师生的表现数据；② 新老教师共同分析表现数据，根据该州的教师专业标准对表现数据进行反思；③ 新老教师共同制订新教师专业发展计划；④ 新老教师共同实施新教师专业发展计划。

该州的入职指导教师培训工作由州教育厅、学区和教师培训中心负责，培训分为初级培训、高级培训和专业发展培训，培训主要通过工作坊、研讨会等形式进行。初级培训与专业发展培训面向所有的入职指导教师，安排入职指导教师学习本州的教师留任政策、教学专业标准以及与指导新教师有关的研究成果，实现入职指导教师的专业发展。高级培训专门针对具有1年指导经验且被校长推荐的优秀入职指导教师，设置这类培训的目的是帮助他们进一步提升指导技能，成为入职指导教师中的佼佼者。① 该州入职指导教师培训体系的具体情况如表5-8所示。

表5-8 美国南卡罗来纳州入职指导教师培训体系

培训类型	培训内容	培训形式	培训时长
初级培训	本州的教师留任政策、教学专业标准、有关指导新教师的研究成果	工作坊	3天
高级培训	教学指导技能和其他指导技能的提升	工作坊	3天
专业发展培训	与指导技能相关的专业发展活动	研讨会、工作坊和指导会议	15个小时

新教师中心入职指导教师培训方案的出台，对提高新教师入职质量和美国基础教育的质量产生了积极的影响。据统计，仅2010—2014年，新教师中心就培训了24339名入职指导教师，帮助了88898名新教师顺利入职，使620万名中小学生从中受益。② 采纳新

---

① South Carolina Department of Education. South Carolina Induction and Mentoring Program: implementation guidelines [EB/OL]. (2014-11-15) [2020-08-08]. http://cerra.org/mentortraining/upcomingtrainings.aspx.

② New Teacher Centre. NTC reach in 2013-2014 [EB/OL]. (2014-12-20) [2020-08-08]. http://www.newteachercenter.org/impact/ntc-report-card.

教师中心入职指导教师培训方案的州的新教师留任率高达88％,比全国平均水平高32％。[①] 从中小学生的学业成绩来看,采纳该方案的州的学生数学与阅读成绩分别比全国平均水平高8％和4％。[②] 其他调查表明,学校管理者和入职指导教师对新教师中心入职指导教师培训方案的满意度很高。88％的学校管理者对入职指导教师的指导工作持满意态度。94％的入职指导教师表示会把所学内容用于今后的专业发展,92％的入职指导教师认为培训加深了自身对指导工作的思考,93％的入职指导教师认为专业发展培训有助于提升指导工作的有效性。[③] 总之,新教师中心在入职指导教师的培训方面起到了表率的作用,为美国各地开展实习指导教师培训提供了典范。

七、20世纪80年代以来教师实习改革典型案例

各州的教师资格认证标准和专业机构的认证标准对各教师教育机构有着重要的影响。其中,前者带来的影响是刚性的,未满足各州教师资格认证标准的学生基本是无法从教的;后者带来的影响则是柔性的,因为各专业机构的认证标准是具有自愿性质的,教师教育机构可选择是否接受认证。无论外部的政策和制度带来了怎样的影响,教师教育的落脚点还是各个教师教育机构。下面将对斯坦福大学、加利福尼亚州立大学长滩分校、普林斯顿大学、伊利诺伊大学、银行街教育学院的教师实习予以讨论。

(一)斯坦福大学的教师实习

斯坦福大学创建于1891年,是一所四年制私立大学,其教育学院在全美名列前茅。斯坦福大学在100多年的发展历程中逐渐形成了各类独具特色的教师教育项目,使其在教师教育领域一直处于领先地位,其中比较有代表性的是斯坦福教师教育项目(Stanford Teacher Education Program, STEP)。

在STEP中,斯坦福大学人文学院或科学学院的学生在完成本科阶段的学习并获得

---

① New Teacher Centre. Retention[EB/OL].(2014-11-25)[2020-08-08]. http://www.newteachercenter.org/impact/retention.

② New Teacher Centre. Student learning [EB/OL].(2014-12-09)[2020-08-08]. http://www.newteachercenter.org/impact/student-learning.

③ New Teacher Centre. Program quality [EB/OL].(2014-12-26)[2020-08-08]. http://www.newteachercenter.org/impact/program-quality.

学士学位后,可申请进入教育学院。被录取的学生在教育学院进行为期1年的学习即可获得教育硕士学位。

STEP为学生提供了初等教育和中等教育两种全日制教师教育课程,学制均为1年,分为春季学期、夏季学期、秋季学期和冬季学期。STEP的专业课程主要由课程与教学、社会与心理基础、语言与文字、教学策略和实习与学生教学五个部分构成。实习在斯坦福大学的两种全日制教师教育课程中均占有重要的地位,实习在初等教育课程中所占的比重约为1/3,在中等教育课程中所占的比重则超过1/3。可以说,实习贯穿于斯坦福大学教师培养的始终。

从20世纪80年代开始,斯坦福大学的实习活动以到中小学进行教学实践为主,采用的是专业发展学校实习模式,实习的内容包括授课、教学观摩、协助中小学教师开展工作、辅导学生、参加学校会议及社区活动等。

斯坦福大学将实习分为一般课堂教学实习和独立教学两个环节。一般课堂教学实习主要包括教学观摩、了解学生、参与课堂管理,实习生要在实习指导教师的指导下逐步承担教学和评价学生的职责。在独立教学环节,实习生开始独立承担教学任务,独立备课、上课。[①] 总的来看,斯坦福大学的教师实习具有以下几个方面的特点。

1. 精心选择实习学校

为保证合作质量并更好地集中资源,斯坦福大学对实习学校进行了严格的筛选。[②] 斯坦福大学要求这些学校服务于不同的学生群体,并提供高质量的教学观摩的机会。为寻找理想的实习学校,斯坦福大学广泛了解周边各所学校的具体情况。找到目标学校后,斯坦福大学的实习工作负责人将对目标学校进行实地考察,通过观察、调研、访谈等各种形式收集信息。当发现目标学校的具体情况符合STEP的要求时,斯坦福大学就会与其建立合作关系。在有些情况下,斯坦福大学还会对实习学校进行第二次考察,以获取更多额外的信息,在第二次考察结束后再最终决定是否将目标学校作为实习学校。

2. 严格考核实习生的实习工作

斯坦福大学对实习生的评价分别由中小学实习指导教师和大学实习指导教师独立完

[①] 胡惠闵,汪明帅.美国教师专业发展学校与教育实习改革的经验与启示[J].全球教育展望,2011,40(7):49—53.

[②] DARLING-HAMMOND L. "Steady work": the ongoing redesign of the Stanford Teacher Education Program[J]. Educational Perspectives,2004,36(1/2):8—19.

成。评价标准以加利福尼亚州教学专业标准为基本框架。斯坦福大学要求实习生必须达到所有考核标准的要求。此外,实习生需要在毕业前提交个人的毕业档案,该档案应包含课程设计、教学实施、课堂管理、学生评价、自身专业发展和个人反思等方面的各类材料,反映个人的教育哲学和独特的教学经历,展现个人的专业成长经历和学习成果。实习生的毕业档案由中小学实习指导教师和大学实习指导教师组成的委员会共同进行评价。①

3. 对大学实习指导教师提出严格要求

为了保证实习生的实习质量,斯坦福大学对大学实习指导教师提出了严格的要求。斯坦福大学制定了专门的实习工作协议,由大学实习指导教师和中小学实习指导教师共同负责实习生的实习活动。大学实习指导教师通常由学院的教育专家挑选,或由实习学校校长推荐。斯坦福大学的大学实习指导教师要在实习工作中帮助实习生建立起STEP课程与教学实践之间的联系,依据严格的标准选拔优秀的中小学实习指导教师,通过定期的课堂随访评估中小学实习指导教师的工作水平。斯坦福大学编制了教师课堂观察评价表,用于考核大学实习指导教师。此表的内容包括:教师怎样了解学生已有的知识储备、课堂教学的气氛如何、怎样处理不同学生的学习需求等。从总体上看,斯坦福大学试图通过对大学实习指导教师的考查与评价,确保实习生的教学理念和教学实践与STEP的整体目标保持高度的一致。②

4. 对中小学实习指导教师提出严格要求

除了对大学实习指导教师提出严格要求外,斯坦福大学也对中小学实习指导教师提出了严格的要求。斯坦福大学在选拔中小学实习指导教师时十分注重该教师是否认同STEP的目标,以及该教师是否具有丰富的教学经验。

具体而言,中小学实习指导教师的职责大致包括以下几个方面:① 在实习初期和每季度末与实习生和大学实习指导教师进行三方会谈。② 学习STEP手册。③ 观察实习生的教学活动,为季度评价收集材料。④ 与大学实习指导教师沟通实习生的学习进展,共同讨论如何更好地帮助实习生。必要时,STEP实习工作负责人可以提供额外的指导。

---

① 胡惠闵,汪明帅.美国教师专业发展学校与教育实习改革的经验与启示[J].全球教育展望,2011,40(7):49—53.
② 同①.

⑤ 完成3次季度评价。⑥ 与实习生讨论季度评价的内容,设定未来的学习目标。① 总的来看,斯坦福大学对中小学实习指导教师的考核方式与对大学实习指导教师的考核方式差别不大。

(二)加利福尼亚州立大学长滩分校的教师实习

在加利福尼亚州立大学系统中,加利福尼亚州立大学长滩分校是一所世界一流的公立综合性大学,享有极高的学术声誉。加利福尼亚州立大学长滩分校的教师教育课程主要分为三类:一是培养小学教师的多科证书培养课程,二是培养中学教师的单科证书培养课程,三是面向特殊学生的特殊证书培养课程。实习是其教师教育课程的重要组成部分,现以其培养小学教师的多科证书课程为例,对其实习情况予以说明。

1. 注重跨学科和多元文化

加利福尼亚州立大学长滩分校小学教师培养方案的总学分为146分,实习时长为16周,占16学分,实习一项的学分在整个教师培养方案中所占的比重为10.96%。加利福尼亚州立大学长滩分校对实习的安排较为灵活,实习生既可以在1个学期内完成全日制的实习,也可以在2个学期内完成半日制的实习。如果选择在2个学期内完成,实习生一般还要学习教学方法类课程。对于多科证书培养课程,加利福尼亚州立大学长滩分校注重实习中的多学科因素,实习生的实习不限于某一学科或某一年级。②

加利福尼亚州立大学长滩分校要求实习生分别到低年级和高年级进行教学。实习生需要在教学的基础上分别完成与低年级和高年级相关的两项作业,每项作业各占8学分。同时,该校要求实习生在跨文化课堂开展教学,学生应具有不同的语言背景、文化背景、社会背景。实习生的实习科目包括中小学课程中的所有学科,如语言、艺术、数学、音乐、体育、科学、社会等。同时,实习生还要使用多样化的方式进行教学,包括班级授课、小组合作和个别指导等。

2. 采用州教师资格标准对实习进行评价

加利福尼亚州立大学长滩分校的实习评价分为过程性评价和终结性评价两部分。该

---

① 胡惠闵,汪明帅.美国教师专业发展学校与教育实习改革的经验与启示[J].全球教育展望,2011,40(7):49—53.
② 綦春霞,刘萍.促进小学教师专业成长的重要环节之一:美国职前教育实习[J].比较教育研究,2009(8):82—86.

校的评价标准是基于加利福尼亚州有关教师资格的六项要求制定的。这六项要求包括：鼓励和支持所有学生学习、创造和保持有效的教学环境、理解并善于运用学科知识、设计适合所有学生学习的教学方案、评价学生的学习效果、促进教师的专业成长。

根据加利福尼亚州的教师资格标准，该校对实习的评价方式进行了规定。首先，实习指导教师应事先向实习生介绍评价标准中的各项内容；其次，实习指导教师分别对实习生在前8周、后8周、期中和期末的表现进行评价，并填写实习评价表。

在实习评价表中，每项考核要求都分为若干个观测指标。评价共分为五个等级，分别是未观察到、不达标、达标、良好、优秀。由于篇幅有限，现以"创造和保持有效的教学环境"这项考核要求为例，对该校的实习评价表予以展示(参见表5-9)。[①]

表5-9 加利福尼亚州立大学长滩分校实习评价表(部分)

观测指标	未观察到	不达标	达标	良好	优秀
1. 利用环境、教师、家长等资源支持教学					
2. 营造公正和相互尊重的氛围					
3. 课堂管理与学生的学习、纪律状况					
4. 建立适合所有学生的行为标准					
5. 在独立学习和小组学习中的责任感					
6. 有效地利用教学时间					

3. 明确实习指导教师的职责

加利福尼亚州立大学长滩分校要求每位实习生由3位实习指导教师共同负责，他们分别是大学教育学院的教师、教授三年级及以下班级的中小学教师、教授四年级及以上班级的中小学教师。实习指导教师不仅对学生进行具体的实习指导，而且还对实习生进行过程性评价和终结性评价。该校的实习手册对实习指导教师的工作给出了详细的说明。实习手册中提到，大学实习指导教师应协助该校制订相应的实习计划，定期与实习生进行正式和非正式的座谈。同时，实习手册对中小学实习指导教师的工作职责也提出了明确的要求。

(三) 普林斯顿大学的教师实习

普林斯顿大学于1746年在新泽西州伊丽莎白镇创立，是美国殖民地时期成立的第四

[①] 綦春霞，刘萍. 促进小学教师专业成长的重要环节之一：美国职前教育实习[J]. 比较教育研究，2009(8)：82—86.

所高等教育学院,当时名为"新泽西学院"。1896年,该学院正式更名为普林斯顿大学。普林斯顿大学是美国著名的私立研究型大学,也是常春藤盟校之一。由于普林斯顿大学未设教育学院,因此该校长期以来并没有承担教师培养的任务。

近些年来,普林斯顿大学也开始承担起培养教师的工作。一所没有教育学院的大学是如何开展教师培养工作的?其实习工作又是如何组织的?关于这些问题,中国国内曾有论者进行过专门的研究。[①]

总的来说,普林斯顿大学是探索非教育学院模式的大学本位教师教育的典范。普林斯顿大学教师培养工作是在众多教育专业组织的支持下开展起来的。在AACTE、TEAC、美国优质教师教育协会和新泽西教师教育联合会的支持下,普林斯顿大学开发了自己的教师培养方案,该教师培养方案由普林斯顿大学各院系、地方学区和各所中小学共同实施。

1. 普林斯顿大学的教师培养方案

普林斯顿大学的教师培养方案要求学生学习教育心理学理论知识,在中小学开展教学实践。同时,该方案也十分强调对学生反思能力的培养。该校教师培养方案的制订和实施工作由教学委员会和各学院教授组成的执行委员会负责。普林斯顿大学的教师培养注重与各学区通力合作,积极为学生的专业发展提供教学反思和实践的平台。

普林斯顿大学教师培养的对象是各专业的在校本科生、本科毕业生和研究生。申请者各科的平均绩点需要达到2.75,此外,申请者还需要提供大学教师或行政管理人员的推荐信。学生一般在大学一年级或二年级提出申请,研究生也可提交申请。该校教师培养方案的主要内容包括通识课程、学科专业课程、教育专业课程和实习。

(1) 通识课程。

通识课程的学习一般从大学三年级开始。文科生需要学习的通识课程是人类和跨文化关系类课程,此类课程包含多类分支课程,每类分支课程又由若干门具体课程构成,每个文科生必须从人类和跨文化关系类课程的每类分支课程中至少选择1门课程进行学习。理科生需要学习的通识课程是技术类课程,每个理科生也必须从技术类课程的分支课程中至少选择1门课程进行学习。各门课程的授课教师由各学院统一调配。

---

① 刘保卫.美国大学本位教师教育的新路径:普林斯顿大学教师培养方案研究[J].比较教育研究2007(11):23—26.

(2) 学科专业课程。

在普林斯顿大学的教师培养方案中,每个学生至少要修完 8 门本专业的课程才有资格申请该专业的教师资格证书。执行委员会要求各学院尽可能多开设一些选修课让学生选择,具体开设什么课程由学院自己决定,但各学院都要参照美国职前教师教学知识与能力国家考试所规定的各学科的考试内容来决定开设哪些课程,因为只有通过这个考试,学生才能拿到教师资格证书。

(3) 教育专业课程。

普林斯顿大学的教师培养方案要求学生学习教育心理学并对教学进行思考。该方案指出,学生对教学的思考并不是指规范的、有计划的教学或训练活动,而是个人化的思考。学生需要思考的问题包括做教师意味着什么、为什么要做教师、要做什么样的教师等。为此,该方案要求学生到中小学观摩课堂,并与一线教师一起对课堂教学进行反思和讨论。学生对教育心理学的学习也不是通过正规的课程完成的。该方案要求学生自行阅读教育心理学教材,并思考相关理论适用于怎样的教学情景。为配合教育心理学理论知识的学习,该方案要求学生至少要进行 12 个小时的教学观察。

该方案还要求学生参加教学研讨会。教学研讨会包括每周 80 分钟的班级讨论会和每周 80 分钟的实验室座谈会。班级讨论会通常与教学观摩同时进行,活动方式包括演讲、讨论、小组活动、观看教学录像等。实验室座谈会则是在教师、课程专家、学区行政官员的指导下进行的。为了更好地为实习做准备,学生还要在教育专家的指导下参加 18 小时的教学观摩,学习各学科的教学技巧和教学方法。[①]

(4) 实习。

实习是普林斯顿大学教师培养中最为重要的环节。普林斯顿大学联合地方学区和中小学共同帮助学生开展实习。普林斯顿大学要求学生在实习指导教师的指导下进行为期 8~12 周的实习。实习指导教师包括来自大学各院系的教师和来自学区及中小学的一线教师。教师培养方案的督导人员和一线的实习指导教师密切合作,共同监督、指导学生的实习。对学生实习的评估通常分为实习中期的评估和实习末期的评估。被鉴定为实习成绩不合格的学生将被要求延长实习时间,教师培养方案的专家组成员将针对该学生的具体情况制订个性化的实习补救方案。为强化教育理论与教学实践的联系,普林斯顿大学

[①] 刘保卫. 美国大学本位教师教育的新路径:普林斯顿大学教师培养方案研究[J]. 比较教育研究,2007(11):23—26.

要求学生在实习的同时开展教学研究和教学研讨。学生在提交实习材料时要提供将教学实践和教学研究或教学研讨结合起来的证明材料。此外，普林斯顿大学要求学生通过普瑞克西斯（Praxis）考试，以获得相应学段和学科的教师资格证书。

2. 普林斯顿大学教师培养方案的特点

（1）注重反思实践。

普林斯顿大学的教师培养方案十分重视反思在学生成长中的作用，力图把学生培养成反思实践型教师。该方案在教育专业课程的学习阶段和实习阶段为学生搭建了很多反思实践的平台，如班级讨论会、实验室座谈会等，这对学生处理动态的、独特的、包含价值冲突的教学情境具有重要的价值。对反思实践的重视有助于让学生意识到教学的艺术性，避免用固定的模式和相同的方法进行教学。这能够使教学变得更加丰富多彩，更具个性化。从专业成长的角度来看，普林斯顿大学注重反思的做法有助于学生在具体的教学情境中形成自己的教学模式，不断提高教学专业素养与教学能力。

（2）注重实习。

普林斯顿大学教师培养方案非常注重实习。首先，普林斯顿大学十分注重实习前的准备工作，力图将实习前的准备工作与实习紧密结合起来。教育专业课程学习中的各项内容无不与实习工作紧密相关。其次，学生必须在实习中参与课堂观摩、课堂管理、课堂教学等一系列的活动，在具体的情境中锻炼自己的教育教学能力。学校对学生的实习也提出了严格的要求。再次，为保障实习质量，普林斯顿大学还建立了实习考核制度，对实习质量进行监控。最后，普林斯顿大学的实习工作具有综合性的特点。在实习中，学生需要综合运用自己的专业知识、教育学专业知识和教学法方面的知识来开展教育教学活动，解决他们所遇到的复杂问题。这也为学生提供了将教育理论与教学实践相结合的机会。

（3）倡导多方合作。

普林斯顿大学在教师培养工作中不仅重视实践性和反思性，而且强调大学与中小学及教育专业组织的密切联系。首先，参与普林斯顿大学教师培养方案制订的组织和机构较多，除教学委员会外，还有 AACTE、TEAC、美国优质教师教育协会和新泽西教师教育联合会等。其次，普林斯顿大学十分重视与中小学的合作。在其教师培养方案中，教育专业课程和实习是教师培养不可或缺的组成部分，两者关系紧密。因此，普林斯顿大学与很多中小学开展合作，并建立了合作伙伴关系。这种合作实际上也有利于教育理论与教学实践的结合。① 最后，普林斯顿大学也强调校内的合作，通过校内的教学委员会将各院系的各类资源充分调动起来，服务于教师的培养。例如，在普林斯顿大学教师培养方案中，通识课程和学科专业课程的开设均是普林斯顿大学各院系之间通力合作的结果。

（四）伊利诺伊大学的教师实习

伊利诺伊大学创建于1867年，是一所位于美国伊利诺伊州的公立研究型大学，包括厄巴纳-香槟分校、芝加哥分校和斯普林菲尔德分校。经过100多年的发展，伊利诺伊大学已经成为美国最具影响力的公立大学之一。

教师培养是伊利诺伊大学的重要任务。在伊利诺伊大学，实习同样是教师培养的重要环节。伊利诺伊大学的实习工作包括早期临床实践、学生教育和教学实习三个环节。教学实习环节是由学区负责安排的，由伊利诺伊大学负责的主要是早期临床实践和学生教育两个环节。②

1. 实习管理工作

伊利诺伊大学负责实习工作的最高管理机构是教师教育理事会，实习相关的具体工作由实习办公室负责。实习生由实习指导教师、行政管理人员、语言指导教师指导，由教师教育理事会的督察员负责监督工作。督察员是大学教师教育项目和实习指导教师之间的联络员，其主要任务就是督导实习工作。督察员可由不同身份的教师担任，也可以由研究生助理担任。督察员一般需要具备以下条件：有良好的学术背景、有督导的能力、有3年以上的教学经验、有硕士及以上学位。除此之外，督导员还应满足各专业的特殊要求。

伊利诺伊大学对实习期间有可能遇到的问题进行了周密的安排，并制定了严格的规定。具体来看，伊利诺伊大学的实习要求包括以下内容：① 实习指导教师要对实习生的教学予以指导，与实习生共同制订具体的实习方案。② 如果实习指导教师与实习生在共同制订具体实习方案的过程中遇到问题且难以解决，实习指导教师可与督察员商量，由督察员通知实习办公室和方法指导教师协助解决问题。③ 有必要的话，可召集实习生、实习指导教师、督察员、实习办公室的工作人员、方法指导教师、学术顾问等共同参加会议，

---

① 刘保卫.美国大学本位教师教育的新路径：普林斯顿大学教师培养方案研究[J].比较教育研究，2007(11)：23—26.

② 宫振胜.反思型教师教育理论的实践典范：美国伊利诺大学的教育实习安排及启示[J].青岛大学师范学院学报，2008，97(2)：117—121.

讨论解决问题的办法。④ 如果上述方法还不能彻底解决问题,各方可联合制订职业成长计划,该计划可从学术能力、专业性向和态度、计划执行和教学评估、班级管理四个方面对实习生进行评价。职业成长计划会详细阐明实习生应当达到的要求和达不到要求的后果。⑤ 实习生在第一个实习点完成职业成长计划后可进入第二个实习点继续实习。在第二个实习点完成职业成长计划的实习生将有资格参加教师资格认证。⑥ 在第一个实习点没有完成职业成长计划的实习生有另外四种选择。一是进入第二个实习点,但实习生需要继续完成之前没有完成的职业成长计划;二是进入第二个实习点,但实习生需要达到补充计划的要求;三是不进入第二个实习点,实习生也将失去教师资格认证的机会;四是申请退出实习,在学术顾问的帮助下拟订学习计划,实习生修完其他替代课程方可毕业,但其也将失去教师资格认证的机会。⑦ 没有完成第二个实习点的职业成长计划的实习生将无法得到教师资格认证的机会。在这一情况下,实习生将面临两种选择:一是申请退出实习环节,以后再申请;二是申请退出实习环节,直接申请毕业。⑧ 如果在实习中遇到困难,实习生也可以另选择一个实习点。①

2. 实习时间安排

伊利诺伊大学认同反思型教师教育理论和认知主义学习理论,并按上述理论对实习工作进行了精心设计。在其教师培养方案中,早期临床实践分三次进行。首次早期临床实践被安排在教育方法课程中,随教育方法课程的开设而展开,共40学时。第二次早期临床实践在初中进行,通常被安排在春季学期,主要面向大学三年级的学生,共30学时。学生在这一阶段至少要承担1门课程的教学工作,完成教学设计、教学实施和教学评估等教学任务。第三次早期临床实践在高中进行,一般被安排在秋季学期,共30学时。学生在这一阶段也需要承担1门课程的教学工作。②

伊利诺伊大学实习工作中的学生教育环节分为初中、高中两个阶段,现以初中阶段为例,对该阶段的实习安排进行说明。

第一周:① 实习指导教师帮助实习生了解课堂路径、学校政策、行为规范、管理路径等内容。② 实习指导教师向实习生介绍学校的教职员工、实习项目、教学材料等情况。③ 实习指导教师帮助实习生建立与其他实习生和学校教职员工的联系。④ 实习指导教

---

① 宫振胜.反思型教师教育理论的实践典范:美国伊利诺大学的教育实习安排及启示[J].青岛大学师范学院学报,2008,97(2):117—121.

② 同①.

师帮助实习生参与到课堂教学中,让实习生组织考试或教学生一些小的单元。⑤ 实习指导教师与实习生讨论长期的实习计划和具体的教学任务。

第二周至第三周:实习生和实习指导教师共同商讨双方的工作职责,共同制订教学计划。

第四周:① 实习生应能独立制订教学计划,利用课本以外的教学资料(如电影、期刊等)开展教学;能合理地运用一些一般的教学方法并组织一些教学活动,以实现"做中学"的目标。同时,对存在特殊问题的学生,实习生应采用特殊的教学目标和教学方法。除此之外,实习生应采取一定的措施评价学生的学习成果。② 实习指导教师应每天抽出一些时间与实习生交流教学经验。

第五周至第七周:① 实习生应承担班级 4/5 的教学任务。② 实习指导教师应自始至终以某种方式参与课堂教学,如偶尔教几次课或帮助实习生对学生进行评估。

高中阶段的时间安排与初中阶段大致相同,二者主要的不同之处在于,在高中实习的实习生从第一周到第三周就可以承担班级 4/5 的教学任务。[①]

3. 实习活动安排

伊利诺伊大学对实习活动的安排十分细致。首先,在早期临床实践阶段,学校为实习生安排了各种类型的活动。这些活动主要包括:① 制订教学计划并开展教学实践。② 开展一对一的教学,包括帮助学生完成学习任务、就读写问题与学生交流。③ 在相关教师的指导下为学生的小组活动提供帮助。④ 进行课堂观察,分析师生互动关系,分析教室的座位安排,分析教师的特殊教育策略。⑤ 参与班级活动,如收卷子、收作业、批改试卷等。⑥ 了解本学期教学计划的制订。⑦ 在相关教师同意的情况下观察某个学生或某组学生的行为。⑧ 参观学校图书馆、计算机实验室、餐厅等。⑨ 观察学生的课外活动。⑩ 与学生会谈。⑪ 与学校教职员工会谈。[②]

此外,伊利诺伊大学还对一些活动项目提出了具体而细致的规定。例如,实习生与学生会谈需要经过家长和教师的书面同意;实习生不能在会议过程中录音、录像;教师或行政人员必须提前了解会谈的问题;会谈中的问题不可以涉及个人隐私,可以询问学生是否喜欢学校的课程或活动、优秀教师应具备哪些条件等问题。实习生与学校教职员工会谈

[①] 宫振胜.反思型教师教育理论的实践典范:美国伊利诺大学的教育实习安排及启示[J].青岛大学师范学院学报,2008,97(2):117—121.

[②] 同①.

时可以交谈的话题包括职业路径、对特定课程的观点、教育方法、教学管理、课外管理等；会谈中的问题应与工作有关，不应涉及个人隐私。

总的来看，伊利诺伊大学安排的实习活动涉及了教师的各项工作，体现了全方位实习的理念。

4. 对督察员和实习指导教师的要求

为了圆满完成各项实习工作，伊利诺伊大学对负责实习工作的督察员、实习指导教师的职责提出了要求。现对伊利诺伊大学对督察员和实习指导教师的要求加以说明。

（1）对督察员的要求。

伊利诺伊大学对督察员的职责规定得最为细致，督察员的职责主要包括：① 在实习指导教师、实习学校、大学和各个专业项目之间建立积极的合作关系。② 帮助实习生、实习指导教师和其他相关人员了解实习要求。③ 帮助实习生掌握教学活动的相关技能和策略。④ 定期到实习学校视察。⑤ 帮助实习生实现知识、技能等方面的专业成长。⑥ 对实习生的实习工作至少进行4次视察。⑦ 要在每次视察后与实习生谈话，并完成书面视察报告。⑧ 在视察时与实习指导教师交流实习生的进步情况。⑨ 指出实习生的进步之处。⑩ 协助实习指导教师处理相关问题。⑪ 协助实习生处理相关问题。⑫ 至少在每学期的期中、期末各召开1次三方（实习指导教师、实习生和督察员）会议。⑬ 期中会议应当讨论实习生的表现和下一步的工作计划。⑭ 在最后一次会议中与实习指导教师共同对实习生进行评价，如果实习生没有按要求完成实习任务，将无法参加教师资格认证。⑮ 完成所有的视察表、评估表和日程表。①

伊利诺伊大学对实习的严格要求也反映在督察员的视察内容上。有关这方面的内容，伊利诺伊大学明确列出了20多项考察点。这些考察点具体包括：实习生是否知道学生的姓名？是否知道教学材料的位置？教学的主动性如何？与学生接触的情况如何？教学方法的使用情况如何？班级的管理情况如何？在采取预防性的管理措施方面做得如何？是否能够预见学生的行为和反应？是否积极地参与学生的学习与活动？着装是否符合职业要求？语音是否适当？与实习指导教师和学生的关系是否融洽？与学生的互动情况如何？是否能够平等对待学生？是否能按时上课？教学计划和教学材料的准备情况如何？是否有证据证明教学计划的有效性？教学目标是否适当？实际教学是否偏离教学计

---

① 宫振胜.反思型教师教育理论的实践典范：美国伊利诺大学的教育实习安排及启示[J].青岛大学师范学院学报,2008,97(2)：117—121.

划?若偏离教学计划,其主要原因是什么?是否能够清楚地向学生解释定义?教学内容是否适当?教学速度是否适当?教具是否适当?教学中问了哪些问题?这些问题是否能够引导学生的进一步思考?[①]

(2) 对实习指导教师的要求。

实习指导教师是从各实习学校的教师中选拔出来的。这些实习指导教师必须具备的条件包括:① 有相关课程的任教资格;② 教过相关课程或指导过相关的学习活动;③ 有3年以上的教学经验,并拥有硕士及以上学位;④ 愿意与大学的相关工作人员合作;⑤ 愿意帮助实习生达成实习方案所提出的各项要求。此外,实习指导教师也要符合各专业的一些特殊要求。[②]

5. 对实习生的评估

伊利诺伊大学非常重视对实习生的评估,要求所有实习生都必须在初中和高中实习。在学生教育阶段,当实习生结束了第一个实习点的实习工作,伊利诺伊大学会召开会议并对实习生的表现进行评估,督察员、实习指导教师和实习生将参加会议。评估内容包括教学评估、师生沟通评估、服务评估和教育技术水平评估。也就是说,伊利诺伊大学对实习生的评估不仅限于教学方面。具体来看,伊利诺伊大学对实习生的评估标准如下。

(1) 教学评估。伊利诺伊大学对实习生的教学评估包括教学计划、实习生的个人成长计划、为提高教学水平所采取的反思技术、继续教育的参与情况和对职业发展机会把握、对促进教学的各种资源的评估和利用五个方面。这五个方面又分别包含多项内容。例如,对教学计划的评估就包括知识的范围、使用所学概念与学生对话以帮助学生理解的情况、教学评估情况、教学技术的使用情况、创新情况。再如,对为提高教学水平所采取的反思技术的评估包括自我反思教学效果的情况、教学策略的分析情况、根据需要对课程进行调整的情况、在行动中贯彻个人教育哲学的情况、对提高学生听说读写水平策略的反思情况等。

(2) 师生沟通评估。师生沟通评估的主要内容包括:① 对学生需求的了解,对学生能力的了解,教育策略的制定情况,学生遵守纪律的情况,提高学生听说读写能力的情况,提供教学反馈的情况,创造满足学生需要的学习环境的情况。② 在直接和间接的教育活

---

① 宫振胜.反思型教师教育理论的实践典范:美国伊利诺大学的教育实习安排及启示[J].青岛大学师范学院学报,2008,97(2):117—121.

② 同①.

动中与学生交流的情况,技术工具的使用情况,为提高学生听说读写能力而使用反馈策略的情况。③ 与学校同事、家长及教育伙伴建立和发展良好关系的情况,与学生进行有效的思想交流的情况,有效利用各种技术促进与家长、同事及他人交流的情况。

(3) 服务评估。对实习生服务的评估主要从两个方面展开。一是考查实习生评估和利用能促进学生学习的社区资源和服务的情况,二是了解实习生参与社区活动、学校活动的情况。

(4) 教育技术水平评估。对实习生教育技术水平的评估主要包括四个方面。一是利用各种技术获取与实习相关的各类信息的情况。二是评估和使用网上资源和软件的情况。三是对大学的教育纲要、伊利诺伊州的职业教育标准、教师的语言艺术和技术标准、教学内容标准的熟悉情况。四是评估表等相关材料的完成情况。[①]

(五) 银行街教育学院的教师实习

银行街教育学院创建于1916年。该校最初主要承担的是幼儿教育和初等教育工作。作为深受进步主义影响的学校,银行街教育学院十分注重儿童的整体发展,而不是单纯强调具体的某一方面的学习。1950年,该学院进一步扩展其教育职能,将幼儿教师培养也纳入了自己的工作范围。目前,银行街教育学院在开展早期儿童教育的同时,也进行幼儿教师和小学教师的培养。这也使银行街教育学院成为融儿童教育和教师培养于一身的私立教育机构。该学院是国际公认的早期儿童教育的引领者,在幼儿教育、儿童教育、家庭教育、教师教育及领导力教育等方面研究成果丰硕。

1. 教师教育课程

银行街教育学院的教师教育课程属于研究生层次,学生在入学前就已经获得了学士学位。入学后,学生需要进行为期1年的专业学习,完成30学分左右的理论课程和12学分的实习课程。一般来说,如果集中学习这些课程,学生通常可在15个月内完成学习任务,但大多数学生都要花两年时间才能完成这些课程。

银行街教育学院教师培养的必修课程主要分为基础型课程、发展型课程、教学策略课程和课程设计课程,该学院教师培养的核心必修课程包括儿童发展、教学策略、儿童观察、家庭参与和课程研发。

---

① 宫振胜.反思型教师教育理论的实践典范:美国伊利诺大学的教育实习安排及启示[J].青岛大学师范学院学报,2008,97(2):117—121.

2. 实习要求及其特色

在为期1年的教师教育课程中,学生所学的大部分课程都是围绕着实习展开的。典型的课程包括如何研发课程并开展教学实践、如何与家长相处等。

银行街教育学院要求学生花费大量时间进行现场观察,参与教学的各个环节,并将理论应用于教学实践中。其教师教育课程形成了五大特色:① 注重从经验中学;② 实施以学生为中心的小班教学;③ 将理论学习与实践结合起来;④ 强调合作学习;⑤ 重视专家和导师的建议与指导。总的来说,这五大特色均与实习有着密切的联系。①

为了打破传统的理论学习与实践分离的状态,银行街教育学院注重将实习和理论课程的学习结合起来。银行街教育学院要求,有关儿童发展、语言和读写能力发展、特定学科教学方法的研究型理论课程要与本校的教学实践活动相联系,并用理论去指导和规范教学实践活动。实习生在学习学科知识和教育教学理论知识的同时,还要在银行街学院开设的儿童学校担任全职助教、班主任或实习教师,在实际的教学活动中尝试理解并运用自己所学的知识。

银行街教育学院开设的儿童学校不仅是教育儿童的场所,更是实习生践行教育教学理论知识的地方。在银行街教育学院内部的空间设计上,儿童学校和教师教育学院在空间上连为一体,实习生与儿童学校的学生合用教室。实习生白天在儿童学校的课堂上实习,晚上就继续在这些教室里学习相关的理论课程并进行研讨,将课程学习与中小学的课堂观察和实习联系起来。

由于实习生和儿童学校的学生都集中在银行街教育学院,且都由银行街教育学院统一管理,这就使得该学院能够十分便利地安排实习工作。实际上,银行街教育学院的教师教育采用的正是根植于专业实践的临床培养模式,学生在学习之初就要进入中小学课堂,从事见习和实习工作。在为期1年的实习中,实习生要完成560~600个小时的工作量,完成这些工作量便可获得12学分。

银行街教育学院的实习分为三个阶段,实习生所承担的责任和工作的复杂性也会不断增加。银行街教育学院设有专门的督导组,对实习生的实习工作进行管理。第一阶段,督导组每月需要与实习生交流两个小时以上;第二阶段,督导组每周需要与实习生交流两个小时以上。实习生需要向督导组分享自己的实习经历、目前所面临的挑战和自己的解

---

① 郑小贝.美国进步主义学校个案分析:"银行街教育学院"发展研究[D].福州:福建师范大学,2013:32.

决方案。

  银行街教育学院除要求实习生在本校开设的儿童学校参加教学实践外,还要求实习生在校外的实习学校实习。由于实习岗位难以申请,实习生通常至少要向多个州申请实习岗位。银行街教育学院并不确保实习生能够申请到校外的实习岗位,如果实习生未能申请成功,则需要在第二年重新申请。由于实习是培养方案的强制性要求,因此,两年后仍未申请到实习岗位的学生将无法获得学位。①

  无论是在儿童学校还是在实习学校,银行街教育学院均对实习生有统一的要求。在实习期间,实习生要定期参加本学院的工作会议,与实习指导教师和其他实习生进行交流,开展教学研讨。银行街教育学院对实习有严格的要求,达不到实习要求的实习生将无法获得学位。

  此外,银行街教育学院还通过强化对实习指导教师的督导、增加课程的实践性和操作性、培养实习生的反思能力等途径,不断促进职前教师的专业发展。该学院在建立和完善实习机制方面积累了丰富的经验,受到了社会的一致好评。

  3. 对 TFA 志愿者的培训

  为解决教师区域性和结构性短缺的问题,纽约州从 2001 年开始推行 TFA 的教师培养模式。银行街教育学院也积极参与其中,与 TFA 开展合作,为其志愿者提供学业上的支持和指导。TFA 的志愿者可选择银行街教育学院不同专业的课程,完成课程后可获得不同层次的教师资格证书。

  TFA 的志愿者在银行街教育学院接受培训后取得了较好的效果。与大多数的选择性教师培养路径一样,银行街教育学院也致力于对非本专业的人士进行培训。据统计,银行街教育学院 90% 的学生本科学的是其他专业。选择性教师培养路径遭受批评的最大原因就是其培养出来的教师留任率不高,相当一部分教师在工作两年后就离开了教师岗位;而银行街教育学院培养的 TFA 的志愿者在规定的两年工作期限后选择留任的比例要高于纽约州的平均留任率,这也使银行街教育学院得到了社会各界的认可。

---

  ① 郑小贝.美国进步主义学校个案分析:"银行街教育学院"发展研究[D].福州:福建师范大学,2013:37.

结　语

纵观美国教师实习的历史发展进程,我们可以发现,美国教师实习与欧洲的教师实习都萌发于学徒制。在教学实践中培养教师是公立学校兴建前主要的教师培养模式。师范学校建立后,教师培养制度的建构从一开始便是与实习联系在一起的,实习始终是教师培养的重要组成部分。只是由于各种内部或外部的原因,在不同的历史阶段,人们对实习的重视程度和要求有所不同,实习模式也有所不同。

伴随着教师培养的几次历史性转型,美国教师实习也经历了从师范学校到师范学院,再从师范学院到综合性大学教育学院的变革。20世纪80年代以来,在教师教育改革专业化和解制取向并行的背景下,教师实习也经历了深刻的变革。从霍姆斯小组提议创建专业发展学校,到NCATE为专业发展学校制定认证标准、构建临床实践型教师教育,再到AACTE建立基于实习的教师入职评估系统——edTPA,均反映了专业化取向的教师实习制度的变革方向;而以ABCTE、TEAC、TFA、NCTQ为代表的组织所提出的有关教师实习的主张则大致代表了解制取向的教师教育改革的方向。

近年来,美国教师教育领域似乎已经在实习问题上达成了共识。对教师教育专业化阵营而言,教师培养更多地倾向于在真实的教学实践场域中进行,无论是专业发展学校实习模式还是城市教师驻校模式,二者均将实习置于最为重要的位置;而对于传统意义上教师对学科知识和教育专业知识的学习,要么是在教师培养系统外进行,要么只能在以实习为主轴的教师培训系统中处于边缘位置。与专业派阵营相对的解制派阵营则主张压缩教师培养的时间成本,降低教师的入职门槛(主要是指教育专业知识方面的门槛)。其并不反对教师在实际工作岗位上学习如何教学,对教师接受入职培训也是持支持态度的。正因为如此,我们可以看到,美国教师实习近年来发展的重要趋势之一就是:一方面,实习几乎从教师培养的最后环节转变为教师培养的唯一环节;另一方面,教师实习与教师入职教育之间的边界日益模糊,职前教育和入职教育一体化的特征日益明显。因此,实习也成为教师教育专业化阵营和解制主义阵营为数不多的能达成共识的领域。NCATE和TEAC合并后组建的新的教师教育认证机构——CAEP就是这两个阵营达成共识的标志。

　　美国的教师教育最初是从类似于实习的学徒制培养开始的，并逐步发展为通过师范学校和师范学院培养教师。随着教师教育对学历的要求逐步提高，大学教育学院或研究生院也开始承担教师的培养工作。其间，专业教育、通识教育、学科教育在教师培养中的地位问题曾引起人们的广泛讨论。实习作为专业教育的组成部分，虽然也在上述背景下受到过质疑，但它显然是教师培养中相对稳定的部分。数百年后的今天，随着临床实践型教师教育模式和 edTPA 的全面推行，美国教师教育似乎迎来了一个重回学徒制的时代。本书仅展示了美国教师实习制度历史演进的过程，有关这一过程的理论、社会背景等更为复杂的问题，笔者将在今后作进一步的探讨。

参 考 文 献

一、中文文献

[1] 苏真.比较师范教育[M].北京:北京师范大学出版社,1991.

[2] 洪明.美国教师质量保障体系历史演进研究[M].北京:北京师范大学出版社,2010.

[3] 滕大春.美国教育史[M].北京:人民教育出版社,1994.

[4] 吴式颖.外国现代教育史[M].北京:人民教育出版社,1997.

[5] 琳达·达林-哈蒙德.有力的教师教育:来自杰出项目的经验[M].鞠玉翠,等译.上海:华东师范大学出版社,2009.

[6] 康晓燕.18世纪英国导生制研究[D].福州:福建师范大学,2012.

[7] 王红.中、英教育实习制度比较研究[D].长春:东北师范大学,2004.

[8] 王凤玉.美国师范教育机构的转型:历史视野及个案研究[D].上海:华东师范大学,2007.

[9] 王萍.美国中小学教师教育发展研究[D].武汉:华中师范大学,2012.

[10] 周钧.美国教师教育认可标准的变革与发展:全国教师教育认可委员会案例研究[D].北京:北京师范大学,2005.

[11] 李福春.美国教育学演进史(1832—1957)[D].上海:华东师范大学,2011.

[12] 蒲阳.美国教师教育机构转型的历史研究[D].北京:北京师范大学,2006.

[13] 李强.美国教师专业发展学校中教育实习的研究及其启示[D].长春:东北师范大学,2008.

[14] 郭朝红.影响教师政策的中介组织研究[D].上海:华东师范大学,2004.

[15] 郑小贝.美国进步主义学校个案分析:"银行街教育学院"发展研究[D].福州:福建师范大学,2013.

[16] 樊红伟.美国教师专业发展学校研究[D].保定：河北大学,2004.

[17] 关晶.西方学徒制的历史演变及思考[J].华东师范大学学报（教育科学版）,2010,28(1)：81—90.

[18] 李先军,杨汉麟.近代西方师范教育制度的确立与发展[J].集美大学学报（教育科学版）,2008(4)：8—13.

[19] 高月春.国外教师教育实习的趋同性及对我国的启示[J].现代教育科学,2007(8)：31—33.

[20] 单中惠.美国公立学校运动新论[J].教育评论,2000(3)：58—61.

[21] 贺慧敏.美国中小学教师研究生层次教育的发展历程及其启示[J].教育探索,2009(8)：94—95.

[22] 洪明.美国"能力本位教师教育运动"兴衰探析[J].教育史研究,2011(4)：76—80.

[23] 姚丽霞,洪明.美国真的处于危险中吗？——20世纪80年代以来美国教育改革主旨探析[J].福建师范大学学报（哲学社会科学版）,2006(1)：145—150.

[24] 许明.美国"大学本位"教师教育改革的新尝试："新时代教师计划"述评[J].比较教育研究,2010,32(4)：76—81.

[25] 刘保卫.美国大学本位教师教育的新路径：普林斯顿大学教师培养方案研究[J].比较教育研究,2007(11)：23—26.

[26] 姜勇.美国实习辅导教师培养改革述评[J].外国教育研究,2008(5)：54—57.

[27] 崔允漷,塞德拉克 M W.霍姆斯小组报告《明日之教师》的主要观点[J].教师教育研究,1989(5)：78—81.

[28] 赵中建.美国80年代以来教师教育发展政策述评[J].全球教育展望,2001(9)：72—78.

[29] 周钧.霍姆斯小组与美国教师教育改革[J].比较教育研究,2003(11)：37—40.

[30] 高展鹏,洪明.美国大学本位教师教育的新近变革："新时代教师计划"（TNE）在大学教育学院的推进[J].外国教育研究,2012,39(9)：59—66.

[31] 周钧.美国教师教育的第三条道路：教师培养的驻校模式[J].全球教育展望,2010,39(9)：75—78.

[32] 谌启标.美国中小学教师示范核心教学标准述评[J].课程·教材·教法,2011,31(10)：106—110.

[33] 周琴,刘燕红.美国"临床实践型教师教育"的教育实习模式探析[J].比较教育研究,2011,33(11):10—14.

[34] 洪明.教师教育专业化路径与选择性路径的对峙与融合:NCATE 与 TEAC 教师培养标准与认证的比较研究[J].全球教育展望,2010,39(7):48—53.

[35] 陈艳萍,洪明.美国联邦政府基础教育改革的重大调整:《不让一个孩子落伍法》之豁免政策探析[J].外国中小学教育,2014,256(4):26—32.

[36] 洪明.当代教师培养解制路径的思想根基探析:美国"常识"取向教师教育改革思潮述评[J].比较教育研究,2009,31(8):77—81.

[37] 洪明.美国追求卓越的教育改革会终止吗?——《不让一个孩子落伍》法重新授权面临的争议[J].比较教育研究,2010,32(10):12—15.

[38] 胡惠闵,汪明帅.美国教师专业发展学校与教育实习改革的经验与启示[J].全球教育展望,2011,40(7):49—53.

[39] 宫振胜.反思型教师教育理论的实践典范:美国伊利诺大学的教育实习安排及启示[J].青岛大学师范学院学报,2008,97(2):117—121.

[40] 洪明.美国教师资格认证的改革与创新:ABCTE 的机构性质和证书设计探析[J].外国教育研究,2010,37(8):18—23.

[41] 洪明,丁邦平,黄忠敬.让教师在专业实践中成长:国际教师教育学者沙科纳教授访谈[J].全球教育展望,2006,35(3):3—6.

[42] 黄建辉.专业化背景下教师职前教育入学标准改革探析:基于美国经验[J].现代教育管理,2014,291(6):100—103.

[43] 洪明,黄宇星.美国学者对"反思性教学"的分类及其启示[J].教育评论,2002(5):100—102.

[44] 杨艳红,赵宝椿.美国 PDS 教育实习模式对我国高师体育教育实习的启示[J].贵州体育科技,2010(1):67—70.

二、英文文献

[1] PEIRCE C, SWIFT M. The first state normal school in America[M]. Cambridge: Harvard University Press, 1926.

[2] FRAZIER B W. Development of state programs for the certification of teachers[M]. Washington, D. C. : United States Government Printing Office, 1938.

[3] ACHINSTEIN B, ATHANASES S Z. Mentors in the making: developing new leaders for new teacher[M]. New York: Teachers College Press, 2006.

[4] LUCAS C J. Teacher education in America: reform agendas for the twenty-first century [M]. New York: St. Martin's Press, 1997.

[5] HARPER C A. A century of public teacher education: the story of the state teachers colleges as they evolved from the normal schools[M]. Washington, D. C. : Hugh Birch-Horace Mann Fund for the American Association of Teachers Colleges, 1939.

[6] OGREN C A. The American state normal school: "an instrument of great good"[M]. New York: Palgrave Macmillan, 2005.

[7] CONANT J B. The education of American teachers[M]. New York: McGraw-Hill Book Co. , 1963.

[8] CUBBERLEY E P. Readings in the history of education: a collection of sources and readings to illustrate the development of educational practice, theory, and organization [M]. Boston: Houghton Mifflin Co. , 1920.

[9] SCHON D A. The reflective practitioner: how professionals think in action[M]. New York: Basic Books, 1983.

[10] KIRKPATRICK D L. Evaluating training programs: the four levels [M]. San Francisco: Berrett-Koehler Publishers, 1994.

[11] CUBBERLEY E P. Public education in the United States: a study and interpretation of American education history[M]. Boston: Houghton Mifflin Co. , 1919.

[12] CORDASCO F. A brief history of education [M]. Totowa, NJ: Littlefield, Adams, 1963.

[13] KORTHAGEN F A J, KESSELS J. Linking practice and theory: the pedagogy of realistic teacher education[M]. Mahwah: Lawrence Erlbaum Associates, 2001.

[14] MCCARREL F. The development of the training school[M]. Nashville: George Peabody College for Teachers,1933.

[15] FITCH H N. An analysis of the supervisory activities and techniques of the elementary school training supervisor in state normal schools and teachers colleges[M]. New York: Teachers College,Columbia University,1931.

[16] DENT H C. The training of teachers in England and Wales, 1800—1975[M]. London: Hodder and Stoughton, 1977.

[17] BARNARD H C. A history of English education: from 1760[M]. London: University of London Press,1947.

[18] ALEXANDER T. The training of elementary school teachers in Germany[M]. New York: Teachers College,Columbia University,1929.

[19] PANGBURN J M. The evolution of the American teachers college[M]. New York: Columbia University,1932.

[20] BRUBACHER J S. A history of the problems of education[M]. New York: McGraw-Hill Book Co. ,1947.

[21] ADAMSON J W. Pioneers of modern education, 1600—1700[M]. Cambridge: Cambridge University Press,1905.

[22] GORDY J P. Rise and growth of the normal-school idea in the United States[M]. Washington,D. C. : United States Government Printing Office,1891.

[23] TABACHNICK B R, ZEICHNER K M. Issues and practices in inquiry-oriented teacher education[M]. London: The Falmer Press,1991.

[24] CREMIN L A. American education: the colonial experience, 1607—1783[M]. New York: Harper & Row,1970.

[25] BORROWMAN M L. The liberal and technical in teacher education: a historical survey of American thought[M]. New York: Teachers College,Columbia University,1956.

[26] DUNKIN M J. The international encyclopedia of teaching and teacher education[M]. Oxford: Pergamon Press,1987.

[27] SADKER M, SADKER D M. Teachers, schools, and society[M]. New York: Random House,1988.

[28] DEARBORN N H. The Oswego Movement in American education[M]. New York: Teachers College,Columbia University,1925.

[29] GARRISON N L. Status and work of the training supervisor[M]. New York: Teachers College,Columbia University,1927.

[30] SHIMAHARA N K, HOLOWINSKY I Z. Teacher education in industrialized nations: issues in changing social contexts[M]. New York: Garland Publishing,Inc. ,1995.

[31] HALL S. Lectures on school-keeping[M]. Boston: Richardson, Lord and Holbrook,1829.

[32] FULLER W E. The old country school: the story of rural education in the middle west [M]. Chicago: University of Chicago Press,1982.

[33] ARMENTROUT W D. The conduct of student teaching in state teachers college[M]. Greeley: Colorado State Teachers College,1928.

[34] BATTERSBY W J. De La Salle: a pioneer of modern education[M]. London: Longmans,1949.

[35] HOUSTON W R, HABERMAN M, SIKULA J. Handbook of research on teacher education: a project of the association of teacher educators[M]. New York: The Macmillan Co. , 1990.

[36] BALES B L. The spandex quality of performance-based standards in teacher education reform[D]. Madison: University of Wisconsin-Madison, 2004.

[37] HARRIS E F. Historical development of professional laboratory experiences for elementary teachers provided by seventeen Oklahoma colleges[D]. Stillwater: Oklahoma State University,1961.

[38] JOHNSON J A. A brief history of student teaching[D]. Grand Forks: University of North Dakota,1965.

[39] ROAMES R L. Accreditation in teacher education: a history of the development of standards utilized by the National Council for Accreditation of Teacher Education[D]. Akron: University of Akron,1987.

[40] FEISTRITZER C E. The evolution of alternative teacher certification[J]. Educational Forum,1994,58(2):132—138.

[41] IMIG D C, HARRILL-MCCLELLAN M. Accrediting standards affecting mid-level teacher education preparation in the community college[J]. New Directions for Community Colleges,2003(121):79—90.

[42] FORZANI F M. Understanding "core practices" and "practice-based" teacher education: learning from the past[J]. Journal of Teacher Education,2014,65(4):357—368.

[43] MURRAY F B. On building a unified system of accreditation in teacher education[J]. Journal of Teacher Education,2005,56(4):307—317.

[44] MCCARREL F. An abstract of the development of the training school[J]. Peabody Journal of Education,1934,11(5):212—215.

[45] GALLUZZO G R. Performance assessment and renewing teacher education: the possibilities of the NBPTS standards[J]. The Clearing House,2005,78(4):142—145.

[46] WALK G E. Practice teaching and observation in normal schools[J]. Education,1917,38(2):70—71.

[47] CARMAN H J. The historical development of licensing for the professions[J]. Journal of Teacher Education,1960,11(2):136—146.

[48] FARRELL J B. National board certified teachers: an untapped resource for school improvement?[J]. Childhood Education,2005,81(3):161.

[49] MCCALEB J L, BORKO H, ARENDS R A, et al. Innovation in teacher education: the evolution of a program[J]. Journal of Teacher Education,1987,38(4):57—64.

[50] SOLOMON J. The Boston teacher residency: district-based teacher education[J]. Journal of Teacher Education,2009,60(5):478—488.

[51] SHAPLIN J T, POWELL A G. A comparison of internship programs[J]. Journal of Teacher Education,1964,15(2):175—183.

[52] ZEICHNER K M. Rethinking the practicum in the professional development school partnership[J]. Journal of Teacher Education,1992,43(4):296—307.

[53] KUMASHIRO K K. Seeing the bigger picture: troubling movements to end teacher education[J]. Journal of Teacher Education,2010,61(1):56—65.

[54] KRUEGER K, BOBOC M, SMALDINO S, et al. INTIME impact report: what was INTIME's effectiveness and impact on faculty and preservice teachers? [J]. Journal of Technology and Teacher Education,2004,12(2):185—210.

[55] ANDERSON L M, STILLMAN J A. Student teaching's contribution to preservice teacher development: a review of research focused on the preparation of teachers for urban and high-needs contexts[J]. Review of Educational Research,2013,83(1):3—69.

[56] DARLING-HAMMDND L. Reforming teacher preparation and licensing: debating the evidence[J]. Teachers College Record,2000,102(1):28—56.

[57] DARLING-HAMMOND L. "Steady work": the ongoing redesign of the Stanford Teacher Education Program[J]. Educational Perspectives,2004,36(1/2):8—19.

[58] DARLING-HAMMOND L. Teacher education and the American future[J]. Journal of Teacher Education,2010,61(1/2):35—47.

[59] DARLING-HAMMOND L. Teaching and knowledge: policy issues posed by alternate certification for teachers[J]. Peabody Journal of Education,1990,67(3):123—154.

[60] ANDREW M D, COBB C D, GIAMPIETRO P J. Verbal ability and teacher effectiveness[J]. Journal of Teacher Education,2005,56(4):343—354.

[61] SATO M. What is the underlying conception of teaching of the edTPA? [J]. Journal of Teacher Education,2014,65(5):421—434.

[62] STONE M S. The first normal school in America[J]. Teachers College Record,1923,24(3):263—271.

[63] NAGER N, SHAPIRO E. A progressive approach to the education of teachers: some principles from Bank Street College of education[J]. Occasional Paper Series,2007(18):48.

[64] HAZELTON P. Student teaching: a hard look[J]. Journal of Teacher Education,1960,11(4):470—473.

[65] PETERS R S. Teaching practice in teacher training[J]. Trends in Education,1968:

3—9.

[66] RUCKER W R. Trends in student teaching: 1932 to 1952[J]. Journal of Teacher Education,1953,4(4): 261—263.

[67] PEIK W E. The accreditation of colleges and universities for the preparation of teachers and the building of a profession[J]. Journal of Teacher Education,1950,1(1): 14—23.

[68] BERRY B, MONTGOMERY D, CURTIS R, et al. Creating and sustaining urban teacher residencies: a new way to recruit, prepare, and retain effective teachers in high-needs districts[R]. Washington,D. C: Aspen Institute, 2008.

[69] ANGUS D L. Professionalism and the public good: a brief history of teacher certification[R]. Washington, D. C. : Thomas B. Fordham Foundation, 2001.

[70] GIDEONSE H D. The redesign of NCATE, 1980—1986[R]. New York: State University of New York Press,1992.

[71] CCSSO. Model standards for beginning teacher licensing, assessment and development: a resource for state dialogue[R]. Washington, D. C. : CCSSO, 1992.

[72] HART I H. The first seventy-five years [R]. Iowa: Iowa State Teachers College, 1951.

[73] CCSSO. Our responsibility, our promise: transforming educator preparation and entry into the profession[R]. Washington, D. C. : CCSSO,2012.